[闘×論]

スキャンダリズムの眞相

はじめに

『噂の眞相』編集長　岡留安則

「してやられた！」というのが、率直な感想である。表紙のキャッチコピーには「これが究極の闘争白書だ!!」とあり、「これが最強のタッグだ!!」と続く。前者はともかく後者は「エッ！」と絶句してしまった。かねてより鹿砦社の芸能界暴露本シリーズと『噂の眞相』の反権力・反権威スキャンダリズム路線は似て非なるものと考えてきたし、ジャーナリズムの志や指向性においては天と地ほどの違いがあると認識してきた。それが「最強のタッグ」などと言われるのは実に心外である。ハチャメチャにしか見えないアナーキーな気分を塗したブランキストと一緒にされては、こちらが迷惑する。せめて敵権力を個別に撃って、結果的に共闘するというぐらいの気のきいた戦略・戦術性が貫かれたキャッチコピーをつけるセンスはなかったものか。

そもそもこの企画は早大六年生だか中退組だかの小野登志郎君が持ちかけてきた企画である。小野君は早大キャンパス内で講演会やティーチインを主催する学生団体やサークルの黒幕風の人物。筆者も何回かゲストとして呼ばれたことがあり、その関係で小野君とも面識があった。本人に聞くと早大キャンパスを仕切る革マル派のメンバーではないというが、それでもいまどき七〇年安保闘争時代のような活動家スタイルは少々怪しげに見えなくもない。しかし茶髪のイマ風の若者という容貌や人なつこい表情に幻惑されて引き受けてしまった。それが「してやられた！」のすべての発端だった。

対談だけで一冊の本にまとめるという出版スタイルは筆者にとっては初体験である。『噂眞』編集作業の合間を見つけて、三日間、都合十時間の対談は何とかやり終えたが、それがキチンと一冊の本の形になるかどうか、きわめて不安だった。案の定、あがってきた原稿は正確さを欠く発言になっていたり、文章になっていない部分があったり、オフレコ部分までもがバッチリ組み込まれていた。結局、著者校にかかった時間は対談の三倍、約三〇時間に及んでしまった。おかげで土日の休みも自宅にこもり、赤字入れ作業に没頭する羽目となった。全くもって、ウームである。こちらの発言自体に原稿用紙に書く場合よりも正確さを欠くアバウトな部分があったことは確かだろう。何せ十時間の対談である。それだけでも講演会を五本こなした分量になる。むろん、その分小野君には多大な労力を強いることになったが、筆者自身にとっても文章と話し言葉は正確度という意味では天と地ほどの差が出てくることを改めて痛感させられる羽目になった。仮に対談をそのまま原稿化して著者校なしで出版したとすれば、確実に名誉毀損の箇所が十箇所以上、という結果になりかねなかった。やはり原稿を書くことに比べれば、話し言葉はどうしてもアバウトになる。対談やティーチイン、とりわけ新宿ロフトプラスワンにおけるトークライブはビール片手のほろ酔い客相手だけにこちらもついサービス精神を発揮しがちなので、心してかからなければと、深く反省させられた。人生いくつになっても勉強である（苦笑）。

小野君の希望なのか、対談相手の松岡氏の趣味なのか、あの七〇年安保闘争時代の活動家体験まで告白するという企画には、正直いって参った。今どきそんな、戦争時代の武勇伝を語るオヤジみたいな話に、一体誰が興味を持つんだ！という時代認識が筆者にはあったためだ。しかし、最初はイヤイヤ気分だったのが、話しているうちに、いつの間にやら『全告白』してしまう羽目になってしまった。これまた筆者のサービス精神のあらわれである。我ながら困った性格である。結局、筆者の学生時代から編集者生活の半生を語るような、『大河対談』になってしまった。全くもって、ウームである。

とはいえ一時は飛ぶ鳥を落とす勢いの鹿砦社も、出版界の常としての栄枯盛衰をヒシヒシと味わい、いまや後輩の関係会社に間借りするほどの経営苦境に陥っていると聞く。全盛期には『噂眞』に二ページ見開きのレギュラー広告を出してもらっていた鹿砦社にはホンの少々だが浮世の義理もある。この本が鹿砦社の西宮への撤退を阻止する一助になるとは思えないが、表紙から本文の組み版やタイトルバックまで『噂眞』の別冊と混同されかねないミエミエのパクリの作りを容認したのも、心やさしき『噂眞』の余裕と慈悲心のあらわれだと読者には理解してほしい（笑）。

実のところ、松岡氏との対面は今回の本作りで三回目である。最初は鹿砦社から出版された『芸能人とプライバシー』という単行本の対談収録の時で、二回目は早大における「芸能界を語る」というシンポジウムの席だった。松岡氏と言えば筆者の印象としては出版界の「騒動師」「ペテン師」という出版プロデューサー・高須基仁と共通するイメージがあったが、この本を作る過程でもそれは大して変わりはなかった。強いて違いを付け加えれば調子のいいまじめさも併せ持つMの心性の人物と思われた。出版業界の一部ではよく知られる鹿砦社のファックス通信の新左翼セクトを想起させるアジテーション文体の本質もチラッと垣間見た感じもする。しかし、個人情報保護法こと「スキャンダル防止法」の国会上程が今秋にも想定され、名誉毀損訴訟においては一千万円、五百万円の損害賠償額は当たり前という言論・表現に対する法的規制が強まる中、松岡氏のキャラや闘争パターンが現代の市民社会において通用するかどうかははなはだ疑問であるが、一貫したブランキストの心意気だけはよし、である。

「してやられた!」との思いが決定的となったのが『噂眞』裁判の内情やノウハウを惜しげもなく松岡氏に公開したことである。松岡氏がそのノウハウを使うセンスはもとよりそのチャンスも今や失われた感があるにもかかわらず、だ。裁判に関する松岡氏の言説は全て過去の出来事に対するものだが、『噂眞』にとっては現在進行中の雑誌メディアへの権力側の言論規制に対して、熾烈な反撃という真剣勝負の真っ最中なのだ。とりわけ東京地検特捜部史上、初めて起訴された雑誌メディアの名誉毀損を問う『和久・西川裁判』における検察側の求刑十ヶ月を完全に退けて無罪判決を勝ち取る最終局面に入っているからだ。そんな中で、『噂眞』のノウハウを公開することは敵に塩を送るも同然である。松岡氏が全共闘運動の過去を語るレベルで、すでに終わった過去の裁判闘争を気楽に語るのとは訳が違うのである。

正直言ってこの本は裁判官や検察官には読んで欲しくない。個人的には完全に封印したい本である。『噂眞』読者にもなるべく読んで欲しくないし、口コミで宣伝するようなことはいっさいやらず、くれぐれも自分ひとりの密かな蔵書としておさめて欲しい。筆者にとってはブランキスト・松岡利康に挑発されて本音本心を吐露した生涯一度のハズカシ本だからである。本書を読んで、ヤツ(松岡)はトロツキストか公安のスパイか、それとも山口組の工作者か、読者もその謎をぜひ解明して欲しい。

二〇〇一年七月二十一日

鹿砦社ブックレット3

〔闘論〕スキャンダリズムの眞相

もくじ

“闘論者”の知られざる日常

岡留安則の場合

毎日午後4時きっかり、編集長の岡留安則が編集室に姿を現し、郵便物と新聞を。

岡留編集長の出社時刻は午後4時。彼の精力的な仕事ぶりをとくと拝見。

まず最初の仕事は、編集長あてに届けられた大量の郵便物のチェック。読者からの手紙、新刊本、試写会のお知らせなど、その数たるや大変なものだ。

特に多いのがパーティの招待状。編集長自身の言葉によれば「少なくとも月3回はなにかのパーティに行っている」そうである。その様子は「編集長日誌」のページでもしばしばレポートされているので、これを読めば編集長の人脈の広さがよく分かるというものだ。

続いて、すべての新聞と週刊誌に目を通す。三大紙、スポーツ新聞、雑誌などが編集長の机の上にズラリと並べられ、それらをひとつひとつ丹念に読んでゆく。さらに気になる記事はすかさずスクラップするため、編集長の読んだ後の新聞はズタズタでスタッフには不評らしい。岡留編集長はこうやって新しい特集や企画のネタを常に探しているのだ。

着々とデスクワークをこなす間にも、飲み会の誘いや取材の申し込みの電話がひっきりなしにかかってくる。「俺は『噂の眞相』の広告塔だから、雑誌の宣伝になるものはとにかく引き受けてきた。知名度もあがったから、そろそろいいわ」と言いつつ、この日も、西日本新聞記者のインタビューを受けているところであった。

編集長の机のまわりには書類やファクス、新刊本が山積みになっている。地震がきたら非常に危険であるため、スタッフは皆片づけたいと思っているのだが、もはや岡留編集長以外には手がつけられない状態になっているのである。

▲西日本新聞の取材を受ける岡留編集長

右・記事のスクラップ
左・木村三浩氏からの贈物

▲佐藤慶さんと

▲「Grey」のママ・幸子さんとしんみり

▲この街30年の「唯尼庵」喜代ママと

▲路地でバッタリ、坪内祐三氏と

毎夜毎夜、必ず夜明けまで酒を飲み続ける岡留編集長の肝臓はどうなっているのか？

新宿ゴールデン街といえば、文壇・論壇関係者や文化人が多く集まるところとして世に知られている。すでにゴールデン街歴30年近い岡留編集長は20軒以上いきつけの店があるためぐんぐんハシゴする。身体は昔から丈夫だったそうで異常と呼ばれるほど酒飲みだったとか。

大手紙記者や右翼、公安関係者などが集まる「L」、アラーキーや船戸与一、大沢在昌、馳星周ら人気作家の姿もしばしば見かける「L」、大手出版社の編集者たちのたまり場「S」、映画関係者が頻繁に出入りする「G」、冒険小説家協会会長・内藤陳が経営する「深夜プラスワン」など、次々に顔を出す。しかしどの店に行っても単に飲んでバカ騒ぎするだけでなく、情報収集に余念がない。

岡留編集長のすごいところは、店でも路地でも顔見知りに出会いまくるところである。今日も徳間書店のナンバー2や坪内祐三、映画作家であるかわなかのぶひろ、俳優の佐藤慶、『創』の篠田編集長らとばったり出会った。

夜が明けようとしているにも拘わらず、編集長は飲み続けている。岡留編集長の夜はまだ終わらない。

『「噂の眞相」の眞相2』より再録

▲内藤陳氏、かわなかのぶひろ氏と

「ホワイト」出身「CABO-CHARDE」の奈美ママと

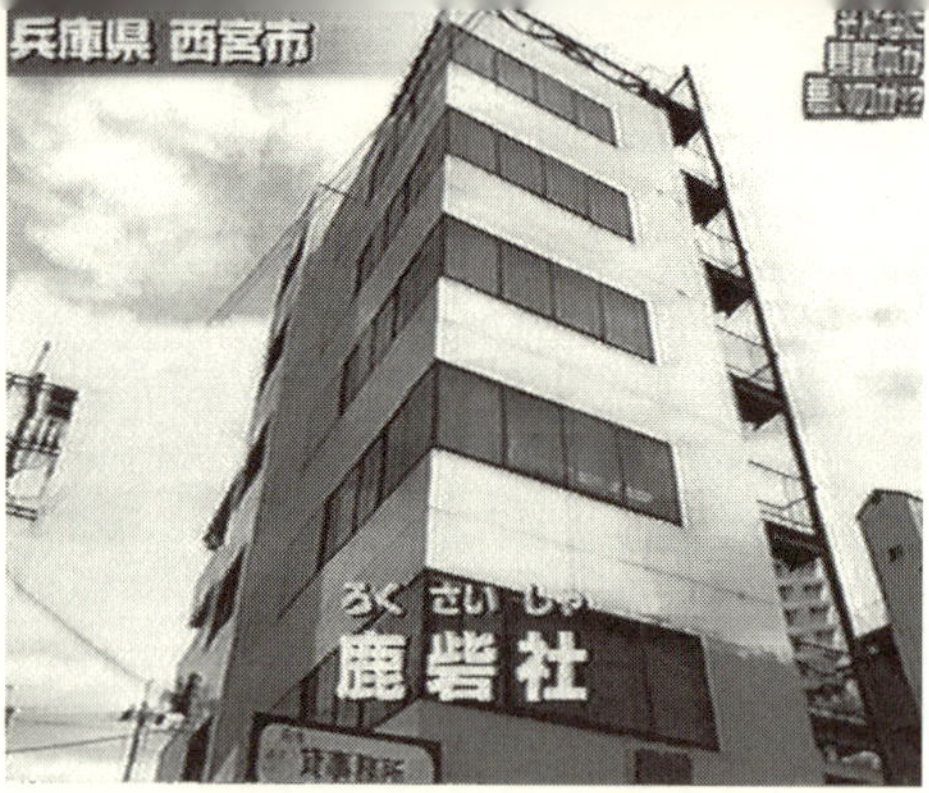

▲入居している甲子園ビル。阪神大震災後に再建された。

▲午前7時のビル。まだ開いていない。もちろん松岡社長が一番乗りだ。

▲朝の甲子園球場。松岡社長は毎朝、この前を通って会社に。

毎朝午前7時過ぎ、鹿砦社社長の松岡が事務所に。出版界では珍しい朝型人間だ。

まずは、パソコンでメール・チェック。その後、ゲラ読みを開始する。きょうの仕事の段取りも済ませると、8時半。早い社員が出社するや、一緒に事務所の掃除。だれよりも早く出社し社長みずから掃除——まさに、どこにでもいる中小企業のシャチョーさんだ。

これが、一時はニッポン中のヒンシュクをかった、あの「暴露本のドン」なのか⁉

▲さっそく仕事開始！

松岡社長の出社時間は、なんと午前7時過ぎ。この時間、岡留編集長はまだ寝ている。

事務所は、阪神タイガースのホームグラウンド、高校野球のメッカ、甲子園球場に隣接している。「甲子園には魔物が棲んでいる」といわれるが、出版界で「甲子園の魔物」になりたいと、常々松岡社長は言っているという。

本社事務所内部。明るい事務所に来た人はみな一様に驚く。

意外に（?）明るい事務所――
これが、あの名うての「暴露本出版社」か!?

『噂眞』のビルが、怪しげな雰囲気を醸し出し、ドアにも拒絶感があるのに比べ、鹿砦社のビルはひときわ明るく開放的。社内も陽光がさして、訪れた人はだれも一様に驚く。若い女子社員の明るい笑い声がひびく。

甲子園球場周辺の雰囲気も合わさって牧歌的だ。失礼な言い方をすれば、田園風景こそないが、少なくとも都会ではない（つまり、田舎ってこと）。

ここでも、ニッポンの中心・新宿の喧騒の真っ只中にある『噂眞』とは対照的だ。この場所から、かつて「暴露本」が続々と発信されていったことが信じられない。

場所が場所だけに、岡留編集長とは違い、夜の街に繰り出すことはほとんどない。会社と自宅との往復だ。こうしてみれば、一部に噂された「SM狂い」説の信憑性は薄いようだ（……といっても、事務所の裏には甲子園都ホテルという高級ホテルがあり、怪しい。ホテルでは有名人のようだが、箝口令が敷かれているのか、ホテル・スタッフの口は固い）。

コワモテの「暴露本のドン」も時にはカラオケに興じることぐらいはある。オハコは、アリスの『遠くで汽笛を聞きながら』、吉田拓郎のデビュー曲『イメージの詩』、都はるみ『千年の古都』など時代を感じさせる曲が多い。

▲夕方になれば、岡留編集長同様、新聞チェック！
（テレビ朝日系列で放映）

▲大学寮の同窓会に参加（本文第２章参照）

▲久しぶりに訪れた母校にて。かつてここを封鎖したこともあった。

▲たまにはカラオケに興じることもある。

闘論者の知られざる日常
松岡利康の場合

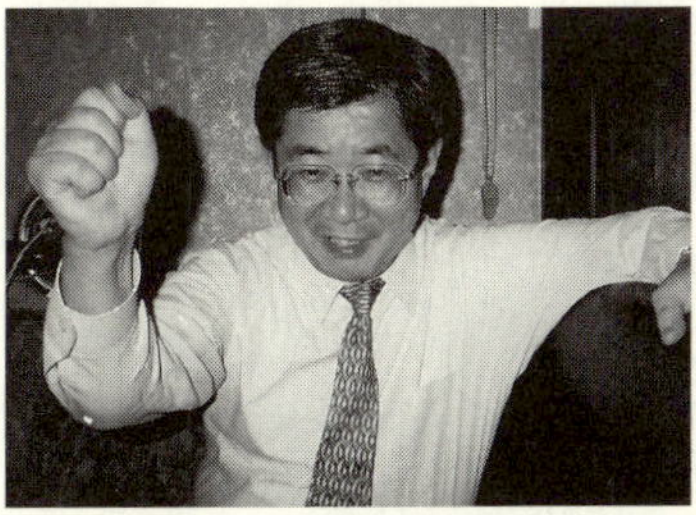

▲まだまだ歌うぞ！（もう誰も止められない……）

▲熱唱、熱唱、また熱唱。

第1章

われわれはいかに裁判闘争を闘ったのか

裁判は いちいち覚えてられない

松岡 われわれは、ふつうの出版社に比べて、断然、訴訟沙汰が多いですね。それと、岡留さんところの裁判に対する闘い方には、わからない点や、いささか異和感もあります。

僕も多くの裁判をみずから経験しましたから、これを踏まえ、きょうは、そうしたことを忌憚なくお聞きし、これからも続くであろう出版物に対する裁判への関わり方の糧になればと思います。

岡留 裁判闘争ね。うちはすごいあったからねえ。鹿砦社は何件ぐらいやったの？

松岡 『噂の眞相』とは歴史が違うから少ないですが、それでも五年ほどの間に集中して、実際の裁判はいくつだったかな、すぐには思い出せないですね。代表的なのはジャニーズ関係の三件と宝塚歌劇団からのものも併せ四件の出版差し止め訴訟です。勢いに乗じてこちらから訴えたものもあります。広告ドタキャンで毎日新聞社と争いました。元気がよかったですよね。

岡留 プライバシー侵害と、名誉毀損、そして著作権か。

松岡 著作権は一件ありましたね。名誉毀損はいくつかあったな。相撲協会も名誉毀損。で、なんと東京地検特捜部に刑事告訴された。本多圭さんがバーニングからやられたものも名誉毀損ですね。小さいやつだったけども、大阪市立大医学部講師からやられたものも名誉毀損。これは民事・刑事ですね。だいたい、ちっちゃいやつに限って面倒で、しつこく、消耗戦なんですよ。

岡留 刑事告訴の方は裁判になったわけ?

松岡 二件とも不起訴ですね。

岡留 裁判費用はこれまでどのくらいかかったの?

松岡 総額は弁護費用と賠償金とか入れたら五千万円以上はかかっていますね。

岡留 損害賠償の判決が出たのは?

松岡 損害賠償は意外と少なくて、ジャニーズの一件(『SMAP大研究』出版差し止め訴訟)が五百五十万円ほど。大阪市立大学のものが二百五十万円。それから本多さんの『ジャニーズ帝国崩壊』の件が、鹿砦社は訴外とはいえ僕の方で払いましたから、五十五万円。賠償では三つか。

岡留 あとは損害賠償はなしだ。金を払う形での負け方は三つだけか。

松岡 そうですね。宝塚は金を払わないで和解。ジャニーズもその後のやつ(いわゆる『おっかけマップ』関係二件)は、最高裁までやったけども、賠償金はなかった。

岡留 それは仮処分から始まって、最高裁まで行ったんだ。

松岡 プライバシーの侵害で出版差し止めの二件はそうですね。

岡留 最高裁まで行って、どういう結論になったわけ? 要するに、鹿砦社の方としては差し止めの仮処分は違法だという主張なわけでしょう。だけど仮処分は結局認められたんだっけ。

松岡 仮処分は全て認められています。

岡留 認められたから異議申し立ての訴えを起こしたわけだ。

松岡 いや、こちらから異議申し立ては起こしてません。向こうが仮処分でいったん押さえといて、本訴(本案訴訟)をかけてくるわけです。

岡留 相手は差し止めじたいを求めているわけだ、お金じゃなくて。

松岡 そうお金じゃなくて。また、自らのメンツを保つために〝鹿砦社潰し〟という目的も多分にあったと思います。

岡留 でも、最終的に最高裁で確定したんだ。結構負けまくってるんだ。勝ったものは?

松岡 そうですね、訴訟上ではほとんど負けてますね。だけど、自分の中では決して負けてないと思っていますから、僕は〝敗北における勝利〟とか〝革命的敗北主義〟とか言ってるんですよ(笑)。事実上勝ったものは相撲協会ですね、あれは不起訴ですから。

岡留　相撲協会の件は刑事告訴一本だ。同時に民事提訴の方では来なかったんだ。

松岡　東京地検特捜部にやられた。あれは『週刊ポスト』も頑張ってくれたんですね。

岡留　地検特捜への直告はその一件だけ、相撲協会の。

松岡　そうですね。あと、中坊公平がやったやつが一件あったんですけど。奈良地裁で。差し止め仮処分です。

岡留　それは認められなかったんだ。

松岡　それは、実質上の著者といえる当事者の人がすごくしつこく抵抗したこともあって、そのときはまだ出版社がどこかわかってなくて、途中でわれわれってことがわかりましたが、どういうわけか審尋《しんじん》を四〜五回やった後、取り下げた。

岡留　それは鹿砦社とは直接関係なく、著者と中坊公平が弁護人としてやり合ったわけだ。

松岡　中坊が代理人でした。本は、もともと大手アパレル会社、オンワード樫山の話なんですけど、その顧問が中坊で、何件かその人は中坊を代理人でやられたりしてるわけです。中坊はしつこくて、その後、本が出る段になって、記事にしようとした『週刊現代』に対して、いろいろ妨害してるんですよ。

岡留　そう。『噂眞』は数はいっぱいあったんだけど、全部名誉毀損。民事で判決をもらったのが、高橋留美子という漫画家の提訴。うちも全然争わなかったから。四行ぐらいの記事だったけど、高橋留美子が秘書にペン入れさせてると。漫画家は誰でもやらせてるはずなんだけどね。確か高橋の秘書が妊娠して、結婚退職しちゃったんで、そのとき書いたんだけど、四行ぐらいの記事なんだ。それを訴えてきたんだよね。結構エキセントリックな人で——って言うとまた怒られちゃうか（笑）——その秘書を証人に呼びたかったんだけども、裁判には関わりたくないということだったから、呼べなくて結局何も争わなかった。ギャグじゃないけど、〝うる星やつら〟だ、面倒くさいから「判決の三十万、ＯＫ、払いますよ」みたいな感じだった（笑）。

　二回目の判決がついこの前出たばっかり。曽野綾子が、グラビア一ページの記事に対して訴えてきて、これは一年くらい裁判をやって、うちも判決をもらおうということになった。判決は、損害賠償ゼロ、謝罪文が短い二〜三行の文なんだけど、曽野綾子が日本財団を私物化しているとの誤解を与える箇所があるんで謝罪しなさいという、非常に簡単な謝罪文なんです。でもスペースがデカかったからこれはダメだって、こっちの方が控訴した。結局、高裁で和解が入り、スペースの方が小さくなったので、まあ、いいかということで決着した。

　判決までいったのはもう一つ、例の森喜朗の買春検挙歴報道。一審判決は問題だらけと判断して即控訴して現在も争っている。ほとんどは民事だから、数は多いけど、だいたい和解で解決している。

松岡　判決が出たのが三回だけだというの

も不思議ですね。ここに岡留さんのしたたかさがあるかと思われますが、おいおい聞いていくことにしましょう。ところで、岡留さんのところこそ、これまで訴えられたのは合計したらどれくらいになるんですか。

岡留　もう忘れちゃったね。今は、本線としては、東京地検特捜部が起訴した和久峻三と西川りゅうじんの併合刑事裁判。これは六年近く裁判をやってて、私の最終被告人尋問も終わり、求刑は十月だった。後は、うちの弁護士側の最終弁論があって判決だから、早ければ年明けに判決が出ると思いますね。

松岡　遅くとも年度内ですか。

岡留　それがどうなるか、『噂眞』としては一番の大勝負。勝つか負けるかという重要な問題なんです。民事はそういう意味で言うと、話し合いがつくんだったらなるべく和解しちゃおうという方針。最近の民事裁判はほとんどそうだけど、最初から裁判長が、和解前提で進行させるんですね。つくづくそれを感じているよ。

松岡　弁論に入る前に準備の話し合いをやらせたり、ね。

岡留　書面を交換し合って、書類上の証拠を出し合って、証人は呼ばないという方針。今春、帝京大学の記事も民事で和解したんだけど、うちは原告でもある沖永荘一総長を証人に呼べとかいろいろ言ったんだけど。『噂眞』の文章を書いたのはフリージャーナリストの広田研二っていう人。その人の証人尋問ぐらいやってくれと言ったんだけど、一度もやんなくて、和解勧告。謝罪文だけでお金はなし。こちらも、面倒くさいからいいかって、和解しちゃった。そもそも裁判所がそういう方針になってるからね、民事はもう和解前提っていう感じで、徹底的に争う余地がない。

松岡　僕の感覚から想像すれば、今まで二十数年の中で、件数としては一年で五件とすれば百件ぐらいはあるんでしょう?

岡留　そんなにあるわけないよ。忘れる主義だから、正確に件数は覚えてないんだけど。この前の「和久・西川」刑事裁判で、検察側の反対尋問で検察官から何件ぐらいあるんですかって聞かれて、わかりませんって言った。あなたは十件ぐらいと書いてるじゃないですかと聞くから、ああ、そうですかって。私も忘れてるぐらい（笑）。ポジティブ思考タイプだから、裁判なんてのをいちいち細かく覚えていると、頭がおかしくなっちゃう。最盛期には、民事・刑事、両方来てるのも含めると、同時進行で十四件ぐらいあったかな。

松岡　僕らで、同時に最高八件か九件でしたね。毎年新年に数えてみると、倍々で増えていってるんですね（笑）。こうなると、性格が似ている裁判を同時進行的に抱えてましたから、マスコミの連中も区別がつかないこともありまして、けっこう報道された記事にもバカげた間違いがありました。もっとも、自分でもこんがらがっていましたが（笑）。

岡留　いちいちあの裁判、この裁判って気にしてて、雑誌をつくるってのはストレスがたまって大変なことだからね。判決が出るとか和解すればすぐ忘れる、みたいな感じでいかないと神経が持たない（笑）。

普通の人だったらビックリしちゃうよ

松岡　裁判はやっぱりエネルギーを使いますよね。

岡留　使うよ。大変だよね。大きい出版社だったら法務部とかの裁判専門の部署があるわけでしょう。鹿砦社だとかうちみたいなところだとねえ。当然松岡さんが全部被告になるわけでしょう。私も編集発行人だから全部被告人になる。

松岡　同時に会社と個人がやられる。「株式会社鹿砦社代表取締役・松岡利康」にまず来る。家にまた同じ訴状が来る。そういう構造です。岡留さんの場合もそうでしょう。

岡留　最近は、自宅のやつは全然受け取らないようにしてる。会社に送ってくるから当然見てるわけじゃない。ご丁寧に必ず自宅にも同じものが来るんだよね。

松岡　年老いた母親が見て驚くわけよ。

岡留　あれは嫌がらせだね。しかもあれは「特別送達」っていう言い方をするんだけど、要するに、誰か自宅にいればいいけど、いないと郵便局留になっちゃうんだね。しかも、本人じゃなきゃ取りにいけないわけ。私は世田谷区で、成城郵便局。結構遠いんだよ。もう、わざと受け取らないね。だいたい、うちにほとんど帰んないから。右翼や変質者とかが来るから帰らないんだ（笑）。自宅には帰らないわけだから、特別送達なんか受け取る機会がない。で、無視。どっちみち会社に同じものが来てるわけだから、必要ないんだけどね。ただ、何かのときに裁判所に言われたので、私は自宅では受け取れませんから、会社に送ってくださいって言ったら、異例だと思うけど、会社に送ってくるようになった。

松岡　独身の場合はそういう言い訳ができますね。でも家族がいる場合はそうはいかない。普通、裁判所から特別送達が来たらビックリするわけです。

岡留　一般の人は驚くよね。

松岡　驚きますね。僕も学生時代にありました、下宿してるときに。実は、かつて若い時にも裁判闘争の経験がありまして、学生運動で捕まって裁判になったんですけど、下宿に来たことがあったんです。家主がビックリして。驚くよ、普通の人は。

岡留　何事かと、市民社会の普通の人はそれだけでも驚くから、ここ一番の効果はあるんだろうね。

松岡　それが手だと思って僕も、ジャニーズで一つ部分的に一審で勝訴した箇所があって、逆に全員提訴したんです。まあ、一種の嫌がらせで（笑）。板坂剛流に言えば「相手が非道なら、こちらも非道を行く」ということですよ。宛て先をジャニーズ事務所じゃなくて、全部一人ひとりの家にやった。でも、さすがにこちらも住所を全部つかみきれなくて、SMAPは森且行も入れて以前の六人なんですけど、はっきりわかったのは三人ぐらいで。あと弁護士はみんなわかるんですよね、調べると。弁護士は戸籍謄本とかを取れるんでしょうけど、わかる手立てがあるんですかね。

岡留　弁護士は取れます、弁護士の職務権限で。住所だって簡単に割れるんじゃないの。原戸籍が取れるから、そっから辿るんじゃないのかな。それは弁護士はできるんだよね。私たちはできないんだね、報道機関やマスコミはできない。

地元の人間は悪人と思っているかも

松岡　向こうも年老いた母親を驚かせようとしたように、われわれもSMAPの家族をビックリさせようと思ってやったんです（笑）。でもね、ひどいのは、ジャニーズの仮処分のときに、わざわざ向こうの弁護士が、僕の家に仮処分の決定書を持って来て、執行官と一緒に家まで行きまして、母親に死ぬ想いをさせたんです。許せませんよ。

岡留　『噂の眞相』だと、提訴されるとだいたいベタ記事だけど報道されるんだよね。訴えられただけでも、世間の人には悪いことをしたみたいなイメージになる。

松岡　そうなんです。そういうちっちゃい記事でも、よく見てる人は見てるんですね。地方の方でも、同級生なんかが見て、わざわざ電話をかけてきて「何やったんだ」って。

岡留　共同通信なんかの配信だと、うちが刑事で地検に起訴されたときにも、「何とかの疑いで起訴した」とは書かないんだね。名誉を毀損したってモロ断定調なんだ。あの共同通信でさえそういった形になっているけど。社内でも問題になっているらしいんだけど。私の実家は鹿児島だから、共同配信の南日本新聞を親は読んでるんです。ひっくり返るよね。名誉を毀損したってことで、もう犯罪者になってるわけだ。要するに起訴された段階で、すでに判決が書かれてるみたいなもんでしょう。

松岡　起訴以前に、田舎では訴えられただけで犯罪者になっちゃう。

岡留　和久峻三が告訴したときにも、大阪の夕刊紙とかには、デカデカと、「和久峻三『噂の眞相』を告訴」ってトップ記事が出たわけだから、それだけでもインパクトがある。なおかつ、起訴されたときも、名誉を毀損したと断定調で報道する。せめて「疑い」とか「容疑」って入れろよ、と言いたいね。しかも、一応報道としてはわりかし見識があるとされてる共同通信ですらそういう書き方をするから、うちの田舎なんかでは、もはや私は犯罪者扱いだろうね。

松岡　岡留さんは、地元の周りの人から評判が悪いんですかね。

岡留　いい質問だね。両面あるだろうと思うけど。これはよく言うんだけど、NHKの鹿児島に三回出たことがあるんだよね、「東京で活躍する○○」みたいな形で。そういうのが出ると田舎の人は「えーっ」と、突然変わるわけ。民放テレビになんだかんだ五十回ぐらい出てるけど、民放に出ても全然ダメ、田舎の人は。NHKに出ると、あそこの息子もちゃんとやってるんだと、名誉回復が少しだけできた気がする（笑）。そうでなかったら、田舎ではあそこの息子は何やってるんだみたいな感じだろうね。

森喜朗の裁判は控訴審段階へ

松岡　そういう訴訟っていうのは、こういうスキャンダル雑誌をやってる人の宿命でしょうね。

岡留　最近はとりあえず訴えとけみたいなのが増えて嫌なんだけど。例えば、亀井静香。それと今裁判をやってる森喜朗、野中広務でしょう。それから堺屋太一、これは警視庁告訴なんだね。警視庁には、私が五回呼ばれて、所要時間十時間。一回に二時間ぐらいずつで十時間も。今、地検に書類送検されており、地検が起訴するか不起訴処分にするか決める段階なんだ。こっちは内容には自信があるから不起訴だと思ってるんだけど、当時の経済企画庁長官という権力者が訴えてるわけだから、どうなるかわかんないぞって感じになる。

最近は政治家たちが、とりあえず訴えるという手法をみんな学んじゃったね。亀井静香はすごいからね、何か書くと必ず訴えてきます。『週刊新潮』は、亀井と裁判をしてるもんだから、しょっちゅう追撃記事を出すわけよ。亀井バッシングをバシバシ書くんだけど、その度に損害賠償を上乗せして追加提訴されちゃうからね。名誉毀損されたっていう側が訴える権利はもちろんあるわけだし、訴えられた以上は官の側も動かなくちゃいけないわけだから、書類上の不備でもない限りは、受理してしまう。そうしたら裁判は始まるわけでしょう。政治家っていうのは公人中の公人。乱訴に歯止めをかけるみたいなものがないと、彼らには金はいくらでもあるわけだから、やり放題になっちゃう。金持ちが勝つ社会になりかねない。

亀井が訴えるぞって言いまくったもんだから、マスコミはビビっちゃって、一時は朝日新聞も金銭疑惑とか書いていたんだけど、しかしそういうふうに訴えちゃえとなると、みんな引いちゃうんだね。結局朝日も今は一応引いた形になっちゃったんです。『週刊新潮』は訴えられてるし、うちも訴えられてたんだけど、最終的には提訴取り下げで和解した。亀井とはこれが二回目だった。とはいえ、そういう亀井式が永田町に影響を与えて波及してることは確か。森の場合も、学生時代の買春なんて若気のあやまちなんだから、すいませんでしたって言えば済んだ話が、メンツで訴えてきた。裁判をやれば二～三年かかるから、その間に、どっちみち森政権はなくなるわけだから、とりあえず訴えとけば当面の危機は乗り切れるという判断でしょう。

松岡　森も素直に謝っていれば寿命が延びたかもしれないのにね。

岡留　『噂眞』が書いた記事に対して森喜朗は名誉毀損、事実無根、デタラメって言ってるわけでしょう。うちとしては森本人の指紋を出せと言ってるんだけど出さない。裁判所も、この買春検挙歴部分に対しては比較的理解があって、じゃ、警視庁に犯歴データがあるから聞きましょうと。そこまで裁判所が命令したんだよね。しかし裁判所命令で警視庁に照会したら、警視庁は答えられないって言った。答えられないっていうのは怪しいよね。ありませんでしたっていうならわかるけど。

私的《わたし》に言えば、霞ヶ関・永田町の認識では森の買春の検挙歴は明白だろうと思っているけど、仕方なく次の手段として、森喜朗を名誉毀損で反訴したわけ。『噂の眞相』の記事はデタラメだって森が言ってることこそ名誉毀損だって提訴したわけだ。両方の裁判でやったんだ。併合裁判って言うんだけど、森側はなんの立証もしてないわけ。ほんとは森側は、売春はなかったんですって証明しなければ、森喜朗の『噂眞』に対する名誉毀損は認められちゃうはずなのに、森はなんの反論もしなかった。結局、その件はなんの審理もしないままに、四月二十四日に一審判決が出たんだよね。その前にどうでもいい話かもしれないけど、森の主任弁護士が死んじゃった。

松岡 そうなんですか。

岡留 私も知らなかったんだけど、確かに裁判に出てこなくなっていた。七十八歳で、東京弁護士会の会長もやった人なんだけど、そういう人を森は弁護士に立ててきたわけよ。年齢のせいかどうかはわからないけど、裁判所では全然冴えはなかったね。昨年の十月から出てこなくなっちゃった。で、同じ事務所の若い弁護士が来てたんだけど、たまたま新聞を見たら訃報が出ていた。わかんないけど、森喜朗の裁判を引き受けた心労がつのったんじゃないかなって思ってるんだけど（笑）。

松岡 やっぱり、みんな嫌がるんでしょうね。一国の総理が買春をやったのどうのという裁判だものね。

岡留 だって最初から負けても仕方のない勝負でしょう。弁護士としては、たとえ犯歴があることを知ってても、ないって争うしかできないでしょう。法廷で不正を正義にしなきゃいけない争いをするわけだから、相当悩んだんじゃないかな。しかし、それでも一審は買春歴以外で森側が勝った印象になった。権力者は強いね（笑）。

松岡 今、『噂眞』的に最も大きな裁判は何ですか？

岡留 やはり、雑誌界唯一の「和久・西川」刑事裁判だよね。

松岡 他はみんな比較的最近ですよね。

岡留 森喜朗、亀井静香、堺屋太一も去年だし、野中広務は今年。『噂の眞相』の知名度が上がってくるわけだ、則定衛東京高検検事長の首を飛ばしたとかで。認知が高くなるにつれて、今までだったら、あんな雑誌ほっとけってのが、無視できなくなったという事情もあるだろうと思うよ。

曽野綾子だって、昨年訴えてきたんだけど、たかだか一ページのグラビアで、曽野綾子が日本財団の理事長になったため、北杜夫とか作家連中を連れて競艇場見学に行ってるという話を書いたわけだよ。大した話じゃないんだけどね。それで財団を私物化してやってるんじゃないかって問題提起した。私物化としか思えないんだけど、その記事に対して訴えてきた。曽野綾子の批判は何回も書いたことがあって、佐高信さんも連載ページで曽野綾子の批判を書いたら、佐高さん宛てに、直筆の手紙で抗議が来てたけど、それぐらいで済んでたんだね。

なんで訴えたのかなって考えたら、やっぱり『噂眞』の影響力があるのかなと思うんだ。今までだったら笑って済ましたはずなのに訴えてくる。『噂の眞相』はいいかげんな記事が多いっていう人もいるけど、それは違う。例えば森喜朗の買春検挙歴なんてのを裏も取らずに書いたら、一発で逮捕されますよ。それくらい権力は『噂眞』を狙ってる。そんなに甘くないよ。

キョンキョン（小泉今日子）の件では検察が喜んだとの噂

松岡　創刊以来最近までの裁判、つまり今争っている裁判以前のものというのは、一部を除いて、失礼な表現とすれば、めぼしいのはあまりなかったということですか、それとも、ある程度は……。

岡留　そんなことはないよ（怒）。落合信彦もやったし。ちょっとひやっとしたのは、小泉今日子エイズ説の真偽という記事をやった時。バーニングが東京地検特捜部に直告したので、ちょっとヤバかったね。

松岡　捜査はあったんですか？

岡留　バーニング側は結局取り下げたんだけど、あのときは検察が喜んだらしいんだよね、特捜検事が。小泉今日子とサシで、密室でじっくり話できるわけだから、それは楽しいよ（笑）。むさくるしい贈収賄事件をやるより、仕事とはいえキョンキョンと話できるわけだ。私だってきっと嬉しいよ（笑）。

松岡　検事も意外と人間的なんですね。俗っぽいですね（笑）。

岡留　そりゃそうでしょう。学生時代から一生懸命司法試験の勉強をするわけだから、普通の学生みたいに学生生活をエンジョイするタイプじゃなかった人が多いわけでしょう。たぶん（笑）。

松岡　検事もそうでしょうし、裁判官もそうですね。弁護士もそうですね。

岡留　基本的にまじめな人が多いし、この前、宮崎県で弁護士がセクハラで捕まっちゃったけど、ああいうタイプを生み出すかもね。一番多感な青春期に、勉学にいそしんで、性的な解放感がないわけだからね、そういうのが積もり積もってくるとねえ。表には出ないけど、セクハラ事件とかはいっぱいあるんじゃないの。弁護士だけじゃなく、検事の世界でも実際にあったよね。秋田地検の検事が、朝日新聞の夜回りの女性記者を自宅に呼んでセクハラしちゃった。あれは事件になって結局検事が辞めちゃったけどね。

松岡　そのように表に出ないのはいっぱいあるんでしょう。もしわかっても内部処理で済ますと。

岡留　それもあるし、最近は女性記者もしたたかになってるからきわどい取材もあるんだろうね。検察の夜回りでスクープをもらうわけだから、そもそも危険がいっぱい。「ちょっとぐらい触らせてもいいかな。それでスクープを取れるんだったら」、という記者も中にはいるだろうし。

松岡　最近はそんな感じなんですか（怒）。

岡留　警視庁刑事にも変なおやじがいるわけだろう。そういうおやじが、例えば「世田谷一家四人殺人事件」のもし主任捜査官ででもあれば、どこまで捜査がいってるのか聞き出すときは、男性記者はスナックや焼き鳥屋とか行って一杯飲むわけでしょう。それは女性記者にとっても同じ条件だよね。そのくらい親しくなって聞き出さないと、スクープにならないわけだからね。

根本的にリーク情報がいいかどうかっていうのは別問題だけど、ただ、捜査してる警察が極秘情報を独占してるのは事実だからね。私たちだって世田谷一家殺人事件については、断片的な情報は聞くけど、現場の捜査はどこまで進んでるかわかんないからね。要するに捜査に近い話を聞くときは、そういうリスクを犯しつつ、ネタを取るほかない。だから当然、現場の捜査担当者を、フィリピンクラブとか風俗店で接待して落とすってやつもいる。これはマスコミ現場の真実（笑）。

松岡　岡留さんは、編集部にはそういう指示をしてらっしゃるんですか（笑）。

岡留　作家担当の女の子たちは、多少はリスクがあるね。作家の中には冗談交じりで、やらせろみたいなこと言う人もいるからね、ネタをやるんだからやらせろみたいな。ただ私は、絶対やるなと。やらせるふりをして、ネタを取ってこいってのが私の方針だから。やったらダメでギリギリで取ってこい。でなかったら、逆に何を言われるかわかんないもの。『噂眞』は肉体を使ってネタを取らせてるって批判されちゃう。

松岡　それこそ女性団体が大挙して押しかけてきますよ（笑）。

間違えば素直にいさぎよく謝る、それがジャーナリズムのあり様《よう》

岡留　私の考え方としては、ジャーナリズムというのは間違いが出てくると思ってるんです。確信犯的にあるってことじゃなくて、結果として、取材が足りなかったということは往々にしてあるわけですから、そこで意地になって突っ張ることはない。

松岡　ある程度、時間の制約の中でやってるとこがありますからね。

岡留　抗議が来て、その言い分がなるほどと思えば、すぐ謝ることを鉄則にしてるんです。それはなぜかと言うと、雑誌が出た後、すでに次の号を一生懸命つくってるわけだから、そこでそういう残務処理で時間を取られてると前向きの思考ができない。抗議が来て明らかなミスがあれば、訂正文を書いて、話をつけちゃう。それでも訴えてくる人たちもいるからね。エキセントリックな人とか、告訴魔もいるからね。なんでも告訴するという告訴大好きな人までいるよね、訴訟オタクみたいな人。

松岡　一方で、岡留さんの裁判のやり方に対して批判もありますよね。

岡留　謝り方ってこと?。

松岡　謝り方というか、正面切って裁判をやらないと。

岡留　あるだろうね。裁判になれば、まず、弁護士に弁護料を払うわけでしょう。着手

金だけでもだいたい百万円はかかるわけでしょう。解決金百万円。名誉毀損裁判はだいたい最低二百万円はかかる。だけど裁判を三年やったって、さっき言ったけど、『噂眞』で今まで唯一判決が確定して払ったのは三十万円。対費用効果を考えれば、全然無駄なんだね。お互いに消耗なんだよね。

松岡　僕が裁判をやった経験から言うと、確かにそうなんです。裁判をやってない人は、和解って言ったら、何だって言うんだけど、実際にやってみると、和解っていうのも結構エネルギーを使うし、和解のやり方もあるんでしょうが、戦略・戦術としては、決して悪いものじゃないと思いましたね。

岡留　例えば、記事中十カ所訴えてきた中に二カ所ぐらい、こっちもちょっと弱いかなとか、取材の詰めが甘かったなといった点がある場合には、引き際も考える。私はジャーナリストってのは、プライドを高く持ちすぎるなと思ってるわけ。間違いもあるんだから、自分が引くときは引く。絶対正しいって言った人はだいたい間違うんだから、本多勝一じゃないけど（笑）。

証拠が出てるんだから、突っ張ってもしょうがないと思うんだけど、ホンカツの場合はやっぱり意地があるわけでしょう。そういうプライドは捨てた方がいいと。ホンカツとの訣別のとき書いたんだけど、「リクルート」に確かに便宜を図ってもらったと認めるべきだった。主要な部分は払ったけど、確かに接待と言われれば接待でしょうがない。でも「朝日」の記者として、リクルート批判で筆を曲げた覚えはないし、今後とも曲げないと言えば済んだ話なんだけど、絶対に便宜供与は受けてないと言い張ったものだからね。

松岡　引くに引けなかったんでしょうか。

岡留　ホンカツの相手側の岩瀬達哉だって、あんなにボロクソに言われてるわけだから、彼も仕方なく自分の名誉を守るために裁判をやってるわけだ。『噂眞』で「本多勝一への決別状」って特集を書いた時に、きっちり取材したんです。それで、接待を受けてることが間違いないとわかった。こちらは本多勝一の連載を切る覚悟で記事を書いたから、ちゃんと調べている。この裁判はホンカツが負けるという見通しがわかる。近いうちに彼のプライド、意地は無駄だったってことがはっきりわかると思うよ。

松岡　もう判決の日は決まってるんですか？

岡留　判決でも和解でも結果はもうすぐわかるはず。私が言いたいのは、突っ張って判決まで行っても、負けるものは負ける。私たちはものを書く立場なんだから、ある種謙虚さが必要だってことね。メディアをつくってる立場は、確かに特権なんです。普通の人じゃできない表現活動なわけだから。あなたがガリ版でビラを配ったって知れてるわけでしょう。メディアとして出せば、鹿砦社が初版五千部って言ったって、それは一つの力になるわけだから。うちなんか十万部以上出してる訳だからもっとパワーになる。その分こっちも謙虚に考えないと、絶対俺は正しいみたいになっちゃうと、間違ってしまう。反権力と言いながら、自分のメディアが権力化しちゃうことだから、それはやっぱり謙虚であるべきだってのが私の持論なんです。

鹿砦社のやり方は問題あり！

岡留　もう一つ、とことん判決を出すことがいい場合と悪い場合がある。

松岡　それは確かにその通りかもしれませんが……。

岡留　特にあなたに言いたいんだけど、悪い判例を残すと困るんだよ。要するに、日本の裁判は判例主義だから、例えば鹿砦社が負けた判例があるなら、それが延々と司法界では活きるんですよ。下手すると今後二十年、三十年、活きるからね。

松岡　そう、活きるんですね。これは大事な話なんですけど、それといろんなふうに解釈されて活きるわけですね。場合によっては、拡大解釈されて活きる。それは怖いですね。だから、ここで、判決が出ることを避ける道を採るのかどうかという判断は難しいところですね。

われわれは、宝塚歌劇団との裁判は和解の道を選びましたが、その他は、いい判例が出る、悪い判例が出るということを気にすることはなく、とことん判決を出す道を選びました。ここはちょっと岡留さんの今のご意見に反するところです。おそらく、鹿砦社の判例は、悪しき判例として残るかもしれません。

だからこそ、われわれは、たとえわれわれの裁判が、ある人たちにはつまらない芸能裁判であったとしても、ゲラなど物的証拠がなくても出版の差し止めができたり、鹿砦社という出版社には「例外的に事前差止めも許される」という判決がいとも簡単に出されたことに対しては、明日はお前の出版社にもなされるんだぜ、ということを強調したんですよ。

岡留　だいたい日本の法廷は判例主義だから、弁護士だって検事だって争うときには、過去の判例を持ち出してこうだっていう判例主義で対処するから、それは活きちゃうんだね。だから、名誉毀損の刑事裁判の判例としては、『月刊ペン』事件なんです。うちなんかも闘う場合は『月刊ペン』ラインで闘うしかないわけです。悪い判例を残しちゃうと、例えば『噂の眞相』が和久峻三と西川りゅうじんの刑事裁判で負けた場合は判例が残り、三十年は続くだろうと考えている。そういう意味でいうとジャーナリズムとしての責任感があるから、年明けに一審判決が出ても、判決自体に論理性や社会的正義がないと思ったときは、高裁、最高裁とやるつもりです。それまでは雑誌はやめられない。今後二年か、三年かかわらないけど、それはやっぱりメディアとしての社会的責任だと思うんだよね。

裁判が信頼に値するかどうかって根本的な問題もある。HIV訴訟の阿部英もそうだろうし、もっとわかりやすいのがネパール人ゴビンダの東電OL殺人事件。あれは東京地裁では無罪だったけど、東京高裁では新しい証拠はまったくなしで逆転有罪でしょう。裁判官の心証で有罪か無罪、天国と地獄の差があるわけでしょう。そういう意味で言うと、裁判じたいが非常に問題が多いのは確かだけど、やっぱりそれでも判例じたいは残っちゃうんだよね。

私は裁判を甘く見るなという話をあなたに昔したことあるんだけど覚えてる？　鹿砦社が何人かで本をつくったでしょう（『芸能人とプライバシー』九七年。本書の補章として再録）。あの時もそういう話をした気がするんだけど、イケイケドンドンだけじゃダメだと話をしたことがある。権力もしぶといわけだし、私たちが絶対おかしいと思っても、裁判所は間違った判断を平気でしちゃうこともある。まして、こっち側が「言論の自由」を盾に取ったって、公共性とか公益性、真実性を判断した根拠はどこまであったかってことを厳密に裁判所が問うから、一割のツメの甘さでも、負けちゃうことがありえる。

私なんかそういう意味では体験は多い方だから、名誉毀損三点クリアセットっていうんだけど、公的目的、公益性、真実性。もし真実が立証できないと、真実としただけの根拠がどこにあったかということを法廷に出すことで闘うしかないと知ってる。私は穏健な構造改革主義者だけど、あなたはまだ急進主義を引きずってるからな（笑）。

松岡　小ブル急進主義というやつですね。

岡留　それじゃやっぱり、現行の裁判制度の中では闘えない。勝てない。

松岡　そうですかね……。われわれの裁判のときは一気に来ましたからね。立て続けに来たんで、ああだこうだ冷静に考える余裕がなくて、とにかくやるしかないと。ここは踏ん張るしかないということでやりましたから、結果的にそういうふうな形になったかもしれませんけど。

岡留さんには悪いけど、さっきも言ったように、判決文を出す出さない、悪い判決文を残してもらうと困るなんて考えもしなかったですね。差し止めるならやれよ、死刑になるわけじゃなし、どんな判決出されたって、俺は血の一滴、涙の一滴が涸れるまで闘うぞという気持ちでしたね。その気持ちだけは今でも変わりはありません。

岡留　出版以前の差し止めの場合、仮処分申請をされ、それが認められるというのは、やっぱり出版社側の戦略・戦術ミスもあると思うね。相手側に事前に情報が漏れてるってことでしょう。うちだって、次の号は何をやるかっていうのは、雑誌が書店に出る三〜四日前になると、毎号ゲラ争奪戦が始まって、霞ヶ関・永田町はテンヤワンヤなんです。当然うちには協力してもらってる新聞記者がいっぱいいるから、そういう人たちがなんとかならないかっていってくる。そういう人は誰かに頼まれて来るんですよ、政治家とか官僚、あるいは警視庁・警察庁に頼まれてバンバン来るわけ。それが三日、四日前だったら仮処分申請が間に合うタイミングなんですよ。

松岡　鹿砦社の場合、事前差し止めは一件だけですが、これも雑誌の広告からジャニーズ側が知ったということで、やはり問題のある本は、発売直前の取次搬入までは極秘にやるべきでしょうね。そのときには、ゲラは漏れてなくて、間接的な証拠資料だけで差し止めになったんですが、やろうと思えば、ここまでやれるんですからね。

それと『藤田朋子写真集』ですか、あれが結局三日後には差し止めの仮処分が決定されましたよね。早いですよね。それからまもなく、この出版社も倒産しましたからね。怖い話ですよ。「強度の緊急性」「高度の違法性」、そういうのがあればすぐやられちゃう。それは主観的なもんですね、考えてみれば。もういくらでも差し止めの仮処分はできますし、『噂の眞相』だって、例えば社会紊乱の恐れがあると。そんな「強度の緊急性」があるから差し止めだっていったら、もう発売日の十日に出ません。仮処分の怖さというものを出版界の人たちはもっと認識すべきです。

岡留　それがあるから、私はやっぱり取次搬入日までゲラを死守するわけです。取次に入っちゃえばもう勝ちだみたいな感じで毎月雑誌を送り出している。

松岡　あとは野となれ山となれ。もう全国にパーッと行っちゃいますからね。

岡留　とにかく取次に入っちゃえば、それは全国に自動的に配布するシステムになってるからね。例えばうちはいまだに印刷所を公表してないんですが、印刷所なんかで現物を押さえられちゃったら終わりだからね。とりあえず取次に入るまではゲラが漏れないようにする。でないと、そのゲラがもし四日前だったら恐らくゲラを見て差し止めを求めてくる可能性がある。出版社によっては事前に前宣伝でゲラを流す場合もあるんだけど、それはそれで厳密に区別しないと。

松岡　意外と人が知らないんですけど、仮処分という制度が一番悪いんじゃないかと、僕の経験から思っています。いくらでも悪用すれば出版差し止めは可能になってきますから。さっきもちょっと言いましたが、「強度の緊急性」「高度の違法性」っていっても、これは主観的なもんだから。この本が出されたならば、取り返しのつかない被害を被る。それは予測でしかないんだけど、とりあえず仮処分で仮に差し止めをしておく必要があるといえば、いくらでも通りますよ。こういうことを考えると、われわれの反省でもあるんだけど、われわれの判例っていうのは本当に残っちゃうのね。

岡留　うちも仮処分を一回だけやったことがあるんだけどね。要するに発行停止を求めたんだよ。あの反省ゼロだったまがい物雑誌『噂』に対して。

松岡　そこまでやったんですか。

岡留　すぐ本訴に切り替えたんだけど、全然裁判所が認める気がなかったからね。これはもう仮処分は無理だろうということで本訴にしたんだけど、普通はそうなんだよね。仮処分が認められるってのは相当のことなんだよ。

松岡　本当は相当の理由がいるんでしょうけど、鹿砦社の場合は、いとも簡単でした。

岡留　鹿砦社＝暴露本出版社、人権も何も無視した極悪非道の暴露本出版社というイメージがついちゃったからね（笑）。自分たちで積極的につくっちゃった部分もあるんだろうけど、そのイメージがあるから仮処分でも世論が納得するみたいな構図がある。

松岡　なにを言ってるんですか（苦笑）。裁判官の頭の中に、予断と偏見があるわけですよ。

岡留　予断と偏見も正しかったりするわけ、鹿砦社の場合は（笑）。こちらも闘うなら闘うなりのノウハウを持ってないと、隙あらば突っ込んでくるからね。あなたが一生懸命闘ってるときに、私は冷ややかに見てて申しわけなかったんだけど、やり方が拙劣と思いながら見てたんだけど（笑）。

松岡　確かに、岡留先輩のおっしゃるように、ちょっと僕も冷静になってれば、また違った展開があったのかもしれません。あのときはまだ最初の裁判の一審の段階でしたから。一つの裁判がまだ一審の判決が出るか出ないかのときでした。その後のジャニーズからの訴状には、「近時被告（鹿砦社）らの言動はエスカレートして尋常ではない」など書かれましたが、まさにその通りだったかもしれません。「尋常」で、名うての芸能ゴロと闘えませんよ。

岡留　『噂眞』が創刊二年目に皇室ポルノをやったときも一緒だった。私もそのころは、イケイケみたいな勢いでやってた。そしてひどい目にあっちゃったわけだから、それは多少知恵はつくよね。だから天皇問題をやるときはもうちょっと賢くやろうと。松岡さんもそういう知恵が経験的についたと思うんだよね。

松岡　今はすべての裁判が終わりましたけど、ある意味では知恵がつきましたね。この次は大丈夫ですよ。〝授業料〟も高かったですしね。

岡留　今度はもっと違う方法でやろうと思うわけでしょう。それが大事なんだ。

松岡　だけども、「例外的に事前差し止めが許される場合がある」というのが、ちゃんと判決文に書かれてるわけです。それはもちろん高裁でも、最高裁でも、おかしいってことは言ってるわけだけど、ひっくり返らなかったということは、今後、そういうようにされるわけだ。いくらでも拡大解釈で適用されるわけですよね。これはわれわれ鹿砦社だけでなく、『噂の眞相』も含めてすべての媒体や版元にもあてはめることが可能になってしまったわけです。この意味でも、鹿砦社の一連の裁判は、小さいながらも必ず『判例時報』など法律専門誌に採り上げられたように、法律の世界では、残念ながら悪しき判例として残るものになったんです。

「個人情報保護法」の恐ろしさ

岡留　ところで、業界的にいうと、雑誌協会あたりでは、名誉毀損とワイセツの法律を改正しようという政府の動きに対し、法務省とか文部省にずっと反対と言ってきたんですよ。名誉毀損の範囲を広げようとか、ワイセツをもっと厳しくしようというのは、麻生太郎、町村信孝あたりが一番強硬派らしいんだけど、法律を改正しようとして狙って来たんだ。そういう動きが背景にあって、今回の一連の言論規制で政府・自民党は仕上げに入ろうとしている。

一番怖いのは、「個人情報保護法」だね。これはもともとは一億総背番号制から派生した法律なんです。私も学生時代に反対した記憶があるんだけど、住民基本管理台帳をつくって、全国民のデータがパソコンを叩けば一発で出るような通し番号システムなわけでしょう。それが漏れちゃまずいからというんで、「個人情報保護法」をつくりましょうというのが当初の狙いだったのに、全然ねじ曲げた内容になってる。官僚は小ズルイと思うんだけど、公務員の側の情報流出を監視する法律じゃないんだよね。それを使う民間業者を規制し、罰する法律にスリ換えちゃったんだから。

例えば、わかりやすく言うと、私が森喜朗の買春検挙歴を記事にするという場合、森喜朗にまず取材に行かなきゃなんない。そこでどういう取材内容か公開しなくちゃいけない。さらに、買春検挙歴があることがわかったとしても、これを書いていいですかって了解を求めないといけない。違反した場合には、罰則として懲役刑と罰金刑と両方あるんだ。トンデモない法律なわけ。要するに、本人の了解がないといっさい記事が書けないっていうんだから、ふざけた話だよね。とりあえず建前は一般市民の情報を保護するってことなんだ。サギみたいな法律なんだ。

松岡　表向きはそうだから、普通の人はみんな、なるほどな、いい法律だって逆に納得するんだろうけど。

岡留　うちの弁護団長の清水英夫さんなんかも言ってるけど、その法律では公人と私人の区別も何にもないわけ。政治家なんて公人中の公人だし、まして総理大臣だったら、愛人がいるだの、不正な献金をもらってるなんて、当然書くに決まってるわけじゃない。まして公金で愛人を養ってるみたいなやつはいっぱいいるわけでしょう。外務省の松尾克俊みたいに、機密費で愛人を囲ってるやつがいるわけで、そんなもんは当然、公の人に関しては書くべきだっていうのがメディアの使命だと思うんだけど、それすら書けないようにしようとしているトンデモ法律。一応、継続審議にはなったけど油断はできない。恐ろしい法律だよ。そしたら私はもうやめることにする。どうせ休刊するつもりだから、その悪法に抗議する形でね（笑）。だって書けないもの。いくら断末魔状況下だったとはいえ、森内閣もふざけた法律を考えたもんだよ。

松岡　まったくそうですね。

岡留　これは要するに、日本のジャーナリズムっていうよりも、週刊誌とかそういう雑誌ジャンルがなくなってくれという、それが本音なんだよ。だって自民党が一番頭にきてるのは雑誌って決まってる。森政権時代を見ればよくわかるけど、在任時の一年間のスキャンダルは、全部雑誌でしょう。辞めちゃった閣僚が三人いる。中川秀直官房長官の女スキャンダルだって『フォーカス』でしょう。森喜朗の買春だって『噂眞』でしょう。全部雑誌で、新聞じゃないんです。新聞はＫＳＤみたいに、事件がはじけちゃうと書くけど、発掘して書くわけじゃないからね。ＫＳＤにしても『週刊朝日』へのタレコミ。つまり『朝日新聞』じゃなくて雑誌の調査報道が発端なんだ。

政治家スキャンダルって結局雑誌がやってるんです。自民党の政治家にとって一番嫌なのが雑誌。それを締め上げるために、「個人情報保護法」を考えた。報道と通信社は除外されている。テレビ局と新聞社、あと共同、時事はＯＫだけど、出版社が入ってない。意図的に外したと思う。新聞とかはなんともないわけよ。自民党べったりのナベツネ（渡辺恒雄）が部数世界一の読売新聞を出してるんだから、ナベツネに頼めば一発で記事はつぶせるみたいな世界だし、テレビも郵政省管轄下にある。郵政省サイドから締めつけもできるわけだからまだいいけど、雑誌だけはどうにもならない。たぶん中川官房長官の事件と森喜朗の買春報道で、自民党が知恵を絞ったと思うよ。こういう雑誌を野放しにしちゃいかんって感じで締め上げようという狙いがミエミエだ。

松岡　反対運動のキャンペーンっていうのは力が入っているんですか？

岡留　さすがに『週刊現代』『週刊文春』とかもやってるよ。『週刊文春』がやってたのが一番面白かった。「汚職醜聞情報保護法」と言い換えてたしね。ほんとにそうなんだ。「個人情報保護法」なんて官僚がつくった言葉を新聞はそのまま書く。「個人情報保護法」なんて拍手パチパチみたいな法律でしょう、表向きは。ウソつけって。ほんとだったら法律の名前を、特に雑誌とかは表現者として変えるべきだと思う。「政治家スキャンダル保護法」って変えれば、わかりやすい、一般人にも。

沖縄の基地内の土地を地主から強制的に取り上げる「特別措置法」。特措法、特措法ってみんな言ってるけど、なんのこっちゃない、実態と内容はひどいものでしょう。地主より日米安保の関係が優先するから、地主はノーと言っても嫌だと言っても、強制的に土地を借用することができる、そういう法律。お上《かみ》がつくった法律を、新聞は素直にそのまま書くわけだから笑っちゃうよね。あれは「土地強制借用法」と書くべきだよ。「盗聴法」も盗聴法と言わなかった。私は「盗聴法」って書きまくったけど、盗聴じゃなくて「通信傍受法」だよ。カッコいいよね（笑）。そういえば国民も納得しちゃうでしょう。でも実態は盗聴なわけだ。メディアの姿勢がそこで問われる。私は法律の形容の仕方じたいにメディアの主張がもっと出ていいと思ってる。

松岡　話は違うんですけど「盗聴法」の初適用がどこになるのか、赤軍かヤクザか。

岡留　たぶんもう、やられてるでしょう、こっそりと。

松岡　もうやられてるんですか。じゃあ、公表するのはどっちかという問題ですね。

岡留　どっちでも市民権を得るだろうからね。鹿砦社に仮処分をかけても、あるいは赤軍かヤクザでも、まあしょうがないなって世間は思うから（笑）。これが古今東西の権力の常套手段。

松岡　われわれは赤軍でもヤクザでもないですよ（笑）。でも、それが怖いんでね、あいつらだったら仕方がないってなることが。

アイコラだったらいいだろうって考えは危険だ

岡留　それと先ほどの裁判の延長で言えば、この前『ダークサイドＪＡＰＡＮ』『Ｐｏｗｅｒｓ』などを出しているミリオン出版の社長と編集長が逮捕されたでしょう。あれは罪名は名誉毀損なんだ。あれが名誉毀損でしかも身柄逮捕なんだ。名誉毀損で逮捕って久々だよ。だけどきっと、アイコラやったミリオンだからいいだろうっていう警察の発想があると思う。新聞だって、いい加減な出版社だからいいみたいな。そういうところから権力は入ってくるんだね。『噂の眞相』の私を名誉毀損で逮捕っていったら、あそこだからしょうがないって部分と、『噂の眞相』までやられるんだ、大変だみたいな部分があるから、微妙だと思うんだけど、ミリオン出版だったらいいかみたいな、白夜書房でも、まあしょうがないよなみたいな。そっから入ってくるんだ。

松岡　そうなんですよ。鹿砦社だったら仕方がない。ちゃんと判決文に書いてあるんだ、「例外的に事前差止めも許される」って。判決文にまったく反省がないっていうようなことがはっきり書かれているんですよ。

岡留　反省してないし（笑）。

松岡　自分で言うのも僭越ですが、臆病な僕としてはよくやったと思っています。われわれの裁判にはいろいろ批判の方が多いですが、誰もやれなかったことをやったと思ってます。反省とかしとったら、芸能ゴロなんかに勝てるわけがないじゃないですか！（怒）

岡留　読売のナベツネなんかも堂々と言ってるからね、雑誌はトンデモないと。こんな雑誌を野放しにしていいのかって。ナベツネのような、次の総理候補を面接して点数を付けるような思い上がった人物から見れば、週刊誌とかは邪魔でしょうがない。逆に新聞とテレビだけの世界になったら、完全に御用報道しか出てこない。

もうひとつ浮上した法律は「青少年のための社会環境対策保護法」、あれは典型だよね。あれ自体は一見なんてことはないみたいだけど、青少年の犯罪多発ってことで、週刊誌のヘアヌードとか、深夜番組の破廉恥番組を規制しようという法律なんです。さっきの話とつながるんだけど、解釈によってどうにでもなる危険な法律だからね。例えば政治家スキャンダルをバンバンやってる『週刊現代』はよく頑張ってると思うんだけど、グラビアヌードの方にクレームをつければ、まず取次はビビり、コンビニは売らなくなる。それだけで効果絶大。

テレビでいえば、本当の狙いは『ニュースステーション』とか『ニュース23』なんです。ホントはそちらのほうが狙いなんだけどミエミエだから、とりあえず俗悪番組はダメだってレッテルを貼る。あれは県知事かもしくは総理大臣が、ヤバイ、おかしいって思えば勧告できるわけだ。石原慎太郎が、うちの雑誌に対して俗悪だと言いかねない。荒木経惟さんのページを見て、こんなワイセツで品のないのはダメって都知事が言ったらコンビニとか書店、図書館が嫌がってくるわけじゃない。そういうプレッシャー効果は絶大なわけだから、弱いところから狙ってくるってのは、昔からそうだよね。この法案もそっから入ってくるっていう典型パターンだよ。

松岡　『Ｐｏｗｅｒｓ』の事件なんて、みんな深刻に考えてない。あのアイコラを見て、これはヒドイなというふうになっていますね。そういうのを殊更強調してやられると、あいつらだったら仕方がないってなる。また、やってるほうも女の子の裸の写真をモロ出ししてるから、世間に向かって「表現の自由」がどうのこうのと胸を張って抗弁できない。そしたら『Ｐｏｗｅｒｓ』およびその関連の雑誌も萎縮してしまいますね。

岡留　実際萎縮したし。

松岡　その萎縮的効果っていうか、威嚇的効果を狙ったものとしか考えられない。そうすると『ダークサイドＪＡＰＡＮ』もいっちゃえっていうことになる。

岡留　『ダークサイド』は、今後一切芸能はやらない。都知事の石原慎太郎批判記事もやらないらしいよ。要するに、ヤバイわけでしょう。『噂眞』でちょっと書いたけど、『ダークサイド』はバーニングとかジャニーズだとかバンバン叩いてたわけです。バーニング、ジャニーズなんてのは、周囲にヤクザ系とかおまわりがたくさんいるからね。完全に裏が取れた話じゃないけど、人脈的に、その辺を動かすことは簡単でしょう。実際に『ダークサイド』は発売延期、なおかつ、芸能物は一切やるなとなり、絶大な効果があったことは事実です。

松岡　ほんとにそうですね。

岡留　あと私《わたし》的に言うと、エロ本系も決意がないと思ってるんだ、昔から。白夜書房でいえば、かつて末井昭が『写真時代』といういい雑誌をつくってたわけですが、末井がなんで人気があった『写真時代』をやめてパチンコ雑誌をつくったのか。結局、警視庁に何度も呼ばれて、今度やったら逮捕するぞっていう脅しに嫌気がさしたわけでしょう。ポリシーとか決意がないままに、売れりゃあいいとやってると、権力が来たときにはガシャーンとなっちゃうからね。それはミリオン出版にも言えることだし、かつての白夜書房にも言えることで、「不当な弾圧だ！」みたいな闘い方は最初からしないから、結局なめられる。

松岡　しかし、アイコラのエグイやつを見せられて、「不当な弾圧だ！」っていう闘い方はしにくいことはしにくいですよ。そういうのを狙ってやったんだと思うんです。面と向かって『ダークサイド』をやったら、確かに問題化しやすかったとは思いますけど。

岡留　いいとこに目をつけたね（笑）。

松岡　ある意味で、今後の『ダークサイド』は見ものですね。

岡留　ちょっと腰が引けたけど、まだそれなりにまだ頑張ってますよ。

松岡　ちょっとしたことでも、権力ってのは来るときには来るってことですね。

岡留　エロ本であっても、覚悟がないならやるなって。私的《わたし》に言えば、私はそう思うけどね。

松岡　もっと言えば、出版界全体にそういう覚悟がないといけない。

岡留　もちろんそうだよ。

松岡　今後、さっき政治家はどんどん告訴をやって来るとの話がありましたが、政治家だけじゃなくて、どんどん裁判がやられるような気がしますけどね。ちょっとしたことで名誉毀損で訴えてくる。みせしめのために、今は『Ｐｏｗｅｒｓ』のような、いわば軟派系でも、これからは『噂眞』のような硬派系にも、どんどん同じ手法がなされると思います。

岡留　みせしめとの関連だけど、ちょっと怖いなと思ったのは、この前『週刊ポスト』で、巨人の清原（和博）の記事で一千万円。二年ぐらい前かな、別の雑誌で五百万円ていう判決があってスゲーッて思ったんだけど、今度は一千万円の判決でしょう。要するに、政・官が連動してると私は思ってます。今までだったら、あの清原の記事はせいぜい二百～三百万円がいいとこだったけど、一千万円。水準を上げることによって言論の暴走にブレーキをかけるっていう、恐らく法務省の判断があると思う。それが裁判所と連動してる。もちろん自民党だってスキャンダルを書かれる立場にあるわけだから、たぶん政府筋からのなんらかの指示がないと、裁判所の独断であんな一千万円なんて判決は出ないと思う。

訴訟社会のアメリカ型になったら『噂眞』は飯のタネにされる!?

岡留　本多勝一はこういうことを言ってるわけ、日本の名誉毀損の損害賠償金は安すぎると。アメリカみたいにメディアが潰れるぐらい取れっていうのが本多勝一の持論なんだけど、バカヤローだね（笑）。これから日本は弁護士を増やすってことになったでしょう。弁護士が倍ぐらいになるはずなんだけど、アメリカは日本の五十倍以上弁護士がいるわけで、日本の弁護士は今一万八千人ぐらいかな。アメリカは百万人近くいるから、五十倍以上か。

で、アメリカでどういうことが起こってるかというと、弁護士の競争が激しいから、街で見てて、交通事故があったら、走っていって俺にやらせろと〝営業〟をかける、完全な訴訟社会になってるわけでしょう。名誉毀損も同じことになりかねない。例えば私が悪徳弁護士だったら、事務所をつくって、バイトを十人ぐらい使って、新聞や雑誌などの名誉毀損の関連記事を徹底的に探すわけ。そうやって、書かれた本人のとこへ売り込みにいって、私が一千万円取ってやるよって。

松岡　『噂の眞相』が飯のタネになる（笑）。

岡留　一千万円取ったら、半分づつみたいな、ノルマ制でね。とんでもない社会になっちゃうよ。今だったら名誉毀損の裁判をやったって、百万や二百万円じゃ、割が合わないからやらないだけで、清原選手のあの記事で一千万円取れるんだったら、絶対売り込んで、ノルマ制でやらせてくれって弁護士が増えてくる。

松岡　そんなことになったらもう何も書けないですよ。

岡留　ほんとそうだよ。アメリカでは、コーヒーでヤケドした客や肺ガンで死んだ人の遺族が訴えた裁判では、三十億円とかの賠償金を企業側は払わされた。ひどい話だと思うんだけど、そういうトンデモない社会になりかねない。

公人の基準とは？

松岡　名誉毀損というのもほんとに主観的なものだから、自分が感情を毀損されたという感情を持てば、もう名誉毀損なわけでしょう。いくらでも裁判起こせますね。

岡留　一般市民、私人の場合はそうだけど公人の場合、それはちょっと違うんだけど、感情を害したということでも、免責される場合、三つの条件があるんです。公的目的、公益性があり、なおかつ真実であればいい。一般市民の場合はあなたの言う通り、不愉快だと思っただけで訴えることができるんだけど、政治家だったらそうじゃない。森喜朗を批判した場合、森喜朗がいくら不快に思ったっていっても、それで森が勝つとは限らない。公益性と公的目的、やっぱり公人であるかどうかが非常に大事なんです。

松岡　その公人とそうじゃないってのは、どうやって区別するんですか？

岡留　うちはどこまでを公人と見なすかというひとつの判断基準をつくろうとしてるんです。政・官は間違いなく公人ですが、うちはそこにメディアと文化人、評論家も含めてます。なぜかと言うと、彼らはオピニオン・リーダーだから、本を一冊書けば、それこそベストセラー作家なら百万、二百万人の人が読むわけだから、非常に社会的影響力が大きい。私の言葉でいうと、政・官・財界のパワーエリートとオピニオン・リーダー、例えば『週刊ポスト』や『文藝春秋』の編集長も入ると思ってる。鹿砦社の社長も入る。もちろん私も入る。

松岡　僕は公人なわけですか？

岡留　あなたも公人に入る。私《わたし》的な認識で言えば、出版社の社長ってのは、あなたが鹿砦社でどれくらいの本を売ったか知らないけど、通算数にすれば五百万冊ぐらいは本を売ってるわけでしょう？

松岡　もっといってますね。

岡留　もっと売ってるわけでしょう。それだけで社会的影響力は十分にある。こういう本を出してる鹿砦社の社長ってどんな人物かということは、情報公開すべきだと思う。冗談だけど、赤軍か山口組の下部組織じゃないかとかね（笑）。つまり、読者としてはどんな出版社だろうかという裏事情を知る権利はある。

松岡　境界線、グレーゾーン——そういうのは、岡留さん的にはどういうふうに思いますか？

岡留　もう一度言うと、社会的に認知された公人というのは、政治家・官僚。

松岡　これはもう歴然としていて、欧米ではまったくプライバシーはないってことになってますね。

岡留　恐らく名誉毀損の刑事裁判の判例って、さっき言った『月刊ペン』など数件しかないわけだから。『月刊ペン』のときには、訴えたのは池田大作だった。池田大作は巨大宗教団体の名誉会長だからってことで、公人として認められてるんです。ということは、宗教団体の長も公人とみなされる。どこまで広げるかなんだけど、今の社会だとメディア層――メディアを舞台にした、作家・文化人・評論家・タレント、そこまで当然入るというのが『噂眞』の考え方なんです。

　例えば、小学館でいえば、社長とか、『週刊ポスト』の編集長は実名で書く。だけどデスクはイニシャルにして、平記者は名前は書かないというのが、『噂の眞相』の基準なんだけど、そういう形でやってきた。それはどういうことかというと『週刊ポスト』の編集長は、八十万部の週刊誌を、毎週毎週売ってるわけだから、その編集長の考え方って週刊誌の誌面に反映されるわけだから社会的影響力は当然ある。例えば、今の海老原高明って編集長が小沢一郎が好きだったら、小沢自由党色が誌面に出るわけだから、それはやっぱりどんどん情報公開すべきだし、書くべきだと思う。

　鹿砦社といえども、パブリックなメディアを出してるわけだから、西宮で細々やってた時代はともかくとして、東京進出を果たし、ましてやあなたもあっちこっちで文章を書いたりしてるわけだから、もう立派な公人ですね、〝みなし公人〟ですよ。

松岡　面白い表現ですね、〝みなし公人〟とは。

岡留　そういう意味では、一般市民とは厳然と区別する。だから『噂眞』は三浦和義のロス疑惑は一切やらなかったわけです。和歌山カレー事件や少年の殺人事件とかも一切手をつけなかった。なぜかと言うと、一般市民の事件だから、何を書いてもプライバシーに踏み込むわけです。犯罪者だったら踏み込んでもいいという論理もあるんだけど、『噂眞』はやらない。つまり、一般市民の事件は一切書かないというふうに最初から分けている。

　一般市民を扱わなくたって、いくらでも権力のネタはあるじゃないかみたいな感じ。そういうことをどんどんやるべきだというのが『噂眞』のポリシーだから、やっぱりそういうとこは原則的なんだよ。もっと言えば、今の社会は民主主義社会で、平等だということになっているけど、実は平等じゃないと思ってるわけ。公権力を持ってる人たちが非常に社会的強者になっているでしょう。メディアを舞台として活躍する評論家・文化人も強者ですよ。それとは一般市民、私人とは社会的影響力は全然違うという判断なんですよ。

松岡　われわれの判決なんかで一部書かれてる「一般市民の感情」でっていうような表現があるけど、有名人や社会的強者に、それはちょっと違いますね。

岡留　いってみれば階級社会論のセンスだよ。だいたい一般市民が犯した事件があると、メディアのラッシュ報道になる。例えば、和歌山カレー事件に連日マスコミが取材に押しかけた。そういうメディアの行き過ぎた取材はいつも批判するんです。だからうちは、わかってる人はわかってるはずだけど、〝人権派雑誌〟なんだ、実は。権力者に関しては容赦がない。公益性があればヘソの下の話も書く。しかし弱者の一般市民に関しては人権を最大限に配慮するというのかな。だから『噂の眞相』は人権派雑誌っていうんだけど（笑）。というと笑いを取ってしまうから、あなたたちはそう思ってないんだなと思うんだけど。

松岡　僕が〝鹿砦社は良心的出版社です〟って言っても、みんなの笑いを取るっていうことと同じかなあ（笑）。

岡留　一緒にしないでくれ（笑）。

芸能人も公人だ

松岡　それじゃ、ちなみに岡留さんは、芸能人の暴露はどうだって思いますか。

岡留　芸能人のことも言っておくと、例えば柔道のヤワラちゃん（田村亮子）。ジャニーズは当然なんだけど、ヤワラちゃんはどうなのかといえば、公と私の選別は非常に微妙な問題だけど、私はヤワラちゃんは基本的に公人だと思ってる、みなし公人。

松岡　ヤワラちゃんは歴然とした公人でしょう。

岡留　要するに、自民党が非拘束名簿方式の参議院選比例区で出しそうなタレントはみんなそうだよね。だって利用できるわけだよ。ヤワラちゃんが出れば、恐らく三百万票ぐらい取ると思うわけよ。そしたら自民党が三人受かっちゃうんだもの。

松岡　社会的影響力はありますよね。

岡留　巨人の長嶋（茂雄監督）なんかへたすると五百万票は取るからね。長嶋だったら私生活も含めて書くべきだって思うけどね。社会的影響力はあるんだから。だからジャニーズなんか当たり前。ただし、微妙なところもあり、それは躊躇するところだけど、SMAPの中居正広が、女の子をだまして中絶させたということは実際に書いたけど、中居君が「アルファイン」で、どんなSMプレイをしているかどうかって詳しく書くかどうか。多分私はやらないと思うんだ。それは私の美学。あなたのことはやったけど、あれは側近の持ち込みだからしょうがない（笑）。

松岡　あれは面白過ぎました（笑）。

岡留　写真も原稿もセットだった。私が手を入れた原稿じゃないんだから。で、そこら辺が市民感情というのかな、SMとかスカトロは好きじゃないからね。私の美学としては記事にしたくない。男女関係、時にはホモ関係は書くけどね。SMだとかスカトロだってなると、マニアックになってくるからそういうのはやんない。プライバシーにも一応配慮してるってことです。

もし訴えられたらその是非は裁判所が決めるシステムだから、裁判長の頭の中の美意識みたいなのはあるだろうからね。それで一応判決を書く。品がないとかね。うちの場合でも今、西川りゅうじんと和久峻三で裁判やってて、西川りゅうじんが、一橋の学生たちを集めて、〝ちんぽこマドラー〟——自分のちんぽこで水割りをかき回して、みんなに飲ました――それは本当なんだけど、ちゃんと法廷証人も出てきて証言してくれてるんだ。ただ、その表現が品がないと言われる可能性があるわけで、その辺が実に微妙なんだ。だから、事実だったら何でも書けばいいと思わないし、言葉上ではっきり言えるのは、公人、みなし公人はプライバシーの主張は制限されるということだね。

松岡　ない、もしくはないに等しい。あるいは、公人度というか、有名人になればなるほどなくなる。

岡留　原則としてプライバシーはなし。あとはケースバイケースだよね。それが嫌なら一般市民に戻れっていうのが私の持論なんだけど。特にCMに出て商品を宣伝しているヤワラちゃんのようなタレントはそのくらいの決意が必要だね。

松岡　ちょっと温度差があるけど僕もそう思います。だけども、芸能人でも政治家あたりは歴然でしょうけれども。芸能人にプライバシーがあるなどと本気で思ってる人はいないでしょう。

岡留　いるんじゃないの。叶姉妹も、デビ夫人も、三田佳子だってそういうふうに思ってるんじゃないかな。二子山部屋だってそうでしょ。そう思ってるから弁護士を立ててるんだろうね。確か二子山は前に清水英夫さんがやってた。今はやってないよ。叶姉妹は弘中惇一郎弁護士。花田憲子はやはりうちの弁護団メンバーでもある喜田村洋一弁護士がやってる。

テレビ朝日『そんなに私が悪いのか!?』で吠える松岡

松岡　弘中先生と喜田村先生は同じ事務所でしょう。

岡留　同じ「ミネルバ法律事務所」。うちの弁護団だから。名誉毀損に強い弁護士を集めたがゆえに、いろいろと絡んでくる（笑）。

松岡　岡留さんとこと違って、僕のところは、べつに芸能関係に強い弁護士とかプライバシー権に強い弁護士というような目的意識性を持って依頼したんじゃなくて、訴訟攻勢に待ったなしで知人に紹介してもらって依頼しましたんで、裁判長が、鹿砦社の弁護士は大したやつじゃないって最初からなめてかかってたのかな。

岡留　昔で言えば、東大闘争裁判の弁護士の山根二郎とかいたわけじゃない。ああいう弁護士を団長にしちゃったら左翼の過激派はトンデモないってことで、予断や裁判長の偏見で有罪になっちゃうケースはあるかもしれない。

松岡　僕のもそうだったのかなぁ。そうそう、みなさん気づかないんですが、鹿砦社の裁判闘争を支えたのは実はイトマン弁護団なんです。関西でやったのは中道武美先生っていって、イトマンの河村良彦元社長の弁護士で、東京では死刑廃止運動の菊田幸一先生の紹介なんですけど、やっぱりイトマンの伊藤寿永光被告の弁護士で酒井清夫という老練な先生。それはまったくの偶然だったんですけど。

岡留　出版社もろくでもないけど、弁護士もろくでもないって思われた可能性はあるね（笑）。

松岡　う〜ん、それだから鹿砦社の裁判闘争は敗れたのかなぁ（笑）。

岡留　弁護士人選ミスか（笑）。さっきの話の延長線になると思うんだけど、どこまでが公人かっていう話だけど、こういうリストに出てる人たち（第5章に登場の文化人）は典型的な文化人、みなし公人だ。つまり、オピニオン・リーダーでもあるわけだから、こういう人たちは『噂眞』風に言えば、プライバシーの部分に踏み込んで書かれても仕方がない。その人がどういうアイデンティティを持ってて、どういうプライベートな生活を送ってて、どういう思想性を持ってるかっていうことを情報公開しないと、この人たちの本を読んだり、テレビで観たりしてる人たちに対しての的確な判断材料がないということになるから、最初から当然必要だという人たちを採り上げている。

司法制度改革とは？第三者機関、市民オンブズマンが必要だ

松岡　もうひとつ、ワイセツとかそういった判断基準も、やっぱり裁判官がやるわけじゃないですか。裁判官は一般市民というか、一般社会から隔絶されたところに育てられた。裁判制度自体をやっぱり変えなくちゃいけない。その中で出てきたのが陪審制度。欧米流じゃなくて半分入れるとかいうようなやり方が出てますけど、それに対する評価はどうですか。

岡留　難しいところだね。例えば鹿砦社の裁判だったら、陪審制度だったら完璧に負けちゃうと思う。要するに、どうせ鹿砦社だからってイメージは、裁判官よりもっと市民感情の方がひどいかもしれない。

松岡　僕も同感です。裁判官以上に説得しにくいかもしれませんね。

岡留　アメリカのケースを見てると、ＨＩＶ訴訟だったら阿部英は有罪だったかもしれない。

松岡　有罪どころか死刑ですよ（笑）。

岡留　陪審だったらね。かといって、今の司法制度がいいとは思わない。非常に難しいなと思うのは、裁判官がもうちょっと民間と交流すべきだとか、あるいは検事が交流すべきだっていうのも、もちろんいいと思うんだけど、一番問題なのは裁判官と検事。実際に裁・検交流をやってる。しかし裁判所と検察が馴れ合っちゃったらどうにもならないわけで、弁護士がどう闘っても、ほとんど判決は最初から決まってるも同然。検察が起訴したら、九五％以上は有罪ということは、すでに裁判所と検察は官同士で慣れあい関係にあるともいえる。そこで、さらに交流されて、酒飲んで、肩組んで、ますます仲良くなっちゃったらもっと困る。そこが難しいところで、かといって仙人みたいな生活をされて、何がワイセツかもわかんないっていう現実離れした人でも困るしね。

松岡　だけど実際にそういう人たちが判決を出してますね。例えば、芸能界のドロド

ロした実態を知らないような人、知らないどころか、若いときから関心のないような、さっきの話だと、ほんとに大学時代青春を暗く過ごし、下宿にこもって司法試験の受験ばかりを一生懸命やってた人たちがそのままやってるわけだから、それで果たしてきちんとした判断ができるのかというと疑問ですね。

岡留　理解はできないだろうね。裁判官の判決文なんかを読むと、論理志向というのを見て取れる。やっぱり普通の市民の発想ではないわけでしょう。一般人がよく読んでも理解しづらい判決を書くわけだから、世間常識、一般社会で生きてる生活者の感覚じゃないと思うんだよね。私と一緒にキャバクラに行って飲むような人じゃないと思うんです（笑）。

松岡　あながち冗談ではなく、たまにキャバクラに行くような人が裁判官になって欲しいし、そうでなければダメですね。

岡留　ほんとはね。その程度の社会性、生活者としての実感がないとダメだね。だから今、司法制度改革をずっとやってるけど、新聞で読む限りでは期待できないんだよな。

私が一番言いたいのは、ほんとに先進国型でやるんだったら、メディアはどこかの第三者機関でチェックするべきですよ、つまりオンブズマン制度。要するに、報道被害を受けた人たちがそこに持ち込み、ほんとに厳正なる判断ができる市民、学識経験者や文化人でもいいんだけど、きちっとした人たちを選んで、その中で判断する。そういうある種自主規制なんだけど、国家権力が直接介入するよりも、むしろそういうものを早急に立ち上げた方が言論機関にとっては将来的にいいと思う。言論・表現の分野は刑事裁判になじまないと思うんだな。

松岡　僕も裁判じゃダメだと思いますが、だからといって外部の第三者機関にチェックしてもらうということはマスコミの自主規制につながるんじゃないですか。

岡留　またそういうアナーキーなことを言うけど（笑）、実際にミリオン出版みたいに権力がいきなり逮捕することがあるわけでしょう。それよりは、仮に芸能プロが持ち込んだ場合、アイコラはおかしいかどうか、厳正な有識者、弁護士とかいろんな人を入れて、そういうプロの目でアイコラは著作権違反とか名誉毀損に抵触するよっていう形を、裁判じゃなく第三者的な民間機関でやっていく。

規制なんてなんにもなくてもいいじゃんという発想だと、結局、権力がいきなり介入してきちゃうわけだから、そっちの方が私は怖いと思うんだよな。もちろん表現にかかわっているメディア自身の意識を高めることも大切だけどね。

松岡　岡留さんも意外と沈着な考え方をされますね。確かに、なにも第三者的な機関がなくて、権力の介入が既成事実化すれば、ほんとにトンデモないことになっちゃう。だから、ミリオン出版の事件は、確かに怖い既成事実ですよ。

岡留　あれも前例をつくったわけだから、いずれまたどこかがやられちゃうからね。

松岡　僕の方も前例をつくってしまいまし

たからねぇ。

岡留　だから、今の司法制度は全然いいと思わない。今、司法制度改革をやってるわけですが、司法関係者、学者だけでやってるから、どうなるかわかんないし、そんなに期待は持てない。それより今、法務省は、人権救済機構をつくろうとしてるでしょう。その方がむしろ問題。表現上の問題があった場合、メディアに対する立ち入り強制権みたいなものを認めようってことは、権力と同じなわけ。これを日弁連（日本弁護士連合会）がやろうと言い出している。日弁連は基本的に反権力で、権力に対して一線を引くというのがずっとポリシーだったはず。でも今回は日弁連が、タテマエ上は人権救済と言ってるんだけど、「表現の自由」の分野に踏み込む話だからね。

例えば、差別発言があるとかいうなら、まだしも納得できるけど、それはメディアの表現活動全体に及んでくるに決まってるわけだから、それは非常に危険だなと思っている。「個人情報保護法」、法務省のこの「人権救済機構」でしょう。「社会環境対策法」とかほんとに締めつけがすごいから。

松岡　それは自民党の断末魔の最後のあがきに近いからでしょう。

岡留　だと思うよ。権力や官僚は、最終的には言論を統制・規制するという発想と不可分だしね。小泉総理になったからといって油断してはいけない。

マスコミでやるんならそれなりの覚悟が必要だ

岡留　ところで戦後間もない頃『真相』って雑誌があったでしょう。あなたは知らないかもしれないけど。私も知らなかったんだけど（笑）、最初は大宅文庫で読んだんだ。これはすごかった。戦後のカストリ雑誌『真相』は共産党系だったんだけど、例えば、天皇家は何を食ってるのか、冷蔵庫まで開けて取材してるし、天皇家は税金を払ってるかみたいな記事まで書いてる。GHQ支配下とはいえ、それはラディカルだった。その雑誌は結局潰されたんだけど、その潰され方が政治家の集団告訴なんだね。例えば今、自民党の代議士でうちに批判を書かれたことがある三十人が連名で集団告訴してきたら、裁判費用だけでギブアップになるよね。そういう潰し方があるわけです。

松岡　うっ、それはキツイ。でも、現実問題として考えられますよね。

岡留　でしょ。やっぱり名誉毀損ということは、うちみたいな雑誌にとっては、一番の課題だと思う。その他に差別問題、差別表現があるけど、最大のテーマは名誉毀損だと思うんです。差別問題に関しては私はよき理解者のつもりだけど、それでも解放同盟に一番厳しいのはうちだからね。差別問題をわかっていて、なおかつ解放同盟のダメな部分も書く。それはもう、ジャーナリストとしての資質を高めるしかないんだろうね、解放同盟にもいいかげんなことはいっぱいあるわけだから。もちろん無自覚に何でも書いていいわけじゃなくて、名誉毀損に留意しつつ反差別運動の背景をクリーンにすること。私はそういうスタンスを取ろうとしてますけどね。

それくらい注意していても訴えられるわけだから、その場合は、まず、抗議してきた人の話をキチッと聞くと。何を要求してるんだか、いろいろあるんですね。どこに怒りがあるのかなって、キチンと話を聞いていけば、落としどころが出てくる。私はまず第一段階としてそういう対応をする。それでもダメだっていうケースが当然あるけどね。

この前もあったんだけど、某大学学長の娘がＡＶに出演歴ありって一行情報で書いたんです。そしたら抗議も何もなくて、いきなり裁判所から呼び出しが来た。民事提訴されたんだ。確かにそういう噂はあった。週刊誌も取材に動いたんだけど記事にできなかった。学内では噂が流れてたんだけど、結局それぐらいしか確かな事実がなかった。一行情報だからこっちも気軽に考えてたんだけど、提訴後即相手側弁護士に連絡を取った。弁護士いわく、「とりあえず裁判は始めなきゃしょうがないということで、第一回裁判はやりましょう」と。私自身が法廷に行ったんですけど、おかしかったのは、前の法廷が、知り合いの講談社の顧問弁護士のＭっていう人の裁判で、講談社の幹部も一緒にいた。それが終わって私が法廷に入っていくと、その連中がみんな興味ぶかそうに見てんだ。裁判が始まり、そしたら相手側の弁護士がいきなり「次回で和解の話し合いに入りたいんですけど」って裁判長に言ってくれた。そしたら講談社の連中がガクーンってコケてた（笑）。

松岡　次回で和解するとか言っても、もう裁判になって弁護士頼んだら弁護士費用、着手金を払わないといけない。

岡留　それは最初から感触を得ていたから、うちは弁護士を立てなかったんです。向こうも、和解できるだろうって言ってたから、私自身が行った。そしたらＭ弁護士が「俺がやってやろうか」って冗談で言ってたんだけど、その場で「和解します」となった。もちろんお金もなくて、ただ謝罪の意を示すという和解です。

そんなこともあるから、例えばこっちが接触しないで突っ張ってれば、これは一年、二年続くわけでしょう。それは税金の無駄だと思うわけ。前向きの労力じゃない。裁判をやると、うちのスタッフは十人ぐらいしかいないので、特集記事を抱えながら、裁判対策をやる。これは大変なんです。そういうことを考えれば、和解できるものはどんどんしちゃえという方法もありだと思う。だから松岡さんと違うかもしれないけど、所詮民事裁判は、そもそもその趣旨からして和解前提と認識してるからね。

松岡　いや、僕もべつにとりたてて争うつもりはなかったし、宝塚のように和解になればよいとも思っていましたが、相手が和解しないというんであれば、仕方がないでしょう。これは誤解されてると思うんですが、対ジャニーズ三件の差し止め訴訟だって、こちらは当初、なんら争うつもりはなかったんです。向こうが仕掛けてきたから受けて立ってやったにすぎませんし、向こうがどんどん押してきたから、あそこまで行っちゃったわけです。
ところで、森、野中、今の和久峻三と、大きいやつがこれから煮詰まってきますね。

岡留　それに集中するためにもちょうど和久に訴えられた時も全部で民事裁判が十三件ぐらいあったんです。これはやばいと思って、ほとんど和解しました。最重要裁判一本に絞るぞっていうのも、小出版社としては言論の拠点を守るための作戦だからね。

弁護士の選び方は重要

松岡　それとあとひとつ、さっきも言ったけど弁護士の選び方ですね。これが、そういう裁判闘争に一番重要。まったくバカな弁護士を選んだら、最初から勝負がついちゃうわけですから。先ほど、鹿砦社の弁護士人選は間違ったと岡留さんはおっしゃいましたが、敗訴が続いたとはいえ、われわれごときがあれほどまでにやれたのは、弁護士の先生方のお陰だと感謝しています。われわれには過分にハイレベルで経験豊かな弁護士だったと思っています。

岡留　それは冗談だよ（笑）。私は名誉毀損てのは特殊な裁判だと思ってるけどね。殺されたとか何かにだまされたとかそういう刑事事件と違って、名誉毀損の場合は、心の問題だし、要するに、心が傷ついたってことで争うわけでしょう。うちは、もともと名誉毀損裁判担当の弁護士と接触がいろいろあったからね。喜田村さんという人は「文春」と「読売」の顧問弁護士で、もともと知り合いだし、この「和久・西川」裁判は絶対判例に残る裁判だから参加したいと言ってくれた。弘中さんもそういう趣旨での参加なんです。弁護団長の清水英夫さんだって、創刊時からの知り合いだし、「表現の自由」のオーソリティだから私から頼み込んだ。芳永克彦、内藤隆の両人は、もともとうちの顧問弁護士だから。芳永・直球派、弘中・チェンジアップ派、喜田村・カーブ派、いろんなタイプがいるんだ。裁判は一種の知恵比べだから。裁判官はプライドが高くて、知恵があると自分では思い込んでいる人たちを相手に闘うわけだから。

松岡　芳永、内藤弁護士というのはもう長いんですか？

岡留　こっちの弁護事務所はもう十五年くらいかな。「四谷総合法律事務所」ってのは破防法裁判では頑張った、勝ったからね。

松岡　弁護士さんが優秀なのはいいんですけど、やっぱり費用の問題がありますね。裁判はやはり金がないとやれないっていうのがありますね。一人ひとりに払うわけじゃないでしょう？

岡留　一人ひとりに払ってる。うちは後でどーんと請求されても払えないから、毎年払ってる。これまでの裁判費用を合わせたらマンションぐらい買えるかもね。

松岡　われわれが今までに遣った裁判費用は見えてるだけで五千万ぐらいはかかってますが、実際はもっとあると思うんだよね。僕なんて、裁判のたびに関西から東京に行ってましたから交通費とかみんな入れたらね。ほんと、家を一軒買える。
鹿砦社に対しても、『噂の眞相』に対して

も、どんどん裁判を起こされることについて、いろいろ批判がありますが、われわれは実に莫大なカネも遣って闘ってきた。われわれを批判する人は、それこそほとんど裁判や出版差し止めなど起こされたことのないヤワな本ばかりつくっている人ばかりで、本を出すことと表裏一体で、時に大金を投じて法廷でも闘わなければならないこともあるんだということを声を大にして言いたいですね。

だってそうでしょう、一部大手は別として、インディな出版社で、社会的に話題になるような裁判をマジに闘っているのは、鹿砦社は全て終結しましたから、今じゃ『噂の眞相』ぐらいしかないでしょう。この意味でも、頑張ってほしいですね。

岡留　それは大変だけど、メディアを出すってことはそれぐらい社会的責任を伴うというふうに考えたほうがいいと思ってるんだ。「2ちゃんねる」がインターネットでバンバン気楽に流すのとはわけが違う。何度も言うけど、私たちも一種の権力なんだ。権力批判する側が権力化しちゃう可能性は常にあるんだよ。だから批判されたりとか、厳しい非難にさらされるとかの覚悟は必要だよね。

松岡　きょうの話で、岡留さんがけっこうしたたかな裁判闘争をやってこられたということがわかりましたが、意外にも感じました。われわれは逆に、それこそ小ブル急進主義、ブランキスト的にトコトン先鋭化していきました。悪い判例もいただいて、岡留さん的には、あまりいい闘い方ではなかったかもしれません。しかし、一生に一度ぐらい、大物を相手に、まさにアリが象に挑んだ経験は、まあ、誰もができることじゃなし、僕はほとんど孤立無援で逃げずに真正面から闘ったことだけは胸を張って誇れると、今は自分なりに総括しています。

あれほどあった裁判も全部終わると、一種寂しいもので、一生にもう一度くらいは、それこそ歴史に残るような大きな裁判をやるのもいいかなとも思っていますが、その時には、鹿砦社の一連の裁判闘争の経験、そして、われわれとは違った闘い方をした『噂の眞相』の裁判闘争の経験にも学んで、今度はもっと緻密でしっかりした闘い方をしたいものですね。

それからこれはいささか牽強付会な言い方かもしれませんが、裁判に対する小ブル急進主義的、ブランキスト的な僕のやり方と、穏健な構造改革主義の岡留さんのやり方の違いは、後で出てくる若い頃の学生運動への関わり方が根っこにあるようにも思っています。今、鹿砦社の小ブル急進主義的・ブランキスト的なやり方と『噂の眞相』の構造改革派的やり方といった表現の仕方をしましたが、あながち間違ってもいないんじゃないか、ということを述べて、次の章につないでいきましょうか。

岡留　ホントかね（笑）。

※この対談後七月四日の「和久・西川」公判で、岡留に懲役十ヶ月、担当記者に同六ヶ月の検事側の論告求刑が行われた。『噂眞』側の最終弁論は十月十日。判決は年明け早々の予定。
※亀井静香、曽野綾子、堺屋太一との訴訟は、この対談後、和解が成立した。

第2章

われわれはどのような青春時代を過ごしたのか

学生運動時代――われわれの源流

学生時代はある新左翼セクトの同盟員だった

松岡　やっぱり岡留さんの原点は学生運動経験でしょう。そこらへんから『噂眞』創成期まで語ってくださいよ。

岡留　うーん、私たちのそんな昔のことを語ってもなあ。あまり話したくないな、多少はいいけど、面白くないんじゃないの。あんまり好きじゃないしね。私から勝手にしゃべっていいの。

松岡　かまいません。僕と同じような経験とか何かありますかねえ。

岡留　いや、べつにない。松岡さんは関西だし、党派も違うしね。私と幾つ違うの、歳は。

松岡　僕は一九五一年生まれです。僕は〝遅れてきた青年〟で、七〇年入学ですから。

岡留　七〇年卒業だからね、私は。

松岡　ちょうど入れ違いですよね。

岡留　ただし私は七〇年に卒業して、その後学士入学してるから、七二年に二回目の卒業。松岡さんともちょっとダブってるね。七〇年の三月には法政の社会学部を卒業したんだけど、六月の社会学部学生大会の議長をやって、それを最後の御奉公にしたいと言って自治会の中央執行委員もやめて、社会学部ゼミ闘争委員会の代表をつとめてたけど、それも解散してやめた。運動に見切りをつけたのは、結構早かった。七〇年六月には活動から全面的に足を洗った。

松岡　やめるなという話はなかったんですか。

岡留　私の党派は「プロ学同」という弱小党派で、新左翼系八派の中では一番最後に結成された団体で、もともとは関西系の民学同、それから共産党ソ連派という流れから来ていて、その頃は法政が拠点校だった。民学同左派からプロ学同をつくろうということで、当時のブントやいわゆる三派系の影響をかなり受けて、引っ張られた形で出来た党派なんです。本来は構造改革派だから、穏やかな革命主義者だったんだけど、七〇年安保を目前とする当時の時代状況にやっぱり引きづられる形で、六八年に結成された。親分がいいだももで、当時の幹部メンバーでいえば、作家の笠井潔なんかがいたわけだね。

松岡　当時のペンネームは黒木龍思。

岡留　そう、黒木龍思。作家の亀和田武なんかもプロ学同だった。

松岡　今の管理職ユニオンの設楽清嗣さんなんかもそうでしょう。

岡留　あの人は「共労党」のほうじゃないの。

松岡　共労党とプロ学同は違うんですか？

岡留　共労党の学生下部組織がプロ学同、そして市民運動がべ平連。いちおう一丁前の前衛党組織なんだ、形としてはね。

松岡　べ平連はそういう戦略のもとに、みなさんやってたわけだ。

岡留　共労党のマヌーバー戦略。リーダークラスには党員が何人か入ってたでしょう。べ平連が共労党だと思われるとまずいから秘密党員（笑）。べ平連というのは大衆カンパニア闘争という一番過激な市民運動ではあったんだけど、武装闘争はしないという組織。小田実とか小中陽太郎、いわゆる文化人を表に立ててたけど、裏的には共労党戦略みたいなものがあった。

松岡　その他の党派も、べ平連にどんどん入っていったでしょう。

岡留　草刈場みたいなもの。例が悪いかもしれないけど、今の社民党みたいに赤軍がもぐりこんだりしてたわけだ。革マルだって革マル派って形を取らないでサークルや大衆組織としてやることもある。原理研もそうでしょう。統一教会、オウムもそうだものね。組織の必然というか、加入戦術というのは組織の論理としてあるんだよな。

松岡　なにか具体的な内ゲバとか、やられた経験はあるんですか？

岡留　法政は学園闘争をずっとやってたから、かなり長期間バリケード封鎖もやっていて、学習会とかそういうのはバリケードの中でやっていた。たまたま私たちのセクトは総長室を使えたんだね。そこで学習会をやってたんだ。終わって一人でそこで本を読んでたら、ある時、裏口から民青の活動家がバリケードを突破して侵入してきた、三人組が……。

松岡　それで殴られた?

岡留　頭を三人がかりでコンクリにぶつけられガツガツガツ……、血だらけになって、メチャメチャにやられた。その傷跡を昨年右翼に再びやられてしまった（笑）。

あと、当時は早稲田でよく集会をやってて、法政の部隊も早稲田に行ってたんだけど、私も当時からヤジ馬精神が旺盛だったから、集会をちょっと抜けて、文学部の革マル派を見に行ったら突然取り囲まれ、瞬間ガバッと掴まれて、「お前法政の中核だろう」って校舎の奥に連れ込まれちゃったんだ。二時間ぐらいは完全に監禁状態だったんだけど、調べたら中核派じゃないってことがわかって、「お前はプロ学か」みたいなことで釈放されたことがあるんだけど、その時はちょっと怖かったね（笑）。

松岡　バリケードの中には他党派もいたんでしょう。学習会をやってるときに殴りこんでくる。そういうのはなかったんですか。

岡留　それはなかった。革マル派を除く新左翼諸党派だけで完全制圧してたから。法政の図書館が全共闘の拠点だったからそこにいて、要するに一番の敵は民青で法政の学生の民青の他に千代田地区民青が加わって襲撃してきたことは何度もある。すごかったね、何百人来たのかな。完全包囲されていたけど、私たちは屋上から石を投げたりとかしてた。

松岡　そういうことに比べれば、この前（右翼の襲撃）みたいなものはまだ大したことないんですね（笑）。

岡留　右翼といえば、あの当時、法政の右翼なんてどこにいたんだって感じだね。影が薄かったもの。中立だったんだね。介入しない。全体の八割が左翼系の中で右翼が生き残る道が、法政にはなかったんじゃないかな。でもね、私たちはそんなに陰惨じゃなかったから、内ゲバなんかは党派としてはなかった。法政でいうと一番過激なのが、「プロ軍」だった。

松岡　「武装蜂起準備委員会」ってやつね。これが組織の名称ですからすごいネーミングですね。

岡留　それが民青を襲いだすと凄かったね。やめろよって言いたくなるくらいリンチしてたものね。彼らはデモの前夜に酒盛りをするんだよ。ヤクザなんだか、左翼なんだか（笑）、結束を固めるわけね。相撲取りみたいな体格のTという大学院生がリーダーだったんだ。

松岡　法政のプロ軍ってのは伝説的に有名ですね。ゲバが強い、凶暴だってことで。

岡留　プロ軍ってのは全国から法政だけに集まっていたんだろうね。

松岡　七〇年代の初めに、われわれも法政に行くことが何度かあったんですが、そのときにはもういなかったように思います。結局は放逐されたんですか。

岡留　全共闘としては一緒だからプロ軍だけが放逐されたってことはないんだけど、プロ軍には大衆動員力はなかったんじゃないですか。

で、昔よく言ってたんだけど、法政ってのは教授陣だけ見れば、東大の植民地。官学を追われてきた連中が集まってるから、社会学部教授会だけでも八割が共産党じゃなかったかな。だから教える授業はほとんどマルクスなわけ。共産党であろうが、新左翼であろうが、ベースは一緒だからね。解釈と戦略の問題で分かれていくだけだから。学問自体がそうだから、そういう意味で言うと左翼活動家をつくるための大学みたいなもんでしょう。民青の数はすごく多かったんです。私たち新左翼系の社会学部自治会は十五人ぐらいで牛耳っていた。だけど、民青が社会学部だけで百人以上いた。でも、インチキだなと思うけど、七〇年の六月には社会学部に籍がないんだ。私はすでに卒業して法学部なんだ。それなのに六月の社会学部学生大会の議長を私がやってるんだから、いい加減だった（笑）。

松岡　そういうのは無効になるんじゃないですか（笑）。

岡留　そんなもの誰も気づかなかったし、戦後民主主義の解体がスローガンだもの（笑）。そもそも民青を学生大会に入れないわけだから、ヒドイ話だよね。

松岡　そうそう、入れないんだ。学園闘争の前はみんな入れて、喧喧諤諤やって、それで多数決で決めてたらしいんだけど、後になると学生大会に入れない。民青と思しきやつはみんな入れない。

岡留　ボス交もやったことがあるんだ。社会部自治会代表で行って、向こうは教授会代表が来て、正式に公認されたわけでもないのに自治会費を——自治会費は相当大きかったから、それをもらう交渉をするわけ。教授会もいいかげんだね。お前らは学大（学生大会の略称）を正式にやったのかって言えばいいのに、こっちも脅かし半分、早く自治会費を出せって、一緒に洋食をごちそうになりながら交渉してた（笑）。

松岡　具体的に殴った教授っていうのはどなたですか？

岡留　総長を殴った。

松岡　最初は殴らないんだけど、法政とか僕のとこ（同志社大）とか程度が高くない大学（笑）の人間はやっぱり先に手が出ちゃうんですよね。いい大人が年端も行かない学生にぶん殴られる。

岡留　そんなひどくなかったよ。私なんか褒められたもの。その総長の後任として小田切秀雄が総長代行をやったんですよ。

松岡　文芸評論家の小田切秀雄さんは共産党じゃないですよね。

岡留　あの人はそういう意味じゃ全共闘に近いスタンスだったんだけど、その後『現代の眼』の編集者に聞いたんだけど、小田切さんは私のことを紳士的だったと褒めてたらしいね。でも実は殴ったことがあるんだ、前任者の中村哲総長を。

松岡　中村総長は共産党じゃないでしょう。

岡留　あの人は違う。だから社会学部教授会は八割だけど、全体では法学部だとかあ

松岡　……るわけだから、全体で見ればそんなに共産党が多いわけじゃなかった。でも社会学部は圧倒的に共産党が多かったな。

松岡　いわゆる新左翼系の教授っていなかったんですか。

岡留　藤田省三なんかは全共闘シンパ教授みたいなもんで、卒業してからも一時期つき合いをしてた。

松岡　リベラル穏健派ですね。

岡留　リベラル穏健派というか、むしろ全共闘シンパだね。

松岡　でも議長までやって、案外勇ましいバリバリの活動家だったんですね。

岡留　議長ってのは中央執行委員の中から選ぶ。中央執行委員てのが自治会に八人ぐらいいたのかな。一応執行委員ではあったけど、私の主力は大衆組織のゼミ闘争委員会のほうだったからね。でも私はエキセントリックなアジテーターじゃなかった。やさしく割と諭すような感じかな。昔から理性派の活動家だったんだよ（笑）。

松岡　信じられませんね（笑）。

鹿砦社、松岡の場合

岡留　松岡さんはどうだったの？　高校、大学、概略でしゃべってよ。

松岡　僕は高校は九州、熊本なんです。熊本商大ってのがあった。今は熊本学園大学という総合大学になってるらしいんですけど、そこの付属高校。公立高校に入れない落ちこぼれが集まる二流の私立高です。卒業生にも、さほど有名人はいなくて、一年下に『銀河英雄伝説』の田中芳樹がいるくらいです。大学は当時革マルの拠点校でした。だから音楽・美術の教室なんか隣りが革マルのボックス。

　僕が高校を卒業したあと、中核・革マル戦争が始まって、それは九州まで波及し、革マルが中核に襲われたってことがあったらしいんですけどね。川を一本隔てたら熊本大学。

　商大の方は封鎖とかはなかったですけど、われわれが高校一年のときちょこっと、広島大学から新任で来た先生が、なにか闘争があるごとにクラス討論をやるわけです。いまだに記憶が鮮明なのは、六七年10・8羽田闘争の翌日のクラス討論ですね。そうしたことでその先生は結局やめざるを得ない状況になったんですけど、団交まがいなのを一回やったことがありました。

　でも、大学じたいには革マルの拠点でありながら、学園闘争はなくて、熊本大学には、ちょくちょく見学に行きましたね。それで、騒然としていた時期ですし、『青春の門』みたいに都会への憧れのようなものもありましたから、なんとか東京の大学に行って、ちょっとはああいう隊列に加わりたいとか、そういうのはあったんです。僕は早稲田の一文と教育を受け、一文が第一志望だったんですけど、早稲田は二つとも落ちて、地方試験で受けた同志社大学だけが受かったんです。あと地方試験で立命も受けましたけど落ちました。同志社に行って、ある意味じゃ幸せだったのかなと今は思いますけど（笑）。

岡留　京都も学生運動じゃ、地域としては一大拠点だったよね。京大の熊野寮だかに泊まったことがあるもの。確か五十円で泊まったけどね、活動家は五十円サービスだった（笑）。

松岡　僕は寮にいたんです。大学の裏に定員二十人ほどの此春《ししゅん》寮って小さな寮があって、二年余りそこにいたんです。

岡留　同志社の寮にいたんだ。

松岡　有名どころでは、藤本敏夫さんが大先輩。で、この前その寮の同窓会を、京都の「キエフ」という、藤本さんのカミさんの加藤登紀子の実家がやってるロシア料理の店でやったんです。そこには昔の社学同の突撃隊長をやった人とかオールド・ボルシェビキ連中がいっぱいで、七三年入学あたりが最後なんです、来てるのは。そのあたりで結局は終わったのかなっていうところだと思いますけど。

岡留　寮を拠点に闘争みたいなのがあったわけだ。

松岡　六〇年代の学園闘争の前にあったみたいですね。もともと神学部の寮だったのを一般寮にするというようなものだったようです。その後、今言われた京大の熊野寮のような学生運動の拠点になったわけですね。京都には、そんな寮がいくつもあるでしょう。

でも、寮母さん、この人がまた肝っ玉母さんのような人で、この人を中心として結束は固く、実は鹿砦社も、経営的に厳しい状況に立ち至った時期に手を差し延べてくれたのも、寮の後輩でした。同じ釜の飯を食い、修羅場を一緒に闘ったという絆のありがたさを感じましたね。

岡留　高校のときは、普通の高校生だったの？

松岡　まったく普通の高校生です（笑）。

岡留　私みたいに野球やってたわけじゃないんだ（笑）。

松岡　文芸部とか美術部をやってたんです。考えてみたら、早稲田にしろ、立命にしろ、行ってたらまた人生が変わってたかも。だって素朴な田舎者ですから、都会に出て、大学に入ったら、やっぱりセクトが、法政みたいに群雄割拠してたら別でしょうけど、そこを拠点にしてる党派の色に染まっちゃいますからね。早稲田に行ってれば革マルになって、今ごろこんな対談などやってなくて、内ゲバで死んでたか行方不明になっていたかもしれませんね（笑）。立命館に行ってれば、共産党に入って、今ごろは有田芳生のようになってるかもなあ（笑）。

岡留　これはもうぜひ言っときたいことなんだけど、たまたま入った大学の、私は社会学部だったからプロ学同へ行っちゃったんだけど、文学部だったら中核派へ行ってたかも。あなただってそうでしょう。

松岡　そうだと思いますよ。

岡留　たまたま入った大学で、級友や先輩がいっぱいいて、そういう連中とつき合いがあれば、どうしてもモロに影響受けちゃうから、たまたま入った大学や学部でセクトが決まってしまう。当時の学生はみなそうじゃないかな。

松岡　それで小さい寮ですから、デモだったら全員参加なの。先輩・後輩のそれこそ体育会系の発想ですよ。行かないやつは糾弾されるわけです。

岡留　小さいリンチが加えられるわけか。

松岡　サークルでもみんなそういう雰囲気ですから、大学じたいが。僕が過激派の大幹部だったなどというウワサが業界で流れていますが、幹部でもなんでもないんです。文学部自治会委員長と大学祭実行委員長は勤めましたが、侍の位でいうと、足軽の上の仲間《ちゅうげん》的な活動家にすぎませんでした。でも、そういう体質ってのが染み付いちゃったってのはあります。だって、いつも学生会館で過ごしていましたので。学生会館の別館に自治会やサークルのボックスがあるんですが、「別館族」といわれていましたよ。また、授業とかにもほとんど行けなかったし、行ったら捕まっちゃうわけです、民青に。

岡留　同志社は民青の方も強かったの?

松岡　同志社は赤ヘルの一元支配でしたが、隣りの立命館が有名な民青の一大拠点ですから、そこから出てくるんですよ。民青なんて人間じゃないと、見つけるとボコボコにしてましたが、民青は民青で、トロツキストは人間じゃないというわけですから、ほんとに血みどろのゲバをやってましたね。やっぱり教室とかいっぱいあるわけじゃないですか。学友会や自治会の名のある者は、捕まえて自己批判を書かせるわけです。朝早くとか、ちょっとしたスキに、よく拉致されるんですよ。僕も一度〝病院送り〟になったこともあるんです。

岡留　法政も民青を捕まえてボコボコにしてた。主にプロ軍や中核派だけど。

松岡　そう、そう。捕まったらやっぱりそういうリンチが入るわけでしょう。そしたら逆にまた民青を捕まえて捕虜交換とか。実際に鴨川の河原で捕虜交換やった。東京の学生運動では考えられないような話でしょうけど。

岡留　結構そういう話は聞くよね。地方の大学は当時も牧歌的だった。例えば、革マル・中核派が仲良くデモしてる。東京では喧嘩してるのに地方では仲良く、みたいな話も聞くからね。

松岡　有田芳生なんか立命の民青の「暁《あかつき》行動隊」でしょう。だから時期的には毎日ゲバやってたって話ですよ。京都御所《ごしょ》を挟んでね。御所のこっち側に立命があって、反対側に同志社があるわけです。御所を通って民青が襲撃に来るわけです。だから、どうも有田芳生には親近感をもてないな（笑）。

岡留　有田芳生だって、お父さんがヨシフ（・スターリン）という名をつけないで、なおかつ立命でなかったらまた人生が変わったかもしれない。生まれながらにして左翼を運命づけられていた。私は〝環境左翼〟って言葉を遣うんだけど、法政にはそういう血筋のやつがいっぱいいた。松岡さんはブント系でしょう?

松岡　ブント系といえばブント系です。意外に思われますが、僕は党派経験がないんですよ。党派じたいが同志社の場合はすでになかったですから、当時は。その前は関西ブントの拠点でしたが、赤軍派が出来るときに割れたでしょう。闘争委員会だけは残ったんです、全学闘争委員会（略称「全学闘」）。より正確に言うと、〝親赤軍蜂起戦争派系赤ヘルノンセクト〟ですね。だからブント系としては残ってましたけど、もう党派ではなかったですね。

当時はみんな活動家に影響された時代

松岡　僕なんかでもそうなんですけど、岡留さんとは違って党派生活をやったわけでもないのに、だけど田舎から出てきて、純粋培養されると、やっぱりやめてもそういうのは残りますね、ものの考え方とか。もちろん今、社会主義運動、革命運動、そんなことをやってるわけじゃないんですけど、やはり、考え方、生き方みたいなのはなかなか払拭できないってのはありますね。もうちょっと頭のいい人だったら転身できたりするんでしょうけど。

岡留　私の場合は、生まれは鹿児島県なんだけど、宮崎県の都城市で中学、高校って過ごして、野球部だったんです、六年間。バリバリの運動部。それで東京の大学へ行きたいっていうんで、受けたのが東京六大学の中の早稲田と法政で、受かったのが法政だったと（笑）。たまたまそれだけのことなんだけど、入学が六六年だから、いわゆるベトナム反戦運動が盛り上がった時期なんですね。佐世保のエンタープライズ……。

松岡　それは六七年ですね。

岡留　そうか、六七年は羽田の第一次闘争の年なんだけど、東京へいきなり単純な体育会系の田舎の人間が来たら、大学の友達はみんな、法政なんか特に左翼の牙城みたいな学校だから、純朴な青年は確実に影響されるね。一番迫ってくる言い方ってのは、「今ベトナムで、罪のない子供たちや女性たちが殺されてるんだ。でもそういう攻撃している米軍の発信基地は日本にあるじゃないか、横田にあるじゃないか、沖縄・嘉手納にあるじゃないか」と。「それを黙ってみてていいのか」って言われるんだよね。いいわけないものね（笑）。

松岡　やっぱり田舎から出てくると、それをまともに考えるわけです。『怒りを歌え』なんて映画を今観ると、当時の若者の、なんていうか、ひたむきさが顔の表情に出てますよね。

岡留　コロっとハマっちゃう。社会を変えなきゃいけない、自分も変わんなきゃいけないって、マジに思ったね。

松岡　入った大学が悪いんじゃないですか？（笑）

岡留　早稲田に行っても多分同じで、似たようなもんだっただろうね。当時は地元の鹿児島大学にもいたからなあ。

松岡　鹿児島大学は結構……。

岡留　革マル派がいた。当時大学で学園闘争がなかったのは皆無に近いでしょう。右翼の牙城の国士館大学だってあったんだから。どこにいても、ちょっと感受性があって、まじめな人だったら活動家への誘いに引っかかっちゃう。そういう時代だった。

松岡　大きなカルチャーショックですね。特に田舎から出てきたりすると……。

岡留　うちのお袋なんかがよく言ってたけども、「おまえ、中学、高校のときは野球、野球といってたのに、大学に入ったら野球の『や』の字も言わなくなった」って怒ってた（笑）。運動は運動でもスポーツの運動から新左翼の運動（笑）。

松岡　〝学生運動部〟ですね。バットじゃなくてゲバ棒に変わっただけ（笑）。

岡留　今はゲバ棒からペンに変えたって言い方をする。だから野球のバットからゲバ棒に変わって、今はペン。わかりやすいんだ、私の人生は（笑）。

総括　われわれの学生運動体験とは

松岡　最近は学生運動のことなんか、もうひとつ若い人たちは知らないんだけど、やっぱり学生運動がなんらかの、俗っぽい言い方ですけど、原点みたいにはなってるわけですか。

岡留　なんでこんな、反権力とか反権威スキャンダル雑誌みたいなのを体を張ってやってるのかって、質問がよく来るからね。その原点というのは、私にとっては新左翼運動ってよりむしろ全共闘運動の方の影響が強いと思うんだ。全共闘運動ってのは基本的に、学問の権威を疑ってかかり、大学を解体せよ、という運動だったわけでしょう。いわゆる学問の権威そのものを疑い、同時に時の権力を疑う。当時はまだ単純だったから、中国の毛沢東の文革（文化大革命）に多少期待してた部分もあったね。

この業界に入ってペン一本で権力と闘う決意でスタートしたんだけど、二十二年やってると、ソ連も崩壊し、中国もおかしくなり、東欧は解体し、いわゆるカッコ付き社会主義国家もなくなった。残ったのはキューバくらいか。私がもしそういう国々に生まれれば、その中で権力チェック闘争をやるだろうから、いつしか普遍的な反権力のスタンスになってしまった。体制が変わろうが何しようが権力は信用できないんだと。いわゆる市民・大衆にとっては、権力、権威ってのは常に疑っていかなくては騙されますよっていうのを、雑誌を通して訴えてきたつもり。こちらがジャーナリストとして知り得た情報を市民の側に提供して、市民の側はそれを自分たちで吟味して、自分なりの自立や運動のきっかけにしていくと。要するに、権力・権威をちゃんと見る目を持ちなさいよという、私なりの全共闘の総括、新左翼運動の総括だったんだ。

松岡　うーん。

岡留　どういうことかというと、新左翼運動は、完全に負けたと当時から思ってた。なぜ負けたのか。非常にわかりやすいんだけど、国家権力と直接的に学生・労働者部隊がぶつかるという構図で、そこには市民社会論が欠落していた。結局、市民社会じたいは当時も微動だにしなかったという深い反省があった。

東京で当時新左翼は、だいたい明治公園で集会やれば五万、十万は集まっていた。シンパ層を入れても都内で三十万人ぐらい。その当時は『朝日ジャーナル』とかが全共闘を同情的に採り上げてたから、全国的にシンパもいたんだろうけど。ただ、市民社会に亀裂が入っても、権力奪取には到底至らなかった。それ以前のレベルで、市民社会自体が、基本的には揺らいでなかったと思う。その反面、当時でも何もしなかったノンポリの人たちがいっぱいいたわけで、そういう人に限って新聞社なんかに入っちゃったりすると、結構いまだに過激だったりするんだよね。当時過激にやってた人こそダメな管理職になってたりする。そういうのはこの業界にいても日々感じる。こうやっていろんな人生を生きてくるとね。

私にとって市民社会がある面で微動だにしなかったということこそが全共闘運動の総括なんだ。やっぱり市民社会に亀裂を入れて、価値観や発想そのものを変えてかなきゃいけない。まず国家と市民の構図は、かつての資本家対労働者階級という図式で割り切れない、中間階層的な市民社会が厳然と存在している。これが良くも悪くも防波堤になってるし、社会改革していくんだったら、この市民社会に亀裂を入れて、解体して、新しい価値観によるシステムの再編をしなくちゃいけない。その指向性がやっぱり雑誌のスタンスにつながってる。政治権力から文化、風俗まで、あらゆる分野で価値観を変えていく。

私は両方にいたからわかるんだけど、より正確に言うと、いわゆる新左翼運動は全共闘運動と違って、ブントでも中核派でもそうだけど、今の権力を倒して自分たちが権力奪取するんだということだったわけだから、そういう人たちって結構体質的に権力志向なんですよ。

全共闘運動はどうかって言うと、あらゆる権威を否定していくと。いわゆる自己否定につながる知識人の運動だったわけでしょう。だから東大全共闘議長の山本義隆が、ほんとかどうか知らないけど、いずれノーベル賞を取るだろうと言われたぐらい優秀な人が、今駿台予備校で細々と講師をやっている。そういう運動だったんだよね。権威を自分で高めて上昇志向に転化するような人生そのものを否定する運動だったわけだから、権力を奪取して自分が総理大臣になるんだ、私が革命評議会の議長になるんだという発想の新左翼セクトと違って、全共闘運動ってのはあくまでも文化運動だったと思ってるんです。全共闘運動のほうがむしろ権力・権威を徹底的に否定してかかるっていう発想なんで、そっちのほうが私は色濃く影響を受けてるし、体質としても合っている。

松岡　それはわかるような気がします。われわれの側から岡留さんの二十数年の歩みを見て、やっぱり、エセ文化人批判というのがずっと続いてる。そういうところはやっぱりそうかなって感じますね。

岡留　昔よく言ったんだけど、大島渚や小田実なんて人は、反権力ではあったんだけれども体質的に権力志向があるでしょう。猪瀬直樹なんかも信州大全共闘だったはずだけど権力志向、上昇志向が強いからね。

松岡　そのようですね。

岡留　その体質はしゃべってる言葉の端々に出るからね。

松岡　横柄な……。

岡留　そういう権力志向というのは見ていればわかるよね。

松岡　その運動の中で、その人のいた位置とかスタンスとか、そういうところなんですかね。それがやっぱり染み出てきている。

岡留　スタンスとその運動に関わった自分の視点みたいなものかな。私はプロ学同というセクトの中では役職は全然やってないですよ、同盟員ではあったけど。だからプロ学同の上の方の連中って、やっぱり権力志向があるし、これはその後につながっていく話なんだけど、やっぱりそういう人には革命のためだったら手段を選ばずという体質と発想がある。赤軍も昔やったでしょう、「M（マネー）作戦」。いわゆる闘争資金を得るため、銀行を襲っていい、銃を調達するためには交番を襲ってもいいっていう、そういう戦略・戦術にいくわけだ。革命のためには汚れてもいいんだってことになる。

でも私は違う。そこはやっぱり全共闘運動の色が濃いなって。古い話だけど亡くなった『新雑誌X』の丸山実なんてのは、世代的には六〇年安保なんだけど、発想としては赤軍派の手段を選ばず、の方なんですね。金の出所は汚くても誌面がきれいだったらいいみたいな。

松岡　最後はほんとにダーティだったと言われていますね。

岡留　最後の方は『新雑誌X』の誌面そのものに体質が出てしまったからね。私が彼に結構批判的だったのはそこだね。

松岡　それは全然出発点も違うし、確かに考え方というのは違うと思いますね。丸山さんにも何回か会ったことがありますけど。

岡留　彼はそういうことは全然気にしなかったから。汚い金であろうが、宗教団体の金であろうが、くれるものはもらっちゃえみたいな。そんなものをもらったら、もらった時点で精神が汚れると思うんだけど、そういうのは彼は平気だったね。彼は六〇年安保世代の人だったけど、総会屋雑誌『現代の眼』の編集者として七〇年の闘争に関わった中でもそういう発想が身に付いちゃったんだろうね。

例がいいかどうか知らないけどついでに言っちゃうと、滝田修こと竹本信弘を出所してすぐインタビューをして、しばらくつき合った時期があるんだけど、潜行十年、逃走してたせいもあるんだろうけど、その間助けてくれたのは新左翼じゃなくて、ヤクザ系。そして出所してきて、許永中の番頭みたいな、許永中の手足になるわけだ。彼の京都弁風にいえば、「わいの面倒見てくれたんはなあ、許永中の兄さんだけなんや」って言ってた。そのときは、もちろん革命は捨てたかどうか知らないけども、その後、『噂眞』で許永中の悪口を書いたら、怒るんだよ。私も怒り返したけど、「あんたの言ってることはおかしい」とね。

松岡　滝田修っていえば、われわれの時代は京都にいたんですよ。学友会ボックスなんかによく来てね。そこに滝田さんが来てあいさつするわけだ。今でも覚えてますけど、「イチコロ、ニコロ、ミンコロ（民青の蔑称）、シコロ」とかって（笑）。

岡留　私は東京だから教祖としての滝田はよく知らないんですよ、『ならず者暴力宣言』の本ぐらいは読んでたけど。滝田の潜行十年の頃も、新宿ゴールデン街へ行くと、滝田が潜行していないかって公安が聞き込みに来てたみたいだった。だけど公安はこの街には入れなかった。ずっと伝説の滝田修だったんだ、ゴールデン街の辺りでは。しかし実際に刑務所から出てきたら全然イメージが変わっちゃってた。

松岡　出てきてからは、なにかが変わったと思いますね。われわれが学生のときは、結構気弱そうで、純なところがあったと思ったんですけど。

岡留　出てきた直後にはちょっと拘禁性ノイローゼがあったんじゃないかな。刑務所と逃亡生活の疲れでね。

松岡　ある意味じゃ、かわいそうな人なんですけどね。

岡留　元赤軍派議長の塩見孝也と一緒ね。

松岡　そうそう。塩見さんといったら、われわれのときはまったく雲の上の人ですよ。「日本のレーニン」といわれたほどのすごい伝説の人ですよ。やっぱりある意味じゃ衝撃を受けますよ、最近のあの人には。

岡留　京都にいた学生と東京にいた学生の違いってやっぱりあると思う。私はやっぱり滝田、塩見ってそんなに思い入れはないですよ。

松岡　われわれはやっぱりあるんですよ。じゃ、岡留さんが思い入れのある活動家というのは？

岡留　いないね。七〇年でばっさりやめてるから、逆に引きずらなかったんだよね。それはもちろん親分は一応いいだももだけど、あの人は頭はいいし、才能のある人だけど、いまだに社会主義革命のなんたらなんて言うでしょう。何言ってんだよ、オトシ前はどうするんだって思うけど、それはもう抜けられないんだろうな、彼も。

松岡　いいだももさんの言う「社会主義革命」って、なにか旧ソ連の教科書のようなイメージがあって好きになれませんね。もともとの共産党ソ連派の硬直した体質から抜け出せないんでしょうね。でも、われわれにとって学生運動の経験てのは、やっぱり陰に陽に染みついてますよ。それは言えると思う。八〇年代、九〇年代に学生運動があったかどうかという話は別として、われわれ以降の学生諸君にそれが染みついてるかっていうと、それはわからないけども。

岡留　逆に、私たちより遅れて七四〜七五年ぐらいに大学に入ってきて、左翼運動をやった人はとことんダメだね。ものすごい反動が出てるんです。

松岡　確かにかわいそうな面もあるんでしょうけどね。

岡留　赤軍の最後の人なんか、業界でライターでやってる人を知ってるけど、たいてい左翼嫌いになっちゃってるものね。そもそもその時代は一般学生に支持される基盤はないわけだし、孤立してるわけでしょう。不毛の大学で左翼活動家になっちゃうと、ますます意固地になってしまうみたいな。私たちのときは、「みんなで渡れば怖くない」みたいな、仲間がいっぱいいたわけだから、いわば学生の中でも主流派。そんなに屈折しなくて済んだけど。

松岡 日常的に学生運動用語がキャンパスや学生会館とかに氾濫してたんですからね。ある意味じゃ、幸せな時代を生きたんじゃないですか。

岡留 今の時代だったら左翼ってのは少数派というか、アウトロー、変わり者だろうけどね。

松岡 やっぱり二十歳前後のときにこびりついたものはなかなか抜けれませんね。

元全共闘はどうしようもないヤツが多い

岡留 ついでだから言うけど、先ほど名前の出たあなたの先輩の藤本敏夫だとかも何だかなーと私は見てる。

松岡 あの人なんか学生運動でもすごいエリートコースを歩んで、やっぱり寮なんかの同窓会でも、この前は欠席しましたけど、いつも、あいさつは最後ですよ。今でもエリート、そういう世界でも。僕らなんかは隅っこでおとなしくしている。

岡留 面白かったのは、西部邁がチベット密教の研究家、中沢新一を東大に入れようとした。それに対して東大のいわゆる良心派学者と対抗して、結局最終的には西部が退官させられる形になった。そのときに、全共闘系文化人に、西部問題に関してアンケートを取ったことがあるんです、『噂眞』で。そしたら藤本は西部支持だったんです。それでちょっとガッカリしたんですけどね。藤本はもう超越したところでやっている、好意的に観察すればね。西部を見りゃわかるわけで、中曽根（康弘）のために自分でパンフレットつくってそれを中曽根の選挙区で配るような御用評論家だからね。

松岡 藤本さんは何もわかってないんじゃないですか。

岡留 そういうところがあるだろうね。

松岡 大先輩に対して僭越ですが、藤本さんなんか、加藤登紀子の顔で生きてるっていうようなところがある。

岡留 きつい一発（笑）。いまだに女房から自立してないように世間には映るかも。

松岡 そういうことです。

岡留 千葉の方で「自然王国」とかやってるから別居状態でしょう。あの二人は偽装夫婦にしか見えない。どっちにもプラスだから別れないだけで、そんな偽善なんて、全共闘が一番嫌った運動じゃないか、なんちゃって（笑）。これは私の発言だから、後輩の松岡さんには責任はない（笑）。

松岡 僕もそう思いますよ。藤本さんは反帝全学連委員長として、黄金期の学生運動のリーダーとして、歴史的ともいえる闘争を指揮した。そのなれの果てがあれじゃねぇ。

岡留 同窓会へ出られなくなっちゃうよ（笑）。

松岡 僕ですか？ いいんですよ。それにしても、あの人ぐらいだな、われわれの寮で唯一の有名人なのは。

岡留 なにか、選挙に出なかったっけ、彼。

松岡 出ましたね。「希望」かなんかというミニ政党で……。

岡留 中途半端だね。

松岡　おかしいですよ、確かに。

岡留　徳田虎雄の自由連合から出なかったっけ。ついでに言えば自由連合もいい加減。

松岡　最近重信房子をかくまったとかで捕まった元ブントの村田恒有とか。

岡留　死んじゃったけど日大全共闘の書記長の田村敏夫とかも自由連合から出たでしょう。単なる泡沫候補じゃ、パワーにならない。

松岡　昔の医学連とかブントの連中は、結構出てるんだもの。自由連合のああいうのを見ると、全共闘運動って何だったのかって疑問に思わざるを得ないですね。特にブント系の人は、口では武装闘争とか革命戦争だなんだと言っていたんですから、それは一体どうなっているんだ、と言いたいですね。でも岡留さんも一回選挙カーの上で応援演説でもしたらどうですか?

岡留　ダメだよ、私はジャーナリストだから、推薦はともかく選挙応援するわけにはいかない。不偏不党だから。ウソだけど（笑）。

松岡　なんたってみんな元新左翼だっていうのは知ってるわけでしょうからね。

岡留　でも「プロジェクト猪」もそうだし、早稲田の全共闘同窓会とかよくやるじゃない。ああいうのもナンセンスだと思ってる。要するに「プロジェクト猪」がやってるのは、自民党から共産党まで、世代的なつながりで連帯しよう、だろう。アホか！　って思うけどね。そんな同窓会気分でどうするんだと。だから「プロジェクト猪」から『全共闘白書』のアンケートが来たんだけど、出さなかった。年収なんか書く欄があったから。私はちょっと年収が多いからね（笑）。

　私にすれば、全共闘運動ってのは、個人原理の運動だったと思ってる。個人原理の集合体だと思ってたんだけど、ああいった感じで群れちゃうと個が消えちゃうわけじゃない。七〇年安保の同窓会って、戦友の会じゃないんだから（笑）。

松岡　群れ方が、いやらしい感じがします。

岡留　ましてや自民党から共産党まで、団塊の世代、五十三～五十四歳が結集せよなんて、どんな発想かと思うけどね。

松岡　そうだと思います。

岡留　全共闘運動を語るのはいいんだけど、昔の戦友同士の話みたいになるのが嫌だね。戦争へ行って人を殺したのを自慢するみたいなのと一緒で、それは嫌だな。もちろん全共闘運動の否定的な側面、『噂眞』でいえば、田中康夫とかを、ある種誌面の中心にしてるのは、彼は非常に全共闘運動の負の部分に批判的だからです。要するに、全共闘世代が逆に壁として覆いふさがってる社会状況を非常に感じる。全共闘で運動をやった連中がマスコミにもいっぱいいるわけでしょう。そういう連中って、往々にしてマイナス要因になっている。むろん私自身も元全共闘だと言われちゃうんだけど、その私が全共闘世代の悪しき体質を批判をするのはそこなんです。ダメなやつはダメだって言わないと、だいたい全共闘世代ってろくなヤツはいない、特にマスコミや文化人には、というのが私の実感だね。

第3章

裸一貫からの『噂の眞相』創刊
その前史と二十年小史

肉体労働時代を経て業界入り

松岡　ところでジャーナリズムの世界には、大学を離れて籍を置きながらアルバイトをしてる中で考えついたんですか。

岡留　七〇年に卒業して二年間は大学に籍だけ残して、時々土方やってたんです。私にとっては当時は土方がステータスだった（笑）。ひ弱なインテリは労働者階級に連帯できない。肉体を使うことによって初めてうんたらかんたらと（笑）。もちろん土方のほうが日当も良かったからね。二年間やってた。当時はバリケード封鎖中だから試験なんかなかった。正式な試験がなくて、全部レポート提出。レポートは得意なわけだから、出したら単位が取れちゃって、七二年の卒業が決まっちゃったから、これからは親に対して学生と言えなくなっちゃった。それで、やっぱり自分で飯を食わなきゃいけない、となった。
もうひとつ思ったのは、かつての運動は、自分で飯を食わずに全部親のすねかじりで、偉そうに、「労働者階級、団結せよ!」みたいなことを言ってたわけじゃない。おまえらも一緒に闘えみたいに。国労にしてもどこにしても、現場の労働者は生活がかかってるわけだからね、家族もいるし。学生だと無責任に、やたら戦闘的になれるし、観念的にもなれるから、やれやれとアジる。でも労働者はなかなかそうはいかない。私自身も、自分でほんとに自立して飯を食わなければ、言いたいことも言えないと気づいた。いつまでもモラトリアム状態では社会的に認知されないって認識があったから仕事しようと。仕事をしようと思ったとき、やっぱりこれしかなかった。いわゆる書く仕事だね。
でも当然そんな状態だからまともな就職なんかあるわけないし、朝日新聞を受けるような考えも能力もゼロだったから。で、業界誌に入って、とりあえず取材・執筆・編集の仕事を覚えようかと考えた。卒業が決まって慌てて新聞求人広告で探したのが、「東京A」って会社。そこで二年やって、その過程で雑誌をつくろうと思った。マスコミ業界誌だったから、新聞などの紙面ではわからない裏側の、例えば電通や広告主との関係で、メディアが言論規制されるとか、そういうのを生で見れる会社だったから、大変勉強になったね。
大学でいくらマスコミ原論とか新聞学原論とかやってもね、そんなことはどこにも書いてないわけで、実際生の現場へ行って、メディアってこういうふうに記事が歪められてくんだということがよくわかった。これはメディアを批判する雑誌が必要だとマスコミ業界誌の時代に自分なりに気づいた。結局、二年半いて、即『マスコミ評論』を創刊したんです。それは東京Aに一緒にいた仲間と、共同経営という形で立ち上げた。それは業界誌じゃなくて、全国書店で売る一般誌としてやった。

松岡　その業界誌ですけど、良かれ悪しかれ、それがジャーナリズムとの実質的な出会いということだったわけですね。

岡留　そうだね。しかし業界誌はスポンサーあっての雑誌だから、スポンサーの批判を書くと社長に怒られるわけです。でもスポンサーでないところは徹底的に叩いていいんです。こんなところで正義感を振り回してもしょうがないわけだから、修行の身だと思って、はいはいと聞いてた。会社の方針だからと割り切ってスポンサーじゃないところを叩くことにエネルギーを使った。そういう意味では勉強になったけど。もちろん矛盾は孕んでるんだけど、業界誌はどこでもそうだからね。

松岡　でも、まだ血気盛んなころでしたから、社内会議あたりでは騒いだんじゃないんですか。

岡留　当時は挫折感一杯で結構ニヒリストだったから、何にもしなかった(笑)。

松岡　業界誌時代は非常にニヒリストとい

うか、もうなにかどうしようもない生活をしていたんですか？

岡留　七〇年に卒業して、七〇年にまた学士入学してから二年間は、一日も授業を受けていないから。土方ばっかりやってて、飲んだくれてて、仕事をしなきゃいけないということで業界誌に入ったけど、最初の半年ぐらいはニヒリズム気分の延長だよね。でもやってるうちに、これは自分の仕事かもしれないと思い始めて、いつまでもニヒってるわけにいかないからやめて独立しようかとなったんですね。

そこの社長ってのはほんとに変わった人で、体質はもちろん右翼的な人なんだけど、面接に行ったら、社長室の本棚に『吉本隆明著作集』が並んでたんです。で、面接の第一声が、「おまえは学生運動をやったんだろう。挫折してドロドロなんだろう」って、ずばり言われたんです。でも飯食わなきゃしょうがないだろうともね。結構ホロっときちゃったんです。でも後でわかったんだけど吉本隆明なんて読んでなかったらしいんですよ（笑）。

松岡　当時は吉本隆明も結構ファッション化していた。

岡留　インテリ・ファッション。そういう人だったから、最初から、「おまえは人生に挫折してるんだろう」みたいに言われてるから、逆に気持ちが楽だった。毎日遅刻してたんです。毎日酒びたりが続いてたから、二日酔いで行くと、ちょっと来いって喫茶店に呼び出されて懇々と説教されるんだけど、右から左への状態。そういう中で自分なりに、いずれ雑誌を出そうと思った。その業界誌にいる限り、スポンサーは叩けないタブーなわけでしょう。それはジャーナリズムでもなんでもないわけで、こういうところにいつまでもいてもしょうがない。だけど、雑誌づくりの基本だけは学ぼうと思ってやってた。

松岡　業界誌だったら結構労働もしんどいでしょうから、そういう仕事の中で技術的なところは摑んだんですね。

岡留　そうだね、一年ぐらい経ったら編集長をやれっていうような小さい会社だったから、いろんなことを任せられた。その分技術習得は早かったね。大手出版社だったらせいぜいページの三ページだけ担当するようなシステムだからなかなか成長しないけど、全部責任を持ってやれって言われれば雑誌づくりの全体像の習得は早いわけです。そういうところでは勉強になっている。

松岡　タブロイドの新聞みたいな、そんなやつですか。

岡留　薄いけどA5判の雑誌なんだ。大学でもいちおうジャーナリズムをやってたから、現場を知ったことで、『マスコミ評論』という雑誌をつくるのは必然とも言えたんですね。

松岡　たとえば法律の世界で言えば、大学で「手形法」をいくら勉強したって、実際のビジネスの現場では一枚も扱えないように、大学で教えるジャーナリズム論と業界誌の間にはすごい乖離があったでしょうね。

岡留　すごくあったから逆に良かったかも。業界誌だけやっててもそういう発想にならなかったと思うし、大学だけにいてもならなかった。うまく合わさって、現場と学問がこんなに乖離していることが実感として理解できた。ともかく全共闘のテーマとして学問やアカデミズムの権威解体みたいなことを言ってたわけで、ほんとに学問が役に立たないことを業界誌でますます感じた。やはり現場を知って批判しなくちゃメディアや社会なんて変わりっこない。そういうことに気づいたんですから、業界誌がいいヒントを与えてくれたことになる。

『マスコミ評論』創刊、そして追放

松岡　その業界誌に二年いた？

岡留　二年半ぐらいですか。七二年の四月に入ったわけだから、七四年の暮れにやめて、七五年の三月に『マスコミ評論』の創刊号を出した。取次会社まで自分で回ってすごく忙しかった。まったく実績もなかったんだけど、その業界誌で取次に取材に行ってたんです。取次も取材対象だから。電通もそうだけど、出版社もそうだった。それも人脈づくりという意味でよかったんですね。大手取次の日販の広報部とかに取材に行ってたもんですから、当時の広報の課長の人に「雑誌を出すんですけど、雑誌仕入れの窓口を紹介してください」って。実際に紹介してくれたんだよね。非常にラッキーだったね。それは業界誌時代の人脈が見事に役に立った。

松岡　なにか奇妙なつながりがあったんですね。

岡留　奇妙というか、その業界誌にいたからつくり得た人脈ですね。当然広告会社なんかも取材対象にしてたわけだから、その関係で広告も多少は入る。普通シロウトが雑誌を出すなんて思わないものね、当時二十七歳だったんだけど、いきなり全国市販の雑誌を出そうなんて、大胆過ぎる（笑）。

松岡　若いから、そういう後のこともわからず、思い切ってやれたんじゃないですか。

岡留　そういう意味では自信だけはあった。「三号雑誌」って普通言うでしょう。四号目まで続いて初めて雑誌は軌道に乗る。四冊目まで資金がもたないと潰れちゃう。だから「三号雑誌」っていう言い方があるんです。四号出せばとりあえず資金は回転するから、四号出す金さえあればなんとかなる。ほんとに資金のことなんか考えてなかった。イケイケって感じで。

松岡　〝雑誌と結婚した〟とかいう意識を持ったのはだいたい『マスコミ評論』創刊ぐらいからですか。

岡留　そのときは共同経営だから、自分の雑誌という意識はなかった。半分半分だね。七九年の『噂の眞相』創刊以降は、編集・発行人だから、本当の自前の雑誌。それで二十二年、いろんな事件やトラブルがあって乗り切ってきたわけだから、それが結果的に〝雑誌と結婚した〟という意味だよ。

松岡　『マスコミ評論』はなぜもうひとつ物足りなかったんですか。共同経営というのはあるんでしょうけど。

岡留　もう、そこに尽きる。最初は結構好きなことができたんだけど。共同経営者は、名前は秘すけど、早稲田の英文科の教授の息子だったからね。早大卒だけどノンポリ、金持ちのボンボンだったわけ。いわゆる業界誌時代の同僚だったわけで二人でよく飲んでたので、そのうち私がこういう雑誌をやるんだと計画を話してたら、途中から一緒にやろうと言い始めちゃったんだね。私の方は資金的には自信があるわけでもないから、ましてや金持ちのボンボン、ならまあいいかみたいな感じで、じゃ、一緒にやろうとなった。

松岡 じゃ、ほとんど金は彼が出したんですか。

岡留 最初は七：三、六：四くらいの割合で彼の方が多く出していて、後半は彼が資金調達してたから、完全に経営権は彼です。私は編集だけできればいいって思ってたから。最初は編集面は全面的に任せっきりだったんですよ。

松岡 最初は役割分担がキチッとしてて、よかったわけですね。

岡留 ところがやっぱり、見る人から見れば『マスコミ評論』は左翼的だなっていう見方が出るわけで、広告スポンサーだとかに行くと、元過激派が編集長じゃね、と発行人は言われちゃうわけで、発行人とすれば色の付いた雑誌はいい、もうちょっと儲かる雑誌にしろと言い始めた。

松岡 もうちょっとおとなしい雑誌で、と。

岡留 そう、おとなしい雑誌。例えば、もうちょっと企業の提灯記事も書くような誌面づくりを要求し始めたんだね。彼がつくりたかったのはおそらく経済誌みたいな、広告もいっぱい入って、提灯記事も書く雑誌だったんだろうね。私とすればそれじゃ業界誌時代と一緒だから、そんなもの冗談じゃないと、猛烈に反対した。

松岡 そこではやっぱり我慢できなかったのかな、岡留さんは。

岡留 一応説得はしたけどね。業界誌が嫌でつくったはずだったのに、と。最初は自由な編集ができたわけです。確かにその時は『現代の眼』の編集長だった丸山実のように総会屋オーナーを騙し騙しながら反体制オピニオン誌をつくったしたたかさを見習うべきかとも思ったけど、やっぱり、発行人は私と違って志で雑誌をやろうというふうには思ってなかったんだよ。

松岡 そこの違いですね。決定的ですね。

岡留 あくまでも商売でやろうとしたんだね。

松岡 岡留さんは志でやろうとした。

岡留 もちろん赤字じゃなかったわけだから、そんなに儲からなくてもいいと思っていた。創刊時の路線を踏襲する方がいいんじゃないかと言ったんだけど、もっと手っ取り早く儲けようと言い始めたからね。最後は「どうしても金儲け雑誌がやりたいのなら、潔く休刊して二人とも手を引く。あんたは自分でそれふうの雑誌を新しく創刊したらどうか。私も自分でやる」ってはっきり言ったんだよね。それがあの前代未聞の編集スタッフ追放劇につながった。すごいよね、やることが。

松岡 追い出されてしまうんですよね。

岡留 そう、ある日突然追い出された。で、結局彼は後になって捕まっちゃうんだけどね、私がやめた後に。サラ金の会社を三百万円ほど恐喝したとかで逮捕されて、それで廃刊になっちゃった。私が言った通りになったわけだ。

挫折と彷徨の日々——岡留のホロ苦き青春断章

松岡　でもこうやって聞いていると岡留さんはほんとにノー天気な人だなと感じるんだけど、やっぱり精神的にまいった時期とかもあるんでしょ？

岡留　話が前後するけど、私にとって一番の挫折は、七〇年から七二年の間だね。その間に「よど号」は飛んでいくわ、連合赤軍はむちゃくちゃするわ、新左翼運動の真冬の時代だね。私は見切りをつけたのが早かったから、ショックはさほどでもなかったけど、運動に対しての諦めはついたよね。プロ学同というのは作家の笠井潔を見てても、亀和田武を見てても、原則主義じゃなく状況主義者。貶める言い方で言えば〝機を見るに敏〟か（笑）。そういうとこがあるから、笠井は除名された直後にパリに行って過去を断ち切ろうとした。

松岡　除名されたんですか。除名したのはいいだももなんですか。

岡留　いいだももと白川真澄だと思うよ。そしてフランスに行って、笠井は笠井なりにフランスでの挫折と彷徨の日々があったわけでしょう。フランスから帰ってきて、角川書店の見城徹、今の幻冬舎社長が救った。昔の仲間だからね。仲間っていうか『産報ジャーナル』、あそこは新左翼崩れの活動家がみんな集まってきてやってるみたいな出版社で、産報本社は大きい会社だったから、もぐりこんだ連中が組合運動をやってた。そういう中から見城も挫折して出てきたんだけど……。

松岡　えっ、見城さんもそんなことをやってたんですか。

岡留　見城が角川に入るときに、角川春樹に一切組合運動はしませんと、いわゆる黄犬契約、イエロー・ドック契約を結んで、忠誠を誓ったと伝説的にいわれている。

松岡　それを聞くと、見城さんてのは、巷間言われてるようなイメージと違いますね。実は、岡留さんとのこの対談と同時に、見城さんにも申し込んだんです。すぐに断りの返事が来ましたが、僕だったら、こういうことに触れると思ったんでしょうかねぇ。

岡留　党派にもよるなと思うのは、元中核派でいわゆる文化人をやってるのは糸井重里ぐらいでしょう。新谷のり子なんかもそうか。

松岡　自分で言ってましたよ、中核派だったって。

岡留　当時は『フランシーヌの場合』っていうヒット曲の歌手だったんだけどね。やっぱり中核派シンパだったのかな。今もそうなのかな。新宿ゴールデン街の「まえだ」で会ったことがある。

松岡　今はやめてるらしい。七五年ぐらいにやめたと。

岡留　自分のことも含めて言えば、運動をやりながら冷めてる部分が確実にあった。

ブントみたいに「世界同時革命」なんていってるのは、バカじゃないかと思っていたからね。あざ笑ってたんだ（笑）。そんなこと、理論的にも実践的にもあるわけないと。

松岡　世界同時革命もそうですけど、「世界革命戦争」ですから。

岡留　そんな戦略を漫画チックってひと言で片づけるぐらい、斜に構えてたね。そういう意味でいったら、こういう業界に来る素地みたいなものはあったんだろうね。運動をやりながらなんとなく違うんじゃないかってどこか冷めてた。

松岡　でも、学生運動やめるときに、暗い日記を書いたりとか、そういうことがあったりして。

岡留　してたよ。

松岡　えっ、コワモテの岡留さんのイメージを覆しますね（笑）。でもそうですよね。そんな人間臭いところの話が欲しいな。

岡留　『マスコミ評論』を立ち上げるときに全部燃やしちゃった。訣別すんだって気持ちで。

松岡　ちょっとさわりでも何かないですか。

岡留　当時のマルクス、レーニン、グラムシ、市民社会論の平田清明まで全部封印しちゃった。とりあえず、そういうしちめんどくさいことをいつまでも言ってたんじゃダメだと。自分が身軽に、自由になるために。業界誌に入ったときの最初の原稿は今でもよく覚えてるんだけど、『平凡パンチ』の「ポケットパンチ」って、Gパンに入るポケットサイズの雑誌があって、それを広告媒体として分析せよという社長命令の仕事だったんです。入ってすぐですよ、原稿書けって言われた。原稿は国際情勢の分析から入ってたからね（笑）。

松岡　当然ボツになりますよね。

岡留　載っかるの、それが（爆笑）。とりあえず「ポケットパンチ」のメディア論にまで無理やり持っていった。抜けてないんだよね、アジ文体のクセが。でも、それじゃ、飯を食う文体にならない。とりあえずそういう発想に引っかかるような文献は全部しまって、飯を食える文体にしないと、と頭を切り替えた。

松岡　学生大会の議案書のようですね。全部そういう類の本は、たとえば『マル・エン全集』なんかは全部押入れの中にしまったんだ。

岡留　もう読まないぞみたいに封印しちゃったね。捨てる勇気まではなかったけど（笑）。メシを食うために発想の転換をしなきゃいけないからね。

松岡　しかし、そんなやつを読んでたんですか。宇野弘蔵だとかも……。

岡留　読んでたよ。私たちはイケイケのブントと違って（笑）、結構学習会中心派。闘争へ行ってケガするよりも、学習会の方がいいみたいな。ちょっとインテリ日和見主義グループだったから（笑）。

松岡　そうなんですか。岡留さんが宇野弘蔵だとか平田清明とかグラムシとか読んでたとは、なにか信じがたいですね。

岡留　それは成功してるな。封印しちゃったってことがバレてない。でもほんとに封印しちゃったってことかもしれない（笑）。

松岡　今でもその頃のものを実は覚えてたりするんですか。

岡留　『噂眞』を読むと、ときどきそういう表現が出てたりするんだよね。アウフヘーベン、止揚《しよう》なんて言葉、誰も遣《つか》わないのにやっぱり遣うわけ、ついつい。田中康夫が最近遣うから私も勇気づけられて遣ってる部分もあるんだけど（笑）。止揚って言葉じたい、いわゆるスキャンダル雑誌としてはなじまないからね。

松岡　いい言葉じゃないですか。

岡留　最近は遣ってる。スタ官（スターリン主義的官僚）も昔から遣ってるけどね。高野孟はスタ官体質だ、とかね（笑）。

松岡　最近は遣っても、若い人は知らないから。

岡留　意味がわかんないだろうね。

松岡　カッコいいじゃない、言葉としては。

岡留　土方時代に書いてた日記は、五〜六冊はあった。土方ってのは結構仕事終わるのが早いんだね。五時に終わって、もう七時頃には酒あおってデキ上ってるんだね。土方の飲み方ってのは凄いんだよ。昔、落合恵子さんに最初に会ったときに言ったんだけど、酔って帰ってくると、文化放送の『今晩は、落合恵子です』をやっていた。そのセリフがよかったんだね。正確には忘れちゃったんだけど、「あなたの気持ちと同じに私はなれないけれど、あなたの気持ちを理解し、聞いてあげることはできる」というナレーションで始まるんだよ。ホロッときて涙が出たね。なんちゃって（笑）。

松岡　そんなのゴールデンタイムにやってたんですか。

岡留　夜八時半。すでに運動はやめてるわけでしょう。かといって、学校にはもちろん籍はあるけど行ってない。毎日会うのは土方のおっさんばっかりでしょう。で、ここら辺がいいかげんなんだけど、土方をやりながらスナックで頼まれてバーテンをやってた時期があるんだ。そのルーツはもともとあったんだ。大学に来てすぐ、ディスコのはしりで、大阪から進出してきた「B&B」っていう有名なディスコが新宿のコマ劇場の前にあったんです。そこでボーイをやってたからね。

その頃のディスコってのは、ほんとにディスコのはしりだから田舎者には刺激的だった。それで土方をやってるときに、たまに行くスナックのママに気に入られて店を任されたんだよ。女の子のバイトを五人ぐらい使ってて、ほとんどもうチーフみたいな感じで。地元の社長とか来て、うちの会社へ入んないかみたいなこと、結構言われてたんです。そこでは酒だけは飲み放題なんです。よく客に「来いよ」なんて言われて、朝まで飲みまくってた。

松岡　ほんとに昔からのんべえだったんですね。

岡留　だから酒におぼれて挫折感で真っ暗って感じだけじゃなくて、女の子とも遊んでた。もう告白してもいいんだけど、法政のバリケード時代も、つき合っていた女性がいたんだけど、四谷に風呂付きのマンションに住んでたよ、当時だよ。六八年ぐらい。ちょっとバリケードを抜け出して、風呂に入って、セックスして、またバリケードに戻るなんてこともあった。

松岡　軟派だな。

岡留　軟派一筋って感じではないけどね。多少挫折・彷徨を気取っていたかもしれない。確かに、この先どうするんだ私は、みたいなのはあった。それが業界誌に入って、なにか仕事をしなきゃということで解消はしたんだ。あのままいけば、飲み屋チェーンのオーナーぐらいにはなってたかもしれないけど（笑）。

松岡　その辺でもあんまりどんよりした暗さってのはなかった。結構楽しかったんだ。

岡留　私の人生の中では確実に一番暗い時期だなと思うけど、出身が鹿児島だし、根がノー天気なんだね。深刻になっても、深刻さが身に付かない。それは後の『噂の眞相』でもとくと出てくる。ノー天気がいかに雑誌の危機を乗り切ってきたか。

松岡　革命的楽天主義ですか。

岡留　いや、そんな思想がかった楽天主義じゃない。性格が単純なだけなんだよ。

松岡　しかし、土方をやるとかそういうのは結構僕の先輩なんかでもいます。この世代って、そういう肉体労働願望のようなものがあるんでしょうかね。宮崎学さんも実家が解体屋でしょ。僕の学生運動の先輩なんかもやっぱり京都で解体屋なんかをやってましたよ。もともとはオボッチャンですが、今でも似たような仕事続けてます。亡くなられた廣松渉さんだって山谷に入って、やってたんですからね、名古屋大学助教授をやめて山谷に入って。今どき、こんな大学の先生なんていないでしょう。

岡留　山谷とかに行ってると、山谷争議団みたいな左翼運動もありだったから、そっちに入っちゃったかもしれないけど、行かなかった。山手線で、大久保と高田馬場の中間の左に公園があるじゃない。あそこも立ちんぼの集まり場だったんです。金がないときは朝六時頃行って仕事をもらう。

松岡　立ちんぼで行ってたんですか？

岡留　あそこに行ってたら人買いのトラックが来るわけ、人買いだよ（笑）。手っ取り早かった。保証もないけど、縛られることもないから気持ち的には楽だった。

松岡　ある意味じゃ、こんな言い方は語弊があるけど、刹那的なものでもなかったんですか。僕は昔田中吉六の受苦的労働論とか読んでましたけど、左翼によくありがちな、労働がどうのこうのと、べつに労働に意味を見出すとか、そんなことではなかったんですか？

岡留　それもなかった。ただ、そういう土方の人たちと毎日会うと、酒を誘われるんだよね。一升酒を飲んで、ほんとにデキ上っちゃうんだから。酒は結構強い方なんだけども、飲み方が激しいから、あの人たちは。一日の労働を酒で癒す典型でしょう。そういう生活をしてたね。あまり労働者に展望がない。ルンプロ革命なんてできないとも思ったけど（笑）。

松岡　そこでプロレタリア革命がどうのこうの言ったって、彼らにはチンプンカンプンでしょう。

岡留　学生運動に挫折してルンプロ階級指

向といえば竹中労だけど、やっぱり自分のペンで一人でやるしかないと思ったところはあったね。

松岡　そうですか。やっぱりいろいろあったんだぁー。順風満帆の青春時代とは言いがたいものがあったんですね。いやぁー、コワモテ岡留のホロ苦い青春の一端を垣間見ることができました。

板坂剛「皇室ポルノ」裏事情

松岡　そろそろ本丸の『噂の眞相』の創刊時にまつわるお話を聞きましょうか。

岡留　創刊は一九七九年の三月十日。創刊記念パーティを新宿の厚生年金会館でやった。私の処女出版本『雑誌を斬る』の出版記念を兼ねてたんだよね。いっぱい来たな。椎名誠、丸山邦男、猪野健治、竹中労、田原総一朗、大島渚、橋本治、小池真理子、小沢遼子も来たな、全部で二百五十人くらい来てくれたんだ。うれしかったね。その時の私のあいさつは「いろいろありましたが、とにかく皆さんのご支援に答えるべく、全力でがんばります」ってひとことだけだった。『マスコミ評論』を追い出されて、背水の陣ではあったからね。だってまだ三十歳を過ぎたばかりだよ。でも自信はあったけどね。当面の資金は三千万円だったかな。その半分近くは一口十万円の公募株主で集めた。そして念願どおり編集＝経営の一元体制をつくり上げた。

松岡　で、創刊後すぐに「皇室ポルノ事件」が起きますね。

岡留　七九年の三月が創刊号で、実はそのとき板坂剛がすでに持ち込んできてたんです。

松岡　そのときまでに、板坂剛とはなにか関係があったんですか。

岡留　板坂剛との出会いは『マスコミ評論』の後期のときに、面白いやつがいるなと思って電話したんです。ちょうどそのとき『限りなく透明に近いブルー』の村上龍批判を『映画芸術』の自費広告でやっていた。

松岡　あれは面白いですね、今見ても。

岡留　それで声をかけて、村上龍だったような気がするんだけど、なにか書いてもらったんです。当時はまだ私自身も、今みたいに明確なノンフィクション路線じゃなかったから、ウソなんだかホントなんだかわかんないような虚実入り乱れた原稿、今なら絶対載せないけど（笑）、当時は面白かったんです。それで何本か書いてもらった。私が『マスコミ評論』を追い出されて『噂の眞相』をやるようになったときに、板坂剛が面白いネタがあるって持ってきた。いわゆる七〇年闘争挫折の後に、インテリ階級で挫折感が広がったときに、うっぷん晴らしみたいにして皇室をパロディ化することが流行《はや》ったんです。

板坂が持ち込んだやつも、実は講談社の役員がこっそり地下印刷してつくったものだという触れ込みだった。本当かどうか知りません。その本は結構立派なんだよね。装丁もしっかりしてるし、文体も一応ちゃんとしっかりしてて、その中にいわゆる洋ピンポルノを使った皇族の近親相姦を暗示

板坂剛全面支持・反文壇統一戦線拡大へ二誌が創刊

不死鳥岡留 逆転再起！

あの悪夢の『マスコミひょうろん』事件から五か月、『噂の真相』遂に創刊！

すべての映像読者諸君！我々はここに内戦的文化運動（とりわけ革命的スキャンダル追求）を非和解的に闘い抜いてきた同志に捧げるいまひとつの偉大な勝利について歓びを持って報告したいと考えるものである。

『噂の真相』が遂に創刊されたのである。それはまさに全人民が等しく待ち望んでいた「勝利」であった。あの11月決戦のさなかに、最も戦闘的であるが故に最も激しく権力＝出版資本の弾圧を被り、『マスコミひょうろん』編集部を追放された岡留安則氏が、かかる卑劣な圧殺攻撃にも一歩もひるむことなく再び新雑誌の創刊に成功したことは、追いつめられた文壇に対する全人民的包囲の圧倒的なエスカレーションとジャーナリズムの革命的再編への歴史的な突破路が切り開かれたことを意味するものである。

三月九日、創刊を記念して厚生年金会館で行われたパーティーは全都から千名を超える革命的知識人の結集をもって圧倒的成功のうちに勝ち取られた。

席上岡留氏の不退転の決意表明を受けて、中山千夏氏は「借金をかかえこんでも戦え」と檄を飛ばし、また小池真理子氏は「彼が独身であることがうれしい」と岡留支持を語る等、全参加者が岡留氏と新雑誌の前途を熱烈に祝福した。

またこの席で板坂剛はルポライター岩田薫氏と初会見、今後の共闘を誓い合った。岩田氏は『マスコミひょうろん』での村上龍合作事件のスクープをものにした人物だけに、両者の出会いはむしろ遅すぎたかも知れない。この二人のタッグが結成されればレジ・上田にも匹敵する破壊力を有することは間違いない。

尚、『噂の真相』創刊号には板坂剛のレポート「村上龍監督作品『限りなく透明に近いブルー』の評判」が掲載されている。反文壇闘争を戦う学生・市民・労働者には必読文献と言えるだろう。

岡留安則（前『マスコミひょうろん』編集長として、村上龍の『限りなく透明に近いブルー』が合作であったという世紀のスクープを初め、多くのスキャンダラスな真相暴露を身命を賭して貫徹。昨年11月、その編集方針が過激であるという理由で全く不当にも同誌編集長を解任される。新雑誌『噂の真相』は前誌を更に上まわる戦闘性を持って編集されるという。）

『同時代音楽』も奇跡の創刊！ 未曽有の借金地獄のどん底から ミーハークソガキの血に飢えて

新宿プロレス研究会のエース 狂犬府川が蘇った！

『噂の真相』創刊に先立つ二月中旬、おりから新日プロ・ビッグファイトシリーズにタイガー・ジェット・シンの来襲が伝えられる中で『同時代音楽』が創刊された。

府川充男。この男について今更多くを語る必要はないであろう。あの府川充男である。『音楽全書』休刊以後血のにじむような借金地獄に苦しみながら、しかし決して胎内に燃えさかる怨念の炎を絶やそうとはせず、ただひたすら報復の為にこの男は生きた。

一日にカップラーメン一個というガツガツの貧困生活。しかもその最悪のコンディションの中で戦われた7・10流血戦での鬼気迫る戦闘ぶり。そして誰もが予想し得なかった『同時代音楽』の奇跡的創刊。それはまさにストロング・スタイルで武装された人間にとってはどのような苦痛も困難も自分を鍛えるための要素でしかないことの証明であった。

彼の写真を見よ。『同時代音楽』創刊号に掲載されたこの一枚の写真がすべてを語っている。以前から彼を知っていた者は皆この一年間で彼の容貌が別人のように変ってしまったことに驚くだろう。あの素食人間キラー・コワルスキーをホーフツとさせる妖しい殺気がサングラスで隠した表情の中にもはっきりと見て取れる。この殺気こそ岡留安則が板坂剛がそしてすべての戦う人間が共有する最大の力の源泉なのだ。

『同時代音楽』の前途は決して明るいものではない。しかし我々は連帯するだろう。いざ戦わん、いざふるい起て、いざ。ああインターナショナル、われらがもの！

府川充男（元『音楽全書』編集長。昨年5月潮出版社独占資本の憎むべき反革命暴挙に挨って若き編集者生命を絶たれるも、持ち前のガッツと不屈のカール・ゴッチ精神で再起。ここに決意も新たに音楽ジャーナリズムの混迷に終止符を打つべく最後の闘いを挑む。）

創刊間もない『噂の眞相』に廃刊の危機をもたらした張本人・板坂剛の応援広告。当時の雰囲気が伝わってくる。下段の府川充男はこの頃から、出版界に足を踏み入れた松岡を支えるようになる。松岡にとって出版のイロハを教えた恩人である。

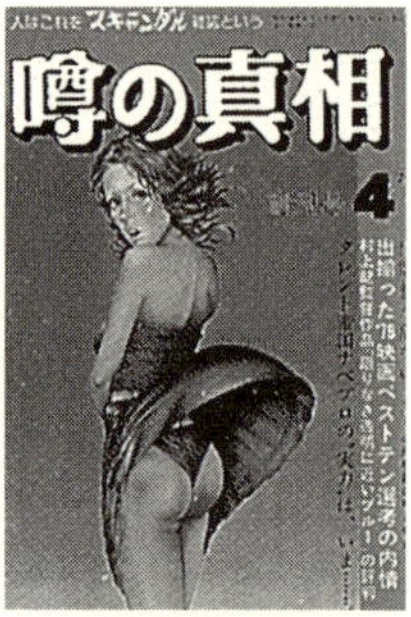

伝説の『噂の眞相』創刊号。
以来、波瀾万丈の22年だった。

70年代後半、岡留同様、松岡も彷徨の日々を送っていた。松岡は会社勤めの傍ら、『季節』と称する個人誌に近い小冊子を出し始める。『季節』とは、ブランキの結社名でもあり、この創刊号（78年11月）には「われわれの政治的体験といわゆる『ブランキスト』の発見」という100枚余の長大な文章をペンネームで載せている。ブランキスト・松岡のその後の軌跡を象徴して興味深い。これを契機に松岡の出版人生も始まるのである。

するような写真が入ってた。明らかにコラージュなんだよ。今でいえばアイコラ皇族版のカット写真（笑）。

松岡　最初は創刊号でやろうとしてたの？

岡留　ちょっと待てと。態勢をつくんないと潰されるだろうって。そのくらいの経営判断はあった。それでちょうど一年経った、八〇年の五月号でやったんです。『噂の眞相』ってのは、一年でなんとか採算は取れる態勢にもっていったから、いいかと。で、結局ひどい目に遭っちゃったんだけど（笑）。

松岡　だけど、常識的に考えれば、会社というのは、一年経ったといってもまだノルかソルかの瀬戸際でしょう。

岡留　とりあえず採算ラインはギリギリだけど、自分の給料もそれなりに取れるぐらいはあった。もっともスタッフも少なかったから、自分で誌面の半分は埋めるみたいな勢いだった。

松岡　えらいですね。アジビラ書くような速さで（笑）。

岡留　早いんだから、原稿書くの。

松岡　やっぱりそれは、学生運動の話に戻りますけど、アジビラのおかげですか。
岡留　アジビラと大学のレポートね。同級生のレポートを随分書いてやって、当時ウイスキー一本もらうみたいなバイトしてたからね。
　それで話を戻すと、結局、右翼が来た。右翼の抗議に対しては、板坂を一切表に出さなかった。あいつを出したら、もっと話がこじれるに決まってるんだから。右翼との交渉は私が全部やったんです。
　その頃も板坂は『噂眞』に自費広告を出してたんです、自分で自費出版した本の広告を。しかもその広告のコピーに「岡留とゴールデン街で板坂剛、ホモ関係説流れる」みたいなものを自分で書いてその広告を完全版下で締め切りギリギリに持って来るから直しようがない。こっちは広告料をちゃんと五万か十万くれるからいいかみたいな。私もおおらかなんだけど（笑）。その広告を右翼も見てたわけね。あいつらホモ関係でこういう不敬なことをやってる、というわけだ。これは話がおかしくなるなと思って、私が全部表に出て、板坂はちょっと頭がおかしいから、と右翼団体に言ったんだ。板坂を連れて来いという話もあったけど、ちょっとおかしいから相手にしない方がいいですよ、と（笑）。
松岡　確かにおかしいでしょう（笑）。
岡留　そう言って右翼を説得して、一人で交渉した。板坂が行ったらまた何を言い出すかわからない。
松岡　そうでしょう。正解ですね。一般的にいっても、そういう交渉ごとってのは何人かでやったら、ダメなんですね。
岡留　結局、ボス交スタイルでまとめた。とにかく私は謝る方針を決めた。だって印刷所はなくなるわ、出版社の広告だけは残ったんだけど、出版社以外の広告は全部、完璧に落ちたからね。
松岡　そのあたりはどんな広告が入ってたんですか？
岡留　その頃は『マスコミ評論』時代につくった人脈があったから、結構入ってましたよ。大きいとこでいえば、伊勢丹も入ってたし、資生堂も入ってたし、いわゆるナショナルクライアントってのが二十社ぐらいはあった。それが全部やられちゃったんです。一番先に断ってきたのが伊勢丹なんですけど、右翼が来たから今後一切出しません、とはっきりしてたね。でも、やはり一番困ったのは印刷屋だね。
　印刷屋はみんなビビっちゃって、「とてもうちはできません」って。そりゃそうだよね。そんな右翼に襲われることまでしてやるわけない。すごい金を取られたと思うんだ、印刷屋も広告主も。右翼団体がみんな行っちゃったからね。印刷屋も街宣車二台で二十人ぐらい右翼が行って、重役をつるし上げて、湯飲みは投げるわで、三日以内に即刻中止しろと詰め寄った。結局、三日後に印刷屋が飛んできて、「すいません、もう一切印刷はやりません」と宣告された。
　そのとき感じたのは、やっぱり広告主っていうのは体制そのものだなと、つくづく思ったけどね。企業は右翼の抗議とか脅迫ってのに弱いわけよ。だから引くのもしょうがない、広告はしょうがないってあきらめたけど、とりあえず印刷屋探しがものすごく大変だったんです。雨の中二十軒ぐらい回った。結局、コネのコネみたいな感じで、ある印刷屋を泣き落として何とかやってもらった。

松岡　それまで一年間は伊勢丹とかメジャーどころの広告はあったんですね。

岡留　それでも比率でいえば二割以下だったんだけど、それはそれで結構助かってたんです、資金に余裕があったわけじゃないからね。結果的には今日の『噂の眞相』にとって、それがよかった。一切広告を当てにしない体制になったからね。結果論にしても。

松岡　そのときはそんなことは考えられませんよね。世の中どう転ぶかわからない。これも、ある意味で板坂さんのお陰ですね（笑）。

岡留　唯一屈しなかったのは取次会社だけ。でも一水会の鈴木邦男とかは取次にまで行ってるんだから、当時。

松岡　バリバリの新右翼の時代ですね。

岡留　印刷会社に行けば金になった。広告スポンサーにも片っ端から右翼が行ったんだ。結局、そうした広告スポンサーから泣きつかれて、「あんたのとこに出す広告料の何倍も出す羽目になっちゃった。一切つき合いません」ときつく言われた。そうだろなと思ったけど（笑）。

　そんな中、意外な盲点に目をつけたのが鈴木邦男だったわけだ。取次に行くんだからね。こういう不敬の雑誌を全国の書店で売っていいのかって。なかなかいいとこに目をつけたなと思うんだけど（笑）、金にはならないと思うんだよね。それがやっぱりインテリの鈴木邦男らしいと思うんだけど。インテリの迫力不足のおかげで取次会社だけはうまくはねのけられたんです。ありがとう鈴木さん（笑）。

　ところで板坂剛は私のところには最近来ないんですけど、最近私が相手をしないもんだから、うちの副編のとこへコソコソ来てるらしい。

松岡　そうみたいですね。でも、彼も最近金ができたもんだから。それでも彼もよく働くんですよ。

岡留　フラメンコダンサーで儲かってるわけでしょう。

松岡　奥さんのほうが有名らしいです、フラメンコの業界ではね。

岡留　ヒモなんですか？

松岡　結構今は生徒も増えて大きくなり、年中休みなしで教えてますよ。地方のカルチャーセンターにまで教えに行ってる。今や都内で一、二を争う規模だってことです。

岡留　得がたいキャラであることは確かだね。でもやっぱり私が一番驚いたのは、「雑民党」から出馬した時だったかな、ゲイ宣言を『週刊プレイボーイ』だかでやってんだ。そのときは驚いた。ゲイだというのは冗談だとずっと思ってたんですよ、単なるナルシストなんだろうと思ってた。

松岡　両刀使いなんでしょう、彼は。

岡留　それさえ知らなかった。今考えると

『マスコミ評論』の頃から、彼が原稿を編集室に持ってくるわけじゃない。しかも夜中も徹夜作業をしながら、同じ編集室で原稿を書いてる時もあった。今考えるとヤバかったのかな（笑）。『噂の眞相』の最初の頃掲載していた彼の自費広告に自分で書くんだ、「板坂剛、岡留と同棲との噂」みたいな。知ってれば止めたけどね。全然知らなかったから、ホントに冗談だと思って笑ってそのまま出しちゃった（笑）。

松岡　彼の売名行為でしょう、あれは。

岡留　まあ、板坂の「皇室ポルノ事件」が最初の記念すべき事件だからね、『噂眞』にとって。ありがたいと言っておくか（笑）。

松岡　抗議が終わるまでは時間がかかったんですか。

岡留　うちのライターで右翼に強い人がいたんで、話はすぐついた。みんな猪野健治さんだと思ってるけど、そうじゃなくて、もう死んじゃった人なんです。その人が、うちを攻めた先発隊「防共挺身隊」の親分に会わせてくれて謝ったんです。商業雑誌としては行き過ぎた表現だったという、例の謝罪文が出るわけですよ。

松岡　ヌエ的に謝ったんですか、心から謝ったんじゃないでしょう。

岡留　その後を見てりゃわかるじゃないですか。皇室批判は今でもやってるわけだから。あのときはそれしか収める方法がなかった。板坂と意志一致なんかしてたら、話がつくわけないでしょう。だから独断でやっちゃったんだ。

松岡　そのライターの名前というのは？

岡留　『見えざる政府』っていう児玉誉士夫軍団の内幕を書いた竹森久朝っていう人なんです。児玉軍団からはパージされたんだけど、一部右翼とは人脈があった。攻撃してきた右翼団体の本部が浜松町にあったんだけど、謝罪文を書いて、それで在京六団体、大きいところはだいたい回った。なおかつ六百団体に謝罪文を送ったんだ。右翼団体側が名簿を持ってきたんだ。

それでとりあえず収まったんだけど、犬塚博英とか、そういう人とか何人かは納得できないと言って抗議は続いた。犬塚って人は一水会の前身の人。で、今はゴールデン街で時々顔をあわせている（笑）。当時鈴木邦男の仲間だった。そういう余波が続いたけど、中でも面白かったのは阿部勉だね。

松岡　やっぱり一水会ですか。

岡留　そうだけど、もともとは三島由紀夫の「楯の会」。彼は不思議なことにゴールデン街に昔から来てる人なんだ。右翼としては珍しいんだけど。私が、ゴールデン街行きつけのGって店で飲んでたら、いきなり後ろからでっかい声で「岡留来てるか！」と店に入ってきた。ママさんがなかなか肝の座った人で、「来てないわよ」と言ったら「今度来たら連絡しろって言っとけ！」って名刺を置いて帰っていった。そのとき隅っこで飲んでたんだけど、気づかれなかった（笑）。

松岡　向こうは顔を知らなかったんですか。

岡留　その後、彼が肺ガンで亡くなるまで親しくつき合ったけど、当時は全然知らなかった。会ってみると結構いい人だったけどね。最初会った時は、三～四軒はしごして私を連れて歩きながら、得々と右翼の論理を説いてくれた。

松岡　結局それで収まって、余波として印刷所の問題とかそういうのはもちろんあるんでしょうけど、経営的な問題も含めて、それからまだ何かありましたか。

岡留　エセ同和団体が動き始めたのがほとんど一緒だったね。もちろん広告はすでに全面的に止まってたんだけど、再び広告主を回り始めた。実際、そいつらに首を絞められる直前までいった。右翼団体の方はこの事件では暴力沙汰はなかったけど、ただ、私の指名手配書をいっぱい作ってた。例の写真ですよ。あなたがよく鹿砦社のファックス通信で使ってる昔の長髪姿の、あれが出回ってた。「この者、新宿界隈で見たら通報せよ。日本国粋会」と書いてあった。

松岡　じゃ、その皇室ポルノ事件が終わるとすぐ、エセ同和ですか。

岡留　そうだね。連続攻撃してきたけども、そのエセ同和は特集で反論記事を書いたら一発で収まった。いかにインチキ団体かってことの正体を調べて徹底的に書いた。

松岡　普通はしかし、面倒な右翼だ、エセ同和だといえばめげますね。

岡留　めげるし、それで広告主はゼロになった。そういう意味では達観できた。

松岡　やっぱりちょっと性格が違うんじゃないですか。普通はもうそれでやめようかというふうになるかなって思いますね。これも、弾圧されれば、これをバネにさらに急進化するという学生運動の経験が活きてるんでしょうか。

岡留　そこら辺がノー天気なのかね。まあ、あの時代に生きてれば、少々のことではめげないかもね。当時の謝罪文だって残ってますよ。

松岡　歴史的文書ですよ。

岡留　「臣岡留」名義なんだから。そのとき結構救いだったのが、丸山邦男さんが支持してくれたことです。コチコチの左翼の人たちは怒ったんです。「臣岡留」とは何事かって。丸山邦男さんはもちろん右翼のことも詳しかったんだけど、兄貴が丸山真男で、四番目の弟で、反権力・反権威の評論家ですよ。彼なんか、右翼にお詫びしたとしても今後もしたたかにやっていけばいい、と評価してくれた。

松岡　へたにガチンコしてもダメだということね。

岡留　正面からぶつかるばかりが能じゃない。くるっと裏へ回れみたいな、そういう意味じゃ非常にいい理解をしてくれて救われましたね。そうでなかったらめげたかもしれない。コチコチの左翼から見れば、右翼に屈してみたいな感じだったでしょう。丸山さんはそうじゃなかった。いわゆる『噂眞』を取り巻く文化人集団の中では実に救いのある人だった。亡くなっちゃったけどね。

松岡　取り巻く旧「新左翼」系の人たちはダメですか。

岡留　そのお詫びを出した直後は一部で批判されたね。なんだ、あんな文章を書いていいのかみたいな。やっぱり頭が固い人が多かったよ、あの事件の時はね。
松岡 〝安全圏〟にいて自分じゃ何にもやんないくせにねえ。よくいますよ、そんな人。
岡留 それはあなたの発言ね（笑）。

「怪人21面相、ハウス食品脅迫事件」報道協定をスッパ抜く！

松岡 それからエセ同和後も、いろんな事件があるんですけど、決定的な事件というのは、今から思えばどんなものになるんですか。
岡留 いっぱいあるけど「怪人21面相、ハウス食品脅迫事件」の報道協定をスッパ抜いたことかな。
松岡 あれは社会的に考えて、いろんな問題提起になりましたね。
岡留 うちの雑誌が十日発売で、前日の九日に全国紙が一斉に報道協定を解禁して記事にしたわけだから、意味はあったと思う。人命が絡む誘拐事件での報道協定はしょうがないとしても、この件は警察が犯人を現場におびき出すために脅迫状が来てることを隠すための報道協定でしょう。それが一回まかり通っちゃうと、警察が何かあったときに必ず報道統制を強制してくるだろうということで批判と問題提起のためにやったんだけど、案の定、別件容疑でガサ入れ、東郷健逮捕だからね。
松岡 東郷健さんも結構大変な目にあってますね。
岡留 あの人は何回も捕まってるから、平気でしょう。私なんか逮捕歴なしだから、いまだに。自慢じゃないけど（笑）。
松岡 そうなんですか？
岡留 逮捕歴なし。前科なし！
松岡 学生のときも検挙歴なしですか。
岡留 拘束歴は二回あるけどね。一回はバリケード中の法政キャンパスが全包囲されて、機動隊が早朝ダーっと入ってきた。全員その場で拘束されたんです。一人ひとり面通しされて、中核派の指名手配のやつだけパクって、後は釈放された。
もう一回は羽田で、六九年の羽田闘争のときに一度捕まったんだけど、機動隊員二人に首根っこを掴まれて護送車に乗せられる直前に、七〇〜八〇メートル先に群集が見えたので、あそこまで逃げようと咄嗟に判断して全力疾走した。
松岡 そういう人間は結構いるのよ、いろんなとこに。
岡留 機動隊が追っかけてきて楯を投げつけたりしたけど、逃げ切った。野球部だったから足は速い（笑）。一時拘束だけは二回あるけど、逮捕歴はないということだね。
東郷健が逮捕された時、『ザ・ゲイ』は『噂眞』が発売元になってたから、私自身も三日連チャンで四谷署に呼ばれた。当時住んでた青山の自宅マンションも編集室もガサ入れをくった。東郷健が捕まったのが七日の土曜日で、雑誌が出たのが十日で、警察庁の幹部二人がずっと、「岡留さん、天下国家を救うと思って助けてください、記事をやめてください」って来てたのを蹴っ飛ばしちゃったからね。
松岡 その報復ですね。
岡留 それはわからないけど、実際に四谷署で事情聴取を受けて、一緒に自宅のガサ入れに行ったとき、本庁の刑事が来てたね、公安の。今もそうだと思ってるけど。

松岡　しかし、東郷健さんが一番かわいそうな気がする。

岡留　寝てたらしいんだ。「なんやねん」みたいな関西弁で寝ぼけていたらしい（笑）。

松岡　東郷健さんとのつき合いはどんなつき合いだったんですか。

岡留　最初は東郷健が『ザ・ケン』という雑誌を『ザ・ゲイ』の前に出してたんです。それは取次を通さずに、そこら辺のゲイ・ショップで売る雑誌。三号ぐらいまで出してつぶれちゃったらしいけど、その頃、新宿ゴールデン街の「まえだ」で会ったのが最初だね。その後、新橋第一ホテルで大島渚の『愛のコリーダ』出版記念会のときに東郷健に会ったら、「雑誌を出したいんだけど、取次が通らなくて全然だめだ」と、泣き事を言ってたから、気安く「じゃ、うちの口座を使えば」と言ったのが運のツキ（笑）。

松岡　なぜ東郷健さんが捕まらないかんの？

岡留　私に言わせれば、あんな雑誌を出してる以上、やむを得ない。あの人はほとんどペニスを消さないんだから（笑）。越権行為だと思うけど、口座を貸しているだけだけど発売元になってる以上、私にも責任があるわけだから。本人はノーチェックでオーケーなんだ。結局、私や『噂眞』スタッフがチェックしてた。「網をもっと三〇％濃く」とか（苦笑）。嫌な仕事だったけど、三％の手数料はもらっていたからね。

松岡　それで取次に通すわけでしょうから。

岡留　本人は取次を通していると思っていない。あくまでアングラ雑誌のつもり。彼にとっては日本は法治国家じゃないんだから（笑）。

松岡　ある意味では、反権力の闘士なんですね。

岡留　反権力というより、法治国家にあるまじき無政府主義者、無法者（笑）。そりゃ、いくらなんでも警察も黙ってないでしょう。

直接被害はそのときだけなんだけど、『噂眞』がグリコ事件で警察と闘ってるのに、別件でやって来るわけでしょう。そんな雑誌をかかえていれば弱みをつくっちゃうことになるから、それ以降は結構チェックするようになった。四谷署に呼ばれた時も、刑事に「（ペニスが）見えてるよ、ほら」みたいに言われちゃうと、「そうですね」みたいになる。私は善良な国民だから（笑）。

松岡　今でも『ザ・ゲイ』は続いてるんですか。

岡留　四〜五年前に完全に離れた。要するに、彼は三％払うのがもったいないから独立したいって言ってたから、「ぜひそうしてください。こっちも助かる」と（笑）。厄介払いみたいなもんだね。ちゃんと『噂眞』が取次につないであげて、こっちがやってた条件と同じで、大手取次の口座を開いたんだよ。

松岡　よく口座が開けましたね。

岡留　もちろん私も一緒に取次を回ったし、マニア雑誌だけどそれなりに販売の実績はあったからね。

『噂眞』の経営はどんぶり勘定なのか

松岡　これは間接的な噂ですけど、東郷健さんに、資金的に助けてもらったとか、それはないわけですか。

岡留　あの人の話は二倍、三倍になるからね。彼から金を借りたことは一回もないけど『ザ・ゲイ』の発売元として、手数料三％はもらっていた。要するにうちは取次は六五掛なんだけど、東郷健には六二で払っていた。販売手数料として三％もらったのは事実だけど、金は貸しても借りるわけがないよ（笑）。

松岡　無責任な噂ですけど、東郷健が『噂の眞相』のスポンサーなんだっていう、そういう噂を誰かが流しているんですか。

岡留　東郷健本人だろう（笑）。販売手数料を払い続けたことを言ってるんだろうけど、それは当初の契約だからね。『噂眞』としても助かってた部分はあるけど、スポンサー気取りだとすれば、アル中の妄想や虚言が混在してるんじゃないのかな。彼は金を借りても返さない主義の人だから、泣いてる人はいっぱいいるよ。印刷屋なんか気の毒だった。

とにかく私は経営の苦労はしてないからね。大変だったでしょうとかよく言われるけど、ないね。ノー天気なのかな。

松岡　そう言ってるけど、ほんとは大変だったんじゃないですか？

岡留　銀行や国民金融公庫以外金策した記憶もないし、金策で大変だったってこともない。創刊直後に当時いた社員に運転資金として五十万円借りたり、昔の恋人に百万円借りたりとかは、あったな（笑）。

松岡　その程度ですか。ホントかなあ。

岡留　それぐらいしか記憶がない。どんぶり勘定なんだけど、要するに、仮に月一千万円売り上げがあれば、経費を一千万円以内に抑えようみたいな計算しかできない。それをキチンとやってれば赤字にならない。これ、経営の原則だよ。

松岡　トントンだったわけですか。赤字が累積していったとかそういうことはなかったんですか。

岡留　それはないね。皇室ポルノ事件の後が一番きつかったけど、自分の給料を下げたり、個人的に単行本を出しまくったりして乗り切った。創刊十年目から回収体制に入ったから、今日まで連続で黒字だよ。しかも無借金経営だしね。この前『創』の篠田博之編集長に聞いたら、五千万円ぐらい赤字だって言ってたけど、信じられないんだ。それに比べたらほんと、『噂の眞相』はラッキーだったよ。要するに面白くて読者に支持される雑誌づくりに全力投球すれば、経営は結果としてついてくるというのが編集発行人として長くやってきた私のテーゼだね（笑）。

松岡　う〜ん、信じられないね。僕の経営経験から言っても、浮き沈みはあったと思うんですがねえ……。

岡留　しつこいね。さっきからあなたと一緒にしないでくれと言ってるだろう（笑）。

『噂の眞相』フォトスキャンダルSELECTION 10 ＋《プラス》番外

ここには『噂の眞相』が二十数年にわたって数多くスクープし、同誌の目玉となっている『フォト・スキャンダル』の中から十点をセレクトして再録した。いささか主観的なものもあるが、これは本書の性格上お許しいただきたい。

（文責・久住純）

1

Photo Scandal
唐十郎と緑魔子のスッポンポン写真が
通販物で五千円の価格で秘かに販売中！

◆1984年12月号
唐十郎と緑魔子のスッポンポン写真が通販物で五千円の価格で密かに販売中！

2

あの東大全共闘議長・山本義隆サン
吉本隆明ほど軽くはなれず、
相変わらず駿台予備校講師の日々

◆1985年9月号
あの東大全共闘議長・山本義隆サン吉本隆明ほど軽くはなれず、相変わらず駿台予備校講師の日々

1

1984年12月号
唐十郎・緑魔子

●なんとも、七〇年代の残滓を感じさせる写真である。緑魔子の小ぶりなバストが愛らしいばかりか、写真のキャプションでは唐十郎のイチモツが小じんまりとしたホーケイモノであることを暴露。

2

1985年9月号
山本義隆

●まさに本書らしいセレクトである。オンナは「過去」を暴露されるのが商売だが、かつての栄光を背負うオトコは「現在」を暴かれる。ただし、出たがりの吉本サンとは違って、山本サンはメディアへの露出を

3

◆1986年1月号
『文藝』賞を受賞した
山田詠美サンの〝解放人生〟
黒人グルーピー時代にバイトで
大胆なヌードモデル歴が

4

◆1986年5月号
国鉄民営化の本質は
中曽根と財界の利権配分にあり!
国労OBの富塚三夫代議士の
気になる豪遊好きの体質

5

◆1988年7月号
ポスト・ゴクミのアイドル・小川範子チャン
なんと6歳の時にロリータヌード写真集の撮影

頑に拒否。これが全共闘の「自己否定」である。山本サン、もうそろそろ話してよ。

3 1986年1月号
山田詠美

●ヌード暴露という点では、こちらは自分の小説作品に劣らないスキャンダラスもの。のちの作品の原点を感じさせる女流作家の裸身。作家という職業は、スキャンダルなヌードとともにある?

4 1986年5月号
富塚三夫

●国労の組合員たちは、昨年の四党合意で職場復帰の途をうしなった。思えば、彼らの代弁者であるはずの代議士サンが豪遊を始めたころから、彼らの命運は決まっていた。嗚呼……。くたばれ労働貴族!!

5 1988年7月号
小川範子

●児童ポルノ法案が施行している現在、ここまで暴露していいのか、の類いの写真である。それはともかく、げに恐ろしきは、

6

◆1992年8月号
歌舞伎界の人気女形・坂東玉三郎の出生の〝秘密〟生家は東京・大塚の料亭『富士間』で母親は『女将』

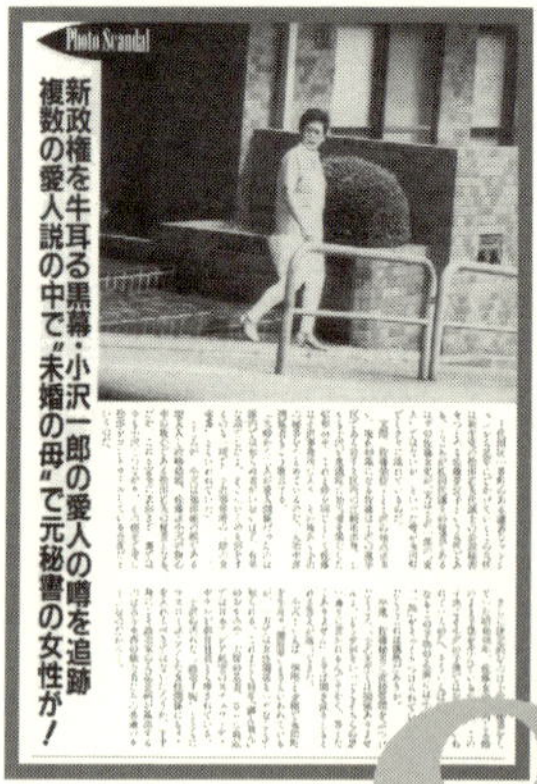

8

◆1993年11月号
新政権を牛耳る黒幕・小沢一郎の愛人の噂を追跡 複数の愛人説の中で〝未婚の母〟で元秘書の女性が！

◆1992年9月号
アイドル王国・ジャニーズ事務所のタブーの領域ジャニー喜多川の〝素顔〟写真を遂に本誌が発見！

7

娘の裸体を売る「出したがり親」の存在であろう。

6
1992年8月号
坂東玉三郎

●一部のファンにはショッキングなスクープだが、梨園にふさわしい逸話である。出自のミステリアスこそ、彼のスリリングで妖艶な舞台を演出していたのだとしたら。

7
1992年9月号
ジャニー喜多川

●なんでもない素顔の写真を撮っただけでスクープなんだから、喜多川サンは大物である。やっぱ、少年をもてあそぶ悪そうな人ですねぇ。

8
1993年11月号
小沢一郎

●オンナは過去を暴かれ、オトコは現在を暴露される。そして、権力を持つ政治家は性生活を暴かれる。これ、フォトジャーナリズムの黄金法則。で、政治家が権力の座から落ちた今は、とんと話題にもならず。

9

Photo Scandal
スクープ！渡辺淳一と川島なお美の〝札幌一泊情事〟
日経新聞で好評連載中「失楽園」の主役に浮上か!?

◆1996年11月号
スクープ！渡辺淳一と川島なおみの〝札幌一泊情事〟日経新聞で好評連載中「失楽園」の主役に浮上か!?

10

Photo Scandal
民主党代表鳩山由紀夫の〝思想〟は一体何なのか!?
『友愛』の精神はフリーメーソンの祖父一郎譲り説

◆1997年1月号
民主党代表鳩山由紀夫の〝思想〟は一体何なのか!?『友愛』の精神はフリーメーソンの祖父一郎譲り説

番外

Photo Scandal
暴露本出版でトラブルが相次ぐ満身創痍の鹿砦社
松岡利康社長は過剰なストレス解消の為に性行為

◆1997年10月号
暴露本出版でトラブルが相次ぐ満身創痍の鹿砦社松岡利康社長は過剰なストレス解消の為に性行為

9
1996年11月号
渡辺淳一・川島なおみ

●バッチリ、このとおりになっちゃったから愉しい。でも、よくよく考えたら、スキャンダルでも何でもないゾ。演技力のない女優にとっては、流行作家とのセックスなんて、たんなる営業活動じゃないですか。

10
1997年1月号
鳩山由紀夫

●思想が感じられないので、いろいろ調べてみたら政治家の爺さんがフリーメーソンだったという話。でも、こう考えてみないと、まるで理念のわからない政治家なんだな、鳩山サンという人は。

番外
1997年10月号
鹿砦社 松岡利康

●これはもう、まったく恥ずかしさを通りこした感のあるスキャンダル写真。松岡はこれがもとで「SM愛好家」「女王様のウンコを食べる」が定説に。岡留をして暴露させたのは、I・Gなる怪人物。

第4章

芸能界のタブーへ斬り込む

六階のビルに二度も泥棒が……

松岡　次はわれわれの仇敵・芸能ゴロとの喧嘩について語ってもらいましょうか。

岡留　芸能界か。いろいろあるけどねぇ。うちの最近の芸能スクープって言ったらジャニーズの中居君の妊娠中絶スキャンダル。でもこれも結局『東スポ（東京スポーツ）』しか追っかけなかった。悲しいよね。普通だったら、ワイドショーの格好のネタなんだけど、ひとことも触れない。ジャニーズがホモプロダクションだっていうことすらいまだに大手は書けないわけだからね。

松岡　北公次の本が出たのが九〇年代の初めですか。もう十年以上前になりますね。

岡留　『光GENJIへ』という北公次の告発本ね。八八年だったかな。ジャニーズは

『週刊文春』も昨年かな、キャンペーンをやったんだけど、訴えられたからね。ただ、鹿砦社はジャニーズに目をつけたのはなかなかだよね。

松岡　偶然ですよ。

岡留　ジャニーズっていうのは表だって右翼とか、ヤクザの影がないんですね。実際は裏にはあるかもしれないけどね。表に出てこないだけかもしれないけど……。

松岡　われわれがやられっちゃたのは、宝塚歌劇団に訴えられたときに地元関西では大きく新聞に出て、朝九時になったら、一斉に右翼からの電話が殺到しましたよ。

岡留　それは亡くなった右翼の岡村吾一グループじゃないかな。宝塚の相談役、仕切り役だったからね。

松岡　えっ、そんなことあるんですか。関西のあるスポーツ紙のデスクの話じゃ、阪急沿線の地上げとか開発、ああいうところで結構手なづけて、あうんの呼吸だったんじゃないのかと言うんですね。

岡留　阪急だったらやりかねない。右翼や総会屋とつき合いがあるからね。

松岡　しかしあの電話攻勢には本当驚きましたよ。それで止むときは一斉にピタっと止む。ところで、宝塚歌劇団っていうのは株式会社でも社団法人でも何でもないんですね。だから、阪急電鉄の中のサークルなんですよ、位置付けとしては。「清く、正しく、美しく」の世界と右翼とは似合いませんが、不思議な世界ですね。

でも確かにジャニーズ関連で面と向かってヤクザが来たっていうのはわれわれもないですね。

岡留　ないですか。ジャニーズのそういう部分はやっぱり親衛隊が勤めてるのかな。

松岡　親衛隊でしょうね。汚れた女のパンツが事務所の階段の前に捨ててあったり。

岡留　松岡さんにとってはいいんじゃないの（笑）。

松岡　それとか、あるときは事務所のエレベーターに小便まいたりとか。

岡留　『噂の眞相』を二十二年間やってて、郵便物開けたときに、カミソリで手を切るように仕込まれていたのはジャニーズファンからの一件だけなんですよ。

松岡　僕のところでは、前の東京支社の郵便受けが外にあったんですね。鹿砦社のやつだけ何回も壊されて郵便物盗まれるということが、ずっとありました。

岡留　あと泥棒が入ったんでしょ?

松岡　泥棒は二回だけど、あれはどうかわかりませんね。犯人捕まってないし……。六階のビルですから、外から入ったんですね。屋上から入ったんです。

岡留　すごいねえ。

松岡　それ以来、セコムを付けたり、鍵を二重にしたりしました。具体的になにか脅迫電話みたいなやつは、特になかった。なにしろこちらは、赤軍か山口組がバックにいるんですから（笑）。一部では本気でそう思われているらしいんですね。

岡留　抗議めいたものはあるよね。どう考えてもジャニーズファンみたいな感じの女の子とか。あと投書攻撃もある。「中居君をいじめてひどい」みたいな。

松岡　なにか組織的なものがあるんでしょうね。そうとしか思えませんよ。宝塚ファンのオバサン連中はもっとしつこかったなぁ。

岡留　号令出してるかどうかはともかくとして、親衛隊って結構強力だなって思ったことがある。六本木のキャバクラ嬢に聞いたんだけど、ジャニーズ事務所のタレントとやりまくってて、ほとんど制覇したらしい。そしたら、親衛隊の女の子たちに線路に突き飛ばされたって言ってたよ。

だから、多分結束固いんだろうな。親衛隊内でのルールみたいな感じで。ジャニーズが指示してるかどうかは別にして、親衛隊長みたいなリーダーが声をかければ結束して動くという組織があるんだろうね。

松岡　前に無言電話がよくかかってきて、毎日三百〜四百回くらいか。

岡留　うちも無言電話がよくかかる。誰の無言電話なんだかわかんないけど、まさか宅八郎じゃないと思うけどね（笑）。

松岡　ちょうど差し止め仮処分の真っ最中で話題になってるときですから、もうジャニーズしかない。

岡留　『噂眞』に対しては、そんなに激しくないけどね。おたくの方が激しい。

松岡　一時期はかなりヒートアップしたことがありましたけど、またそれに耐え抜くと、少なくなるんですよ。今はまったくといっていいほど、ありませんね。

岡留　ジャニーズはともかく、昔は創価学会とか、幸福の科学とか、そういう宗教団体は集団抗議をやるからね。それで、電話パンクさせて、事実上営業停止状態へ追い込むという作戦。こういうのに比べればまだマシだけどね。

松岡　確かに宗教団体に比べればまだマシなんでしょうが……。でも、イデオロギーには侵されてないけど、見境がつかない。

岡留　その分、確かに困るよね。

芸能界の裏は魑魅魍魎

松岡　芸能ごときで、バーニングがヤクザを雇ってそれで何かっていうのは裏の方ではどうなんでしょうか。

岡留　バーニングの周防郁雄社長には会ったことあるんだけど、世間でいわれているほどのコワモテには見えなかった。虚像で膨らんだ部分がかなりあると見たね。

松岡　それはどなたの仲介なんですか？

岡留　それは言えないけど、それこそ前に話した小泉今日子の件でバーニングが特捜部に告訴してる真最中だった。結局話し合いになった。そのときどういう話だったかっていうと、「『噂眞』がバーニングの記事を書かないということはあり得ない」とこちらが言ったら、書くときにはぜひ取材してくれとの申し出があり、そのかわり、小泉今日子の告訴は下ろすとなった。うちとしては助かったんですけどね。記事は「小泉今日子エイズ説の真偽を追う」というタイトルで、べつに断定したわけじゃなくて、どこからかその都市伝説、小泉今日子のエイズ説がすごく広がったのかを追跡した記事だった。『週刊文春』もその頃、同じテーマでやってたんだけど、うちの方がもうちょっと踏み込んだ記事だったので特捜部に訴えたんだろうね。
そういうときだったから、とりあえず話がついて、約束通りその後は取材入れるんだけど、結局取材には応じないんだよね。うちも相変わらずバーニング関連記事を書いてるけど、相変わらず内容証明は来る。出してるのは矢田次男弁護士。矢田弁護士とは彼がまだ検察庁にいる頃に一回だけ、ゴールデン街で偶然会ったことがあるんだよね。国家論みたいなのをめぐって飲み屋でやり合ったことがある。ある作家と一緒だった。そしたら、いつのまにか検察をやめちゃって、バーニングの顧問になってた。内容証明をもらって話し合いに行ったこともある。バーニングは威嚇行使と、弁護士を通した書面の法的な対応と両面作戦で来るんだよ。一度会ってからはいきなりの提訴はなくなった。それまでは二回提訴されたかな。

松岡 さっきの高橋留美子のような、しょうもない裁判ばかりじゃなくて、そういう緊張するようなやつもあったんですね。じゃあ、出した告訴も取り下げたんですね。

岡留 話し合いで解決したね。

松岡 矢田弁護士っていうのはコワモテの感じなんですか。

岡留 コワモテだね。私が飲んだ頃にはそんな感じもしなかったし、抗議で会ったときもそんな感じしなかったけど、今はすごいコワモテでしょう、評判では。

松岡 すごいですよね。JALやイー・アイ・イーの高橋治則の顧問もやってる。

岡留 JALでしょ。バーニングでしょ。それに、ジャニーズもやってる。

松岡 そう、ジャニーズもやってるんです、今。僕にはわかりませんね。

岡留 一業種一社っていう電通方式にも反してるよね（笑）。

松岡 そうですよね。

岡留 ライバル両方やってんだからすごいよ。常識じゃ考えられない。

松岡 でもあんまり書けないでしょ。バーニングが、暴力団と繋がっているというのは。

岡留 殺されても仕方がない覚悟でやるしかないだろうね（笑）。でもジャニーズの方は一回もないね。

松岡 あれだけやってて、ジャニーズはないんですか？ 不思議ですね。

岡留 この前、中居スキャンダルをやったときにも、ジャニーズの内部情報が入ってくるんだけども、『噂眞』に書かれたんじゃしょうがないという話で終わったそうだ。

松岡 もうそこまで行けば、こんなトンデモないやつらは相手にできないと。

岡留 それは知らんけど、結局、こっちのスタンスをはっきりさせないとダメだね。中居スキャンダルの時は『噂の眞相』だけで波及をとどめるという作戦に切り換えたみたいだった。それから、スポンサーを一斉に回って、「もう大丈夫です」って言って回ったらしい。ジャニー喜多川とは会ったことはない。

松岡 そうなんですか。

岡留 なんでだろう。出てこない。あきらめてるのかなぁ～。

松岡　そうじゃないの。

岡留　『噂眞』は、ジャニーズ批判は早かったからね。ジャニーズの記事で言えば、八三～八四年ぐらいから、ジャニーズ＝ホモプロダクションというトーンでやってる。

松岡　今、文春とジャニーズが裁判やってますね。

岡留　やってる。

松岡　ジャニーズの弁護士は矢田さんですが、これはバーニングの紹介でもないわけですか。

岡留　それは知らないけど、ありうるね。

松岡　ええ。本多圭さんの話じゃ、周防とメリー（喜多川。副社長）がちょっと談合して、周防が紹介してやったと言ってますね。

岡留　ジャニーズとバーニングの関係はよくわかんないんだよね。敵対してるように見せながら、実質的にはいわゆる版権商売はバーニングが取るみたいな形もあるし、ジャニーズサイドに仕掛けることもある。古い話では郷ひろみでしょ。最近でいえば、キムタクでやってるわけでしょ。

松岡　そうなんですよ。芸能界は何が起こるかわからない。きのうの敵はきょうの友。きょうの友も、またあしたの敵と。文春側の弁護士は喜田村洋一弁護士なんですよね。

岡留　知ってるよ。うちの弁護団メンバーだから。文春側はジャニー喜多川を法廷に引っ張り出す方針だと聞いてる。でもそれは面白いけど、実現は難しいよね。だって法廷で、少年にいたずらしましたか、みたいなこと聞かれるわけで、そりゃあジャニーさんもいくら何でも嫌でしょ。結局提訴を取り下げるんじゃないかな、そのうち。

松岡　ジャニーズ側が？

岡留　ジャニーさんが証人として認められれば大変なことになる。そうすると、訴えておきながら、例えば池田大作を証人喚問したら創価学会はビビるわけでしょ。『月刊ペン』事件でも実際にそうだった。それと同じで、ジャニー喜多川が法廷で証言したら大変なことになっちゃう。

松岡　僕に言わせりゃ、三浦和義さんの「疑惑の銃弾」事件では、喜田村弁護士は三浦側の代理人として文春と熾烈に争っていながら、今や文春の顧問で仲良くやってんでしょう。また鹿砦社とジャニーズが争った際にジャニーズ側の代理人だった清水浩幸という弁護士は、これも今文春の仕事を受けている。この人らの動き方や考え方っていうのは、われわれ常人にはわかりません。おそらく、うやむやになっちゃうんじゃないかと僕は想像しています。

岡留　それはべつにおかしくないよ。よくあることだよ。だって喜田村さんはうちの弁護団メンバーでもあるしね。優秀な人は引っぱりだこってことでしょう（笑）。

松岡　しかし、やっぱりジャニーズとバーニングは変な話、相互依存、相互反発しながら芸能界を支配してる。革マル風にいえば「帝国主義とスターリニズムの相互依存、相互反発」という図式ですね（笑）。その限りではメディアでそういうスキャンダルって出ないですよね。テレビなんてのは何やってんでしょうね。

岡留　テレビができるわけがないよ。だから『噂眞』とか鹿砦社の存在価値があるんだから（笑）。

芸能界はよくできた封建的システム

岡留　芸能界はある種華やかなイメージと、その逆にものすごく封建的なシステムが混在している。旧体制、旧体質の世界だね。

松岡　そうですね。企業体としては旧体制、旧体質。アンシャンレジームですね。

岡留　今何か新しい事業をやるとしたら、芸能プロがいいよなみたいな話は出るよね。マスコミ工作とヤクザ対策ができていればのし上がれるわけでしょ。バーニングがあれだけ力つけたのは背後には、稲川、住吉、山口、この三つを押さえたからだと言われているよね。もともとは周防社長は稲川会系でしょ。そりゃあ三つを握ってて、そしてマスコミにはそれこそ気前がいい。それで番組のキャスティングの決定権を持つプロデューサーを完全に抱き込む。そういうつき合いをうまくやってるから、結局プロデューサーの側も切るに切れない関係になっちゃう。そういう意味じゃ、永田町みたいな手法がそのまま通じるんだね、芸能界は。

松岡　ジャニーズの方もやっぱりそうですね。体質的に。

岡留　そもそも番組じたいジャニーズの独占番組がいっぱいある。人気番組をいっぱい持ってる以上、ワイドショーのゴシップネタにはならないわけでしょ。スポーツ紙だって、ジャニーズに遠慮している。例えば「嵐」がデビューした時なんかも担当記者をハワイに連れていった。これじゃやっぱり書けなくなるよね。バーニングでは〝B担〟（B＝バーニング担当）組が各社いるわけで、他の記者がなにかスキャンダルを摑めば、結局〝B担〟にチクられるといわれる。そういう意味で言うと、マスコミ工作、ヤクザ工作、テレビ制作者工作、そういうのを巧くやってる。一種の芸能帝国だよね。

松岡　だから、昔山口組の田岡一雄の神戸芸能社ってのが潰されて、結局今は神戸芸能社はないけど、実態的にはバーニング＝神戸芸能社みたいなもんですよね。あれはもうダイレクトに誰が見ても見えるわけだから、潰しやすかったんでしょう。今はバーニング＝山口組とか、そういうヤクザとかいう形は直接見えないから世論の批判も起きないってことになるんですかね。

岡留　でも、ジャニーズにはヤクザはいないっていうけど、松岡さんの方には本当に何もないの？

松岡　何もない。本当かどうか知らないけど、渡辺正次郎さんが堤大二郎抱えて芸能プロダクションやってるときに、メリーさんの指示でヤクザみたいな人間が事務所に押しかけてきたって言ってましたけど。

岡留　『噂眞』には来ないけど、可能性はあると思うね。例えば、あなたのところとうちはスタンスがはっきりしてるじゃない。そうじゃないところとか、もともとヤクザがかったようなところには、〝ヤクザにはヤクザで制す〟みたいな、そういうジャニーズなりの論理があるのかもしれないね。

松岡　そうかもしれない。それか、あとちっちゃいヤワな雑誌なんかにはやっぱり力でやるとかね、脅しをかける。そういうのは表面化しないけど実際には水面下ではあるのかもしれません。

そうそう、本多圭裁判のとき、バーニングの答弁書に書いてあったんですよ、ちゃんと。あのときの弁護士は岡留さんのところの芳永弁護士なんですよ。芳永弁護士は、被告が本多さんだけだったので、ふつうは版元も被告とするのに、なんで鹿砦社を訴えなかったのかと、準備書面で質したんですね。そしたら、答弁書に、鹿砦社を訴えると火に油を注ぐようなことになると。それをウリにしてまた本を売ろうとするって（笑）。コワモテで鳴るバーニングにも嫌われちゃいましたよ（笑）。

岡留　本多圭で思い出した。バーニングから集団告訴されたことあるんだよね。『噂眞』と『創』と『アサヒ芸能』などが。それらの記事を書いたのは本多圭だった。

松岡　そうなんですか。

岡留　うちは和解しちゃったけどね。

松岡　あとの『アサ芸』『創』などは?

岡留　和解したはずだよ。日本文芸社だけが最後まで残ったんじゃないかな、本多圭と一緒にね。

松岡　日本文芸社の『話のチャンネル』にはずっと本多さん書かれていますね。でも本多さんというのは、クセはあるけど、芸能ライターの中でそれなりにガンバってやってる人なんじゃないですか。

岡留　私が一番好きだった芸能ライターは竹中労だった。もう一人、やはり死んじゃったけど、芸能評論家の桑原稲敏さん。二人が亡くなって以降、芸能界というものをちゃんと、例えば芸能界の歴史とか、そういうものまで踏まえて、あるいは資本の論理みたいなものをキチンと踏まえて書いている人は全然いないんです。いわゆる情報屋しかいなくなっちゃった。情報屋以外では要するに芸能レポーターになっちゃうわけです。梨元勝みたいな。そういう意味で言うと、ブラウン管には出ないけど、情報を持っているライターといったらやはり本多圭あたりになっちゃうんだろうね。

松岡　芸能界って何が起こるかわからない、トンデモない人たちが大勢いる世界。そうでないとああいう修羅場、生き馬の目を抜くような世界は生きていけないんでしょうけど。

岡留　本多圭といえば彼の紹介で広済堂プロダクションの長良じゅん社長に会って、六本木で飲んだんだけど、その一カ月後長良社長のことを一行情報で採り上げたら怒った、怒った。本多圭も長良も二人して。

松岡　一行情報でそんなに怒るんですか?

岡留　一緒に飲んだ後だったからね。『噂眞』としてはよくあることだけど（笑）。

松岡　でも、一行情報で怒るかな。僕も一度一行情報で書かれましたよ。「鹿砦社の社長SM嬢にモテモテ説」。今でも覚えてます。あと、永江朗のインタビュー記事では、なにかヤクザの資金が流れているらしいとか、さらには、例のグラビアですからね。いちいち怒ってたらやってられませんよ。愛敬、愛敬（笑）。

岡留　あんたが特別なんだよ（笑）。

バーニング、ジャニーズはタブーなのか

松岡　しかし、芸能ゴロとの闘いっていうのは、チンピラなんかより、こんなん言うたらみなさん怒るかもしれませんが、そういうのよりはやっぱりバーニングとか、ジャニーズとかそういう大物との闘いっていうのがやっぱり醍醐味がありますよね。

岡留　でも結構危ない時もあるけどね。「やるならいいよ。書くなら書けば。俺は知らないよ」みたいな言い方するからね。そういう意味で言うと、射殺された山口組の宅見勝組長と一回会ったことあるんですよ。それはある女性作家と宅見組長がデキてるっていうウワサがあったんだよね。取材してたら宅見組長から呼び出しをくって、「私は糖尿で立たないんだから、デキないんだ。やるわけないだろう」と全否定の後、「書くなら書け。そのかわりうちの若い衆はわからんよ」と暗に脅された。そんな不確実な話を命のリスクを負ってまでやることもなかったから結局やんなかったんだけど。

松岡　西条秀樹のお姉さんが宅見組長の愛人か、内縁の妻といわれていますね。

岡留　内縁の妻かな。

松岡　そういうことも芸能界だと役立つんでしょうかね。だけど、そういうの全然やっぱり表立って出ませんよね。

岡留　たぶん記事になってないよね。

松岡　やっぱり、さすがにな。

岡留　週刊誌だったら、それが売れるかどうか、リスクはどうかというところで判断するんだろうけど。

松岡　西条秀樹は一回終わった人だし。

岡留　あと西条秀樹本人ならともかく、お姉さんだからね。私人だけに人権の問題っていうのもあるし。

松岡　そうですね、いわゆる〝一般人〟ですからね。

岡留　ヤクザと一緒になって、なぜ悪いって言われれば反論しようがないからね。だけど、暴対法の時には『噂眞』は反対の立場でキャンペーンやったからね。そういう意味ではヤクザの味方してるわけじゃないんだけど、ヤクザといえども、暴対法みたいな新法つくってまで弾圧すべきなのか、という権力チェックの視点は必要だ。破防法と一緒の〝劇薬〟だからね。

松岡　そうですね。昔よくマスコミに登場した凶器準備集合罪でも、あれはもともとヤクザのために作ったものが、実際には新左翼に適用されたわけでしょ。そういうふうになるわけですよね。

岡留　今だってどんな容疑を使ってでも警察は逮捕できるわけだから。べつに暴対法や破防法なんかつくらなくっても摘発はできる。

松岡　実質的に破防法状態ですよね、今の世の中。

岡留　公務執行妨害なんてわざと警察官が転んで現行犯逮捕で一丁あがりだもん。自分で転ぶんだよ。〝転び公妨〟。

松岡　それはもう本当に検挙、逮捕する口実っていうのは、いくらでもやろうと思ったらできますよということですね。ところで、話を戻すと、聞くまでもないかもしれませんが、これからもバーニングのスキャンダルの記事もバンバンやるということですよね。

岡留　当然だろう！（怒）。『サンデー毎日』がキャンペーンをやったことで、バーニング批判が市民権を得たわけだ。その実績で雑誌ジャーナリズム賞の企画賞もらったんだよね。『サンデー毎日』の一連のバーニングバッシング報道で。

松岡　二〇〇〇年度は『サンデー毎日』ですか。その前は？

岡留　その前の企画賞は文春のジャニーズのやつなんだよね。昨年はジャニーズで、今年はバーニング。スクープ賞の方は二年連続うちだけどね（笑）。森喜朗買春報道で。メディア総体としてタブーがなくなればいいというふうに考えないと、要するにどこの雑誌でもジャニーズ批判ができるわけじゃないからね。そういう意味で言ったら、今バーニングを批判できるというのはうちぐらいか、あと『ダークサイドJAPAN』もやってたけどね。

松岡　やってましたけど、これで一つなくなりますよね。『ダークサイド』が……。

岡留　『サイゾー』もやってるね。

松岡　ちょっとは書いていたんじゃないかな。これからもやるとは言ってましたが、この雑誌、地味というかキレイ過ぎて埋もれてますから、対外的な影響力という点で小さいです。やっぱり『サンデー毎日』だとか、そういういわゆる新聞社系の雑誌がやればやっぱり違いますよね。でも女性誌なんかは絶対できない。

岡留　そりゃ女性誌はね。

松岡　女性誌はもうバーニングとジャニーズに支配されている。

岡留　それとバーニングのうまいところは忠誠のごほうびやバーターでネタをあげるんですよ。そのかわり都合の悪いときは記事を潰す。たとえばキムタクと静香の結婚なんかそうだし。『フォーカス』のT記者なんて代表格のバーニング御用達記者といわれている。

松岡　僕も一度呼び出されました。本多圭さんの本で。本多さんの本の中で田原俊彦が真っ裸になってる写真を黙って転載したやつ。そんないちいちお伺いたててやったら絶対ダメだってのわかってますから。

それで面白いのは、「じゃあ、なんでも要求していただければ、いくらでもなんでもしますから」って言うと、自分らも非合法の手段で写真手に入れたわけだから、もうここで収めようと言われて終わったんです。やっぱり、ちょっとなにかあると呼びつけたりするT記者みたいなのは問題でしょ。

岡留　だいたい各社いるけど、Tほど癒着した記者はいないだろう。

松岡　そんなに露骨なんですか？

岡留　バーニング社外広報マンみたいな感じじゃないの。その代わり、さっき言ったように、リーク情報をもらってるからスクープも結構あるのでヤリ手記者にもなる。

著作権でこられるとキツイ

松岡 だけどあの田原俊彦の写真で著作権とか言われたら、こっちだって引くに引けない。だから、「自分らも非合法な手段でその写真手に入れたから、これ以上何も要求しない」と言うわけですね。そりゃそうでしょ、非合法で手に入れた写真に著作権とか言われたらね。「おたくも確信犯だね」とも言われましたが、そうなんです、あれは確信犯です(笑)。あの田原の写真もおそらくバーニングから回してもらってスクープしたものでしょう。

岡留 メディアはやはり著作権で来られると結構弱いよね。

松岡 著作権がやっぱり一番脅威ですね、確かに。

岡留 それでもうちの雑誌は結構得してるなって思う部分はコピーをうまく使うこと。コピーでコラージュ風にやってるでしょ、タイトルバックやカットは。

松岡 一回コピーしてそれを使うと、またちょっと違うらしいんですよね、法的な解釈が。

岡留 じゃないと顔写真なしでやるわけいかないから、タレントを叩けなくなる。

松岡 だから、あとパブリシティ権だとか、肖像権だとかっていうのは、反論のしようがまたあるんだろうけど。今の日本の法的な解釈ではまだそこまではいってはいない。

岡留 あんまりそれがごちゃごちゃになっちゃうと、批判の自由とか、引用、転載の自由が無茶苦茶になる。例の小林よしのりが『ゴーマニズム宣言』の著作権裁判で争ったように。

松岡 確かに肖像権とか言われたら、隠し撮りとかも絶対できなくなる。

岡留 そりゃもう写真雑誌が成り立たないからね。

松岡 肖像権もその一部に含まれるパブリシティ権というと、さらに問題はこみ入ってきます。実は出版物で、パブリシティ権が通ったという例はないんです。われわれのジャニーズ裁判でも、『SMAP大研究』差し止めの件は、ジャニーズ側はパブリシティ権で勝負したかったらしいのですが、これは裁判所に一蹴されていますし、サッカーの中田の本(『中田英寿――日本を世界に導いた男』ラインブックス刊)では、著作権では勝ったものの、あまり報道されてませんが、実はパブリシティ権のところでは中田側が全面的に負けているんです。

岡留 訴訟社会に突き進んでいけば、どういう流れになるかわからないけど、今のところはパブリシティ権での法的規制は難しいんだろうね。

松岡 芸能人というのは、前の話の絡みで言うと公人ということですね。肖像権も、パブリシティ権も一応はないということでしょうからね。

岡留 逆に、どこか試験的に法的な先例をつくられたらきついのかもしれないね。

松岡 『Powers』の件は肖像権ですか。

岡留 あれは肖像権ではなく、名誉毀損じゃないの。

松岡　名誉毀損ですか。

岡留　顔と体を入れ替えたのが名誉毀損というわけだね。

松岡　肖像権入ってなかったんですね。

岡留　肖像権は入ってなかったと思う。

松岡　まだ肖像権、パブリシティ権はなかなか難しいところですね。

岡留　そうだね。例のアイコラ事件のときに、ミリオン出版の何人かが警察に呼ばれてるんだけど、取り調べ捜査官の机の上にパソコンがあって、画像は「モーニング娘。」のものだったって。明らかに「モーニング娘。」のマネジメントをやってるオーロラがこの摘発に一枚噛んでたと言ってたけどね。

松岡　オーロラっていうのはバーニング系といわれていますね。

岡留　バーニング系でしょ。

松岡　もうどんどんバーニングの支配下に入って。「モーニング娘。」は昔は違ったんですか、バーニングの傘下とは。

岡留　「モーニング娘。」はもともとは『ASAYAN』というテレビ東京のオーディション番組から出てきたわけで、最初からオーロラには入ってない。ただ、最初は『ASAYAN』の方が売り出してやってるわけだから強かったんだけど、だんだんオーロラの方が力持ってきちゃって、力関係が逆転したもんだからテレビ東京も頭に来て、『ASAYAN』から「モーニング娘。」を切るという流れになったみたい。

松岡　だから、オーロラから圧力があって『BUBKA』が「モーニング娘。」の写真を一時載せてなかったでしょ。あれ屈してたんですよ。最近では開き直ってまた載せるようになりましたが……。オーロラってやっぱり後ろにバーニングがいて、いろいろと画策しているようですね。

岡留　エイベックスだって版権は持っていかれ、CD何枚売れたらいくらっていうシステムを取られてるわけでしょう。いい商売してるよね。バーニングじたいも、力があるから番組に押し込める。例えばドラマの主題歌もエイベックスの誰々のやつを押し込んでやるからといってマージン取る。

松岡　いまや殿様商売だよね。

松岡　売れれば売れるほど、ほんと倍々ゲーム。

岡留　公共の電波のはずのテレビを一芸能プロが私物化してるっていうことにもなるよ。電波の力を使って売り出してやるわけだから、そりゃ強いよね。実際ドラマの主題曲になっちゃうとだいたいCDは売れるわけでしょ。コマーシャルソングが売れるパターンと一緒。飯島直子だって離婚してコマーシャルが増えたとかって、あれバーニングでしょ。昔人気なかったのに、「CMの女王」にだってなれちゃうんだから、バーニングはやっぱり力があるよ。

バーニング支配は崩れないのか

松岡　じゃあ、まだまだバーニングの支配は崩れないということですか。

岡留　崩れるとすれば、それこそ警察、検察の手が入るか国税が大々的に入るか、どっちかだろうね。それで崩れるかどうか。警察、検察の情報はバーニング側も当然掴んでると思うから、あとは権力サイドとの力関係だろうね。

松岡　今じゃ、もう力関係が非常にうまいぐあいにバランスを保っているということですか。

岡留　そりゃ、ヤメ検の矢田次男なんかを顧問弁護士にしてるわけだから、検察内部の情報だって取れるだろうし。ライジングだってそうでしょ。加藤紘一の筆頭秘書なんかと親しいらしいからね。

ライジングは六本木で「ミラージュ」っていうキャバクラを経営してたこともあるけど、昨年国税が入った。「ミラージュ」って名はラスベガスに「ミラージュ」というホテルがあって、そこにライジングの平哲夫社長がしょっちゅう行っててね、巨額のバカラやってんだよね。そこまで国税は調査したらしいね。一時期、この「ミラージュ」というキャバクラにタレント志望の子たちを集めて修行と称して働かせてた。行ったことあるんだよ、何回か。とぼけて名刺は出さなかったけど。

松岡　とぼけるいうたって、その顔じゃみんなわかるじゃないですか（笑）。もう正体わかってますって。

岡留　それでも名刺がないって言ってごまかした（笑）。そこには加藤紘一の秘書も来てるっていう情報があったからね。

松岡　一般の人ってジャニーズといったらみんな知ってるけど、バーニングっていってもなかなか知らない。「あれ何なの？」って感じ。『サンデー毎日』のバーニングバッシングで何人かに聞いてみても、あまり知らない。そんなのってありますね。

だけど、郷ひろみや藤あや子が所属してる事務所だといってやっとわかってもらえますが、普通の一芸能プロダクションぐらいにしか思われていません。名前が一般によく知られていないから目立たないが、しかし、実際に裏でやっていることは、本当にエグイですね。

岡留　たぶんバーニング批判を一番先にやったのは『噂眞』だと思うんだ。ちょっと大物扱いし過ぎたかな、という反省が当時はあったんだけどね。その頃は典型的な新興勢力だったんだ。しかしその後は、実際に力を持ってきたよね。バーニングが本気で動けば、エイベックスなんかひとたまりもないだろうしね。

周防、ジャニー喜多川は芸能界の怪物か、実力者か

松岡　ある意味では一代でそれだけのし上がったというのは、やっぱり他の追随を許さないアイディアと力があるんでしょうね。

岡留　ベンチャー企業みたいなもの。その反面、芸能界って体質が古いんだけど、そこに目をつけた周防って、そういう意味じゃ才覚があったんだろうね。浜幸（浜田幸一）仕込みの（笑）。

松岡　今後ももちろんジャニーズ、バーニングのスキャンダルを追っていくんですね。

岡留　それでもなかなかジャニーズ、バーニングの牙城は崩れないだろうね。

松岡　牙城は崩れない。ちょっとしたスキャンダルでは、痛くもかゆくもないってところですね。
岡留　でも、かつての例でいえば、渡辺プロダクションのように不動のタレント王国にも斜陽が来たわけだからね。
松岡　あれでもちょっとしたことなんでしょ？
岡留　結局いろんなタレントが独立しちゃって、その辺からおかしなことになるね。創業者の渡辺晋が死んだことによって決定的になった。今、娘のミキの仕切りでしょ。
松岡　ジャニーズは、やっぱりジャニーさんが死んだら変わるんですかね。
岡留　ジャニー喜多川が死んだら終わるかなって最初は思ってたけど、ジャニーズ事務所はここ数年で企業体としてシステム化しちゃったんじゃないかな。
松岡　僕も、ジャニーズ事務所は、いわば〝喜多川商店〟だから、ジャニーさんが亡くなれば衰退すると思っていましたが、確かに近代化に成功したようで、しゃくだけど、よっぽどのことがない限り崩壊しないでしょう。今、岡留さんがおっしゃったように、うまい具合に近代化したっていうか、それはありますね。
岡留　昔だったらジャニーさんの美少年スカウトのセンスがないと事務所としてはやっていけなかったのが、今はそうでもないはずだけどね。実績をつくり、組織としての枠が広がってるわけでしょ。
松岡　会社の規模も大きくなり、ジュニアの数も多いわけですから、全部が全部ホモやっていったら体持たないですよね（笑）。
岡留　ジャニーさんももう七十三歳ぐらいだっけ？　体調が良くないとも伝えられるし、とてもとても体がもたないと思うよ。
松岡　いや、ジャニーさん以外にも、ほら、よく風俗で〝講習〟とか称して店長クラスがやるやつあるでしょ。そんな人間が何人かいたりして（笑）。周防さんにしろ、ジャニーさんにしろ怪物であることは確かですよね。これはある意味で評価できますよ。だから、芸能界みたいなきらびやかな世界、その後ろにいて、闇の世界にも通じてると。
岡留　ジャニー喜多川っていう人はそれこそ趣味と実益に生きた人。少年愛の美学で格好いいかわいい男の子探してきたわけでしょ。それが女の子にキャーキャー言われる。やっぱり一種の才能、センスだろうね。普通の人じゃできない。バーニングにはそういうのはないよね。強腕でスカウトするのはうまいけど、育てるって感じじゃない。ちょっと売れてくるとすぐ引き抜きにかかる手法でしょう。
松岡　とりあえずの結論としては、新世紀になってもジャニーズ、バーニングの支配は揺るがないってことかな。

芸能界の裏事情とタレントの人気

松岡　あとやはりメディアで批判勢力というのはまだまだ小さいということね。もうジャニーさんがホモだ、じゃあ、それがどうしたのって感じだもんな。ひと昔前だったら大騒ぎですよ。

岡留　芸能界って特殊なもんで、裏側がどうであれ、タレントがよければいいって、ファン、視聴者もそういう目で見るじゃない。だから、いくら裏があろうが、中居君が好きとか、SMAPは格好いいっていうレベルでファンは見てしまうわけだから、少々のスキャンダルがあっても安泰である最大の要因じゃないのかな。ほかの企業だったら、スキャンダルはイメージダウンになるんだけど、直接つながらないでしょ、芸能プロの場合は。

松岡　そうですね。芸能プロの後ろにヤクザがつながってるってみんな知ってますよね。知らぬは裁判官ぐらい（笑）。

岡留　そりゃ、いくら藤あや子のバックがどうであれ、やってみたいと思う人は多いだろうし、これはどうにもなんないね（笑）。

松岡　身の回りで二人が〝自殺〟してもね。

岡留　死んでもいいから三人目になりたいとかいって（笑）。藤あや子だったらいいっていう感じは小林よしのりだけじゃなくファン心理としてあるだろうしね（笑）。

松岡　だけど、芸能界を批判するっていうのを、われわれの周りの出版人っていうのはあまり評価しない。特に旧「新左翼」系の人たちは評価しないんだけど。でも逆に芸能界をつぶさに観察すると、いろいろ面白いこともわかってくる。芸能界を批判するっていうのは、日本の社会を批判することにつながると。いわば日本の社会の縮図なわけだから、あながち無意味でもないなっていうふうに僕は思いましたね。多くの裁判の中でずっとね。こんな話がマジで通じるのは、岡留さんぐらいですよ。

だから、われわれは、ほとんど芸能関係の裁判なんだけど、やはり結構意味のある裁判だと思って一生懸命やってたんです。それで「表現の自由」って言うとみんな異和感を示すんだけど、やっぱりそりゃ差し止めまで来てるわけだから、こっちとしたら、「表現の自由」の問題にまで触れざるを得ないでしょう。岡留さんが評価する竹中労の気持ちがわかりますよ。

岡留　昔の「進歩的文化人」などというのは特にそういう目で見てるからね。

松岡　そうね、いわゆる「進歩的文化人」って、自分をなにか〝進歩的〟って勘違いしてんのね。僕に言わせりゃ、紋切り左翼くずれや〝進歩的〟な徒輩なんぞ糞くらえですわ。

岡留　いいかげん芸能記事をやるのはやめたらとかってマジに言う人もいるからね。

松岡　だから、『週刊金曜日』なんか芸能やらないですよね。ホンカツに芸能なんて似合わない！（笑）

岡留　やらない。ずっとやらないでくれって感じだね。このヒューマンインタレストの面白さに着目しないでほしい（笑）。

松岡　だから、僕らとしては今後ジャニーズ、バーニングの支配がどうなっていくのかっていうのには非常に関心ありますね。またどこが引導を渡すのか。だって、ソ連でさえあれだけ鋼鉄の社会帝国主義といわれたのに、崩壊したわけだから。それでもグラスノスチという情報公開から始まったんでしょう。バッシングを恐れず、キチンとした情報公開やれば必ず風穴あきますよ。

岡留　そういう意味じゃ、『サンデー毎日』の記事は風穴をあけた。『サン毎』に学ぶべきは非連続の連載でやったということね。圧力や干渉も相当来てるはずなんだ。松岡さんみたいにただ突っ張っていったら、恐らく犠牲者が一人ぐらい出ただろうから、引くときは引いてしばらくためこんでまたやる。ああいう手法は必要だと思うね。

松岡　でも、どういうのがあったって、なぜ公開しないんですかね。

岡留　書いてたよ。差し止め申し立てとか圧力とか。あれは、でも認められなかったはずだよ、確か。バーニング側もうまく合法と非合法でやってる。

松岡　かつての新左翼的に言うと〝合法と非合法の重層的展開〟（笑）。われわれはなんでこういう発想になるんでしょうか（笑）。

それはそれとして、鹿砦社が『週刊ポスト』と一緒にやった相撲の暴露本のとき、二人死人出たわけでしょ。やっぱり死に方としては不自然な死に方ですよね。殺されたとか僕はよう言わんけど、やっぱりそういうのを考えると、相撲も一種の芸能の世界に含めるとすれば、やっぱり不気味なものというのは感じますよね。あれはやっぱりちょっと怯まなかったたって言えばウソになりますね。単行本出すほんの十日ぐらい前ですから。

岡留　でも、昔、佐々木道雄という山口組の幹部が相撲界のことを告発本で出した。

松岡　ありましたね。

岡留　あれこそ相撲界の暴露本の第一弾じゃないかな。

松岡　なるほど。

岡留　つまり、タニマチとして関わったヤクザが内幕を暴露しちゃったんだから。

松岡　だから、死人も出たり、何でもありの世界。

岡留　八百長当たり前の世界だからね。

松岡　相撲なんて八百長ないっていうやつなんていないだろうね。

岡留　八百長はプロレスと一緒でしょう。

松岡　いや、プロレスどころじゃないでしょう。なにしろ〝国技〟ですから。でもそういえば芸能関係のライターさんで命落としたりとか、そういうのは聞かないですね。

岡留　それはいないと思うよ。記事書くのをやめてくれって、希望のタレントとヤラせてもいいからみたいな懐柔。芸能界ならそんなの朝飯前だろうから（笑）。

松岡　いや、芸能関係のライターって、ヤワな人間が多いから、実際あるんじゃないですか。だけど、それ一回やったらもうそれで弱み握られちゃうんですね。

岡留　昔のＫＣＩＡのキーセン接待みたいなもの。向こう行ったジャーナリストたちは皆写真撮られたって話だからね。本当かどうかはもうわかんないけどね。ホントだったら永遠に脅されるわけじゃない。金でも暴力でも屈しなければ女という、しかもタレントを使って、という。そうなると落ちるかもしれない（笑）。

松岡　そういうので晩節汚してどうするんですか（笑）。

岡留　冗談に決まっているだろう（笑）。

芸能スキャンダリズムの行方

松岡　ここのコーナーもう最後になりますけど、いわゆる「進歩的文化人」的な考えの人たちとか、旧「新左翼」系の人たちの芸能スキャンダルを毛嫌いする傾向とか、やっぱりさっきも言ったように、断固粉砕ですね。やっぱり日本の社会の縮図どころか、なんでもありの魔界ということを考えれば、決して無意味ではないっていうふうに思います。かつては僕自身も軽視してたわけなんですけど、裁判なんかやってたら、決してあながち無意味なことではないっていうのは思いましたね。むしろ逆に有益っていうか、大いに意味があることじゃないかと。『噂の眞相』が政界スキャンダルをやり、その一方で芸能スキャンダルやるっていうのは僕は大賛成だな。

岡留　だからこそ竹中労を評価してる。性格はとにかく（笑）。当時だって「進歩的文化人」的にいえば竹中労のことを何やってんだみたいな、どうせ芸能じゃないかみたいな言い方があった。

松岡　特にその頃はもっとひどかったかもしれませんね。今は「進歩的文化人」ってそういう言葉さえも死語に近いわけでしょ。昔はやっぱりもっと重みがありましたからね。そういう意味では確かに竹中労の闘いってのは今こそ正当に評価されるべきですね。

岡留　いわゆる〝無冠の帝王〟だったからね。

松岡　その当時ですね。

岡留　いや、死ぬまでそうだったよ。しかも、一匹オオカミ、無頼派で。

松岡　風貌からしてそんな感じですね。

岡留　だから、当時のナベプロとそういう闘いしてるとき、完全にホサれちゃった。彼は芸能評論家でもあり、五木ひろしがデビューした全日本歌謡選手権の審査員なんかやってたんだ。だけど、結局降ろされちゃうわけでしょ。テレビはほとんどホサれてたからね。死ぬ直前に、私も一緒に出てたんだけど、テレビ朝日の『金曜プレステージ』という『朝生』の小型版番組に出演していた程度だったね。その前には「イカ天！（イカすバンド天国）」の審査員として「たま」を発掘する仕事もやってたけど、テレビ出演は晩年だけだった。芸能界を語るとき、竹中労の美空ひばり論とか、やはり欠かせない人だよ。最近ようやく再評価の動きもあるけど、私の編集者生活の中でも特筆すべきライターだったね。

松岡　岡留さんは〝現代の竹中労〟なのかな？

岡留　それは畏れ多い（笑）。彼の文体のセンスはいまだ誰もマネできない。歴史に残るよ。

松岡　われわれ鹿砦社は芸能暴露本でいろいろ言われましたけど、芸能界という現代の闇に少しでも食い込みえたという自負はあります。今後も鹿砦社としては大先輩『噂の眞相』と岡留さんのスキャンダリズムの手法に学んでいきたいと思います。

※『フォーカス』はこの対談後に廃刊となった。

第5章

御用文化人の仮面を剥ぐ！

文化人批判は『噂の眞相』の柱

松岡　『噂の眞相』をずっと見てると、やっぱり文化人・知識人批判というのが、ひとつの流れとしてありますね。

岡留　それは『噂眞』の大きな柱です。

松岡　意外とみんなそのことに気づいてませんよ。単にスキャンダル雑誌だというイメージが強いですからね。丹念に読んでみると、結構、よく当たってるなっていうのがある。また、他に文化人・知識人批判を厳しくやる雑誌も意外にないから、読む者にとっては痛快ですよ。

岡留　文化人・作家は、基本的にマスコミタブーなんです。タブーだからやるというのはもちろんあるんだけど、学生運動の総括として前にも言ったけど、市民社会が変わらなければいけないという想いがある。国家と国民の間に市民社会という大きな壁がある。こういう壁をつくってるオピニオンリーダーたちがおかしかったら、いつまでも市民社会の構造や意識が変わることもないし、逆に補完されていくことになる。そういう意味で御用文化人批判はものすごく重要だと思っている。

本多勝一と宅八郎に共通するもの

松岡　では最初に、岡留さんが意に反してぶつかった文化人というか、本多勝一と宅八郎の二人は外せないでしょう。

岡留　うーん、宅は違った意味で衝撃的だったね。私は基本的にどんな人とでも話しすればわかりあえるという古いタイプの人間。だから右翼の人でも話していけば、天皇制に関しては多少ずれていくに決まってるけど、話はできると思っている。だからどんなに怒ってヤクザが来ようが、極真会館が乗り込んで来ようが、一応話をつけてきた。

そういう自信があったのに、宅によってその自信が崩れた。胃を壊してしまった（笑）。どういうことかというと、オタクの論理、オタクの皮膚感覚が私には理解できなかったんだね。原因ははっきりしてるわけですよ。宅の連載をしてるときに『噂眞』で田中康夫の連載を始めようとした、今の「ペログリ日記」を。そしたら宅が、当時田中康夫を批判していて、「田中康夫と同じ誌面に載るのは嫌だ」と言い始めた。単なる駄々っ子なんだけど、駄々っ子を説得しようと思って二日間やったんですよ。でも所詮、駄々っ子なんだね。論理じゃない。いくら言ったって、イヤだってゴネるだけ。そりゃ話にならない。世の中には話が通じないヤツがいるんだっていうのが、胃に穴があいた原因だ。人間関係で初めて挫折した（笑）。

松岡　意外と大きいとこじゃなくて、小さいとこで挫折してますね（笑）。

岡留　ハハハ。どんな怖いやつが来ても平気なのに、オタクにやられてしまったみたいな（笑）。

松岡　その後宅八郎は本多勝一のほうについていった。

岡留　宅はオタクなんだけど、私たちの世代が持ってるような政治的発想は多少あるんだね。〝敵の敵は味方〟みたいな。『週刊ポスト』Kデスク・ストーカー事件がらみで宅が捕まったじゃない。宅はKデスクの自宅まで討ち入りに行ってたんだけど、当て逃げの別件でやられちゃった。逮捕されて二日間拘留されたときに、宅八郎を守れみたいな記者会見にホンカツが出て来たんです。ホンカツと宅が意志一致してるのは、書かれた場合、批判記事を名誉毀損で訴えても、日本の裁判ではどうにもならないから直接行動が一番いいという主張。

ホンカツは文春と昔裁判やって負けてるから、裁判じゃダメだというふうに思ってるけど、全然違うと思う。確かに裁判所もダメだけど、ホンカツの言うことにも私は与しない。でもホンカツと宅は意志一致してる。
松岡　あの意志一致の仕方が僕にはわからないな。
岡留　奇妙だね。ほんとに意志一致してるんだったら、宅八郎に連載記事をやらせればいいんですよ。絶対やらせないでしょう。
松岡　『週刊金曜日』でしょう。それはやっぱり『週刊金曜日』という雑誌に宅八郎が登場すると、ステータスを落とすみたいに思ってるんじゃないですか。
岡留　そういうことですね。ホンカツも宅八郎と一心同体で心中するぐらいのつもりで連載させれば言行一致なのに（笑）。
松岡　でも最近宅八郎も元気がないな。
岡留　『ＢＵＢＫＡ』かどっかで細々やってるよ。相変わらず。駄々っ子ですよ。印税の分け前を巡って、子供みたいに寝転がってイヤだイヤだって駄々をこねた話とかある。まともに話が通ると思ったのが大間違いだったと反省した（笑）。
松岡　宅八郎から見たら、岡留さんに対して怨念みたいなものがあるんでしょうか。
岡留　連載を打ち切ったからね。
松岡　岡留さんの講演とかある際にはよく来てたらしいですね、〝襲撃〟に。早稲田大学でのシンポジウムのときにもビラをまいてたということを聞きました。
岡留　その前に「ロフト・プラスワン」に私が出演した時、宅八郎が「ロフト」のキッチンでバイトしてたんだよ。それで「ロフト」のオーナーの平野悠に、キッチンのチーフにしてくれって交渉してたらしいんだ。だけど断わられちゃった。で、その日会場の読者から質問がきて――宅はその場にいたんだよ――宅さんをもう一回連載に起用する気はないですかって。全然ないって答えちゃった。それで宅は再びカーッとなっちゃった（笑）。
松岡　それはそれとして、そんなに恨みを持つことなのかねえ。
岡留　だからオタクなんだ。普通だったら頭を切り替えるよ。ダメなら違う方向から行くとか。ましてや田中康夫と喧嘩してるから嫌だっていったって、編集権はこっちにあるわけでしょう。私もまじめに説得しようとしたのも間違いだった。話が通じないやつが世の中にいるということに気づいただけでも大変勉強になった（笑）。
松岡　でも宅八郎のテロリズムはすごいでしょう。
岡留　私も最近あんまりうちへ帰んないようにしてるのは、宅がうちへ来るのもあるんだよ。変質者やストーカーと一緒だからね。
松岡　最近も来るんですか？
岡留　最近は来ないけど、うちの表札の写真が『ＢＵＢＫＡ』に出てた。
松岡　それは怖いな。岡留さんの方は力が入らないし。相手が大物だったら力が入るんだろうけど。
岡留　入んないよ、宅と闘ったってなんの社会的意味がない（笑）。最近は完全黙殺がベストと達観してる。
松岡　しかし、家まで行くそのエネルギーってのはすごいな。われわれも今までいろんなタレントらの家に行ってるから大きな声では言えないけど（笑）。いちど、ジャニーズの弁護士事務所の郵便受けにチラシを入れに行って、来たぞとわかるようにしたことがあったんですが、これを宅にほめられたことがあります（笑）。彼はこれをマネしたのかなぁ。

岡留　まったく悪質なストーカー行為だよ。『噂眞』も取材で張り込みするけど、それは公的目的のためで私憤ではない（笑）。

松岡　宅八郎は今どこに住んでるんですか？

岡留　前は笹塚だったと思うけど、まったく興味ないから知らない。

松岡　本多勝一の問題でなにか新しいことはないですか？

岡留　「朝日」の現役のときから『噂眞』で連載をしてるし、辞めてからも連載してた。この際だから言っちゃうけど、ホンカツと喧嘩する前、『週刊金曜日』の編集長をやってくれって言われてたんですよ。和多田進が辞めた後ですよ。和多田が辞めてホンカツ本人が編集長兼発行人をやってるときに、編集室に来たんです。私は両方は無理だから、とりあえず考えときますけど、誰かいれば推薦しますぐらいのことを言っておいた。結局松尾信之編集長で収まったんだけど。そこまで言っておいて、掌を返すように、私の悪口を言うようになったんだ。とんでもないヤツでしょう。

松岡　これは決定的だな。

旧左翼系文化人の醜悪さ

岡留　しかし、文化人批判って言ったって、きりがないからね、だいたいみんな批判してる。とりあえず旧共産党系からいくか。旧共産党系の人たちのタチの悪さといったら、ナベツネもここに入るし、堤清二もそうだけどヒドイ。左翼運動が持つ党派的な陰湿さや閉塞感、その反動がやっぱり大きいんだろうね。それに反発した連中は極端に体制側へ行く。左翼運動に対するアレルギーで、二度と見たくもないっていう感じになっちゃうでしょう。普通だったら、左翼をやめてもリベラルぐらいで納まるはずが、一挙に体制側に行っちゃうタイプが圧倒的に多い。堤清二、渡辺恒雄、西部邁、森田実、加藤紘一、藤岡信勝、有田芳生、栗本慎一郎。糸井重里も元中核派だからね。猪瀬直樹、立松和平、高野孟らはちょっと違うか。宮崎学はその中で異質だと思うけどね。

藤岡なんかは信じられないよね。彼なんか典型的な感じがする。共産党系の東大教授で、バリバリでやってたのが、多分除名されたんでしょうが、除名された途端に、昔だったら新左翼やリベラルに行くみたいなクッションがあったわけだけど、それもふっ飛ばしちゃって、一番右の皇国史観まで行っちゃった。

歴史的な左翼運動の持つ陰湿さみたいなものが当然背景にはあると思う。かつて、特に六〇年安保世代の旧左翼に共通すると思うけど、日本で左翼革命がもし成功すれば、俺たちは権力者側の人間になれるみたいな発想があった。だから普遍的な反権力じゃないんだね。いずれ自分たちが権力を奪取するんだという発想だから、体質的には権力志向なんだよ。

大島渚なんか典型だと思うし、小田実にもちょっとそれを感じるときがある。もし小田実が権力者になったらすごい暴君になるような気がしない？

松岡　まったくその通り（笑）。

岡留　左翼マルキシズムの影響を受けて反体制運動に入ったんだろうけど、もともと体質的にはやっぱり権力志向の人たちだったと思う。

松岡　ナベツネなんかはまったくそんなイメージが強いですね。

岡留　ナベツネはわかりやすい典型。思想的に左翼嫌いになったという意味でわりかし頑固な一貫性があるのが西部邁かもしれないね。堤清二なんかは左翼に対する郷愁はずーっと残ってたわけでしょう。昔話ですが、『現代の理論』の安藤仁兵衛さんの雑誌なんかはずっとスポンサーだったんです。彼自身も左翼系の『現代の理論』にも書いてたけど、安藤仁兵衛さんとは同じ東大で個人的に親しかったですね。

ただ、自分は西武の経営者になったけど、小説を書いたり、よく言えば、人間として、文学者としての良心みたいなものを多少は引きずってる人だね。森田実なんかもそういう意味で言うと、昔はどうしようもない政治評論家だと思ったけど、最近はちょっとバランスが出てきた。

松岡　森田実が旧安保ブントの活動家だったってことを今はほとんど知られてないですね。当時の資料を読むと、「戦術左翼」と批判されています。安保闘争後、右翼の大物・田中清玄に生活の面倒を見てもらったとして批判され、ずっと表に出てきませんでしたが、僕に言わせりゃ、あの問題はどうなったんだという感じはありますね。

岡留　加藤紘一も活動家だったんだよね。

松岡　加藤紘一も森田や西部と同じブントで、幹部クラスでしょう。

岡留　情けないブントだね。加藤クーデター失敗はどう総括してくれるかな。

松岡　あそこは断固として革命的敗北主義を貫徹して行くべきだった（笑）。〝負けて勝つ〟ということです。革命的敗北主義で頑張ってれば、今の小泉のように、世論が後押ししたと思いますよ。あれじゃあ、ただの敗北主義ですよね。

岡留　また敗北主義をやっちゃったわけだ。でもあれは情けなかった。

松岡　やっぱり六〇年安保の国会突入のときを思い出して、やるべきだったよね。

岡留　国会突入のときの悲壮な表情に似てたかもね。加藤があの政局で負けたときの泣きの表情。

松岡　だけども六〇年安保では実力で国会突入をしたんだから。

岡留　突入したけど、あれは結局政治的敗北だった。西田佐知子の『アカシアの雨がやむとき』の心情に収斂された。

松岡　負け戦でも突入して、今は負けることによって将来の活路を開くということがあるわけじゃないですか。〝一点突破、全面展開〟ですよ（笑）。

岡留　六〇年安保のときの体験が裏目に出

ちゃったのかな。どうせ突っ込んでもしょうがないと思ったのかな。でも栗本なんてのは、一向にわかんないね。パラノイアって感じがするな。

松岡　今の栗本さんですか?

岡留　太陽黒点説を言い始めた頃からオカルト的になっちゃった。小沢一郎にあれだけ入れ込んだかと思うと、切られちゃって、ますます何やらおかしくなっちゃうし。そもそも栗本を担ぐことじたいをやめろって、宮崎学に忠告したことがある。タマが悪すぎる。

松岡　意外といるようでいなかったのが、旧全共闘系文化人ですね。

岡留　幅を広げればいっぱいいるんですよ。高橋源一郎とかもそうでしょう。船戸与一なんかも入るでしょう。ちょっと前の世代だったら、語るに値するのは吉本隆明ぐらいかな。糸井重里なんか若い人たちに悪い影響を与えてる。悪評フンプンの「インパク」(政府主催「インターネット博覧会」の略称)の仕掛け人でもある。『逃走論』の浅田彰じゃないけど逃走の歴史だね。つまりなんでも火をつけて逃げていく。そして責任をとらない。赤城山で埋蔵金を発掘しようとか、バスフィッシングでキムタクを担いだり。バスが環境破壊だと言われ出すと逃げるわけでしょう。火だけつけて逃げるというのは、典型的な軽薄文化人のあり様。その典型だろうね。

松岡　栗本さんがパラノイアっていうのはどうしてなんですか?

岡留　もともと慶応のフロントだったわけでしょう。

松岡　いや、ブント系マル戦派でしょう。そこで慶応の自治会委員長をしてた。フロントは山崎カヲルさんです。この二人は一時、経済人類学の内容をめぐって、お互いを罵倒し合っていましたからね。

岡留　おっちょこちょいだよね。

松岡　なんでそんなふうになっちゃったんでしょうか。

岡留　なんかいじけたイメージをしてない?　ハゲ隠しで帽子をかぶっていた。帽子を脱いだと思ったら、マープ増毛法をやってましたみたいな(笑)。

松岡　これは書いていいんですか(笑)。

岡留　いいよ。車椅子に乗って八代英太と選挙でぶつかったことがあったでしょう。選挙運動が終わるとパパっと歩いて家に帰りそうなイメージがどうしても抜けない。経済人類学者として出てきた時から、怪しいというか、信用できないというか。糸井とか栗本は結果としてサブカルには何にも残さなかったんじゃないの。

松岡　厳しいなぁー。猪瀬、立松さんあたりはどうでしょう。

岡留　立松和平は笑いのネタだよね。「ザ・ニュースペーパー」っていう劇団があって大好きなんだけど、立松和平のコーナーがあるんだ。立松口調の物マネなんだ、栃木弁の。うまいんだこれが、そっくりなんだ。ギャグにしかならないという程度の存在。作品は『遠雷』だっけ。体質は旧世代純文学系作家の代表みたいな、のらりくらりウジウジの典型だよね。「ニューステーション」ではいい味出してたという人もいるけど、ちょっとボケが入っていないかな。だって私に対して「本多（勝一）さんですか?」って話しかけてきたことあるよ。いくら何でもね（爆笑）。

猪瀬は『噂眞』の創刊の頃は執筆者の一人だった。その頃はまだ彼もいわゆる一人前のライターになる前だったけど、あの頃から生意気だったよね。今、猪瀬っていうと生意気の代名詞になっちゃったけど、確かその頃から生意気だった。本人も言ってた。「俺は確かに昔から生意気だよ」って。でも最近少し変わったね、この三〜四年かな。たぶん自分に自信がついたのかも。いろいろ本を書いてきて。『ペルソナ』も書いたし、ノンフィクション作家として評価されてきたし、力が認められてきたから、顔にケンがなくなってきた。昔の顔を見ると、必ず眉間にしわが寄ってて、何が悲しいんだと言いたくなるような顔をしてたよね。最近それが少しづつ取れてきた。相変わらずエラソーというのはあるけど、いちおう許容範囲内かな。

松岡　〝許容範囲内文化人〟と〝許容範囲外文化人〟と分けるとしたら、どう分けるんですか?

岡留　ナベツネは許容範囲外文化人の典型なんだけど、でもなんか笑いを取れるよね。あそこまでバカ丸出し権力者みたいになっちゃうと笑うしかない。ただ、読売新聞の記者は大変だろうね、こんな人が親分だったら。『噂眞』の立場で言うと、読売の記者は一番協力者が少ない。それだけワンマン体制なんでしょう。組織が一元化されてるから、ナベツネの悪口をほとんど読売の記者たちは外では言わない。恐怖体制だね。

松岡　独裁者ですね。

岡留　絶大な権力を持ってる。だって永田町まで仕切ってるわけだからね。

松岡　どこでそんなふうな権力を持てるようになったんでしょうね。

岡留　もともとのルーツは中曽根康弘。中曽根がまだ若い頃からの刎頸の友だから。もちろんその頃の渡辺恒雄は、単なる政治記者だった。政治記者と売り出し中の政治家との友情がずっとあったんでしょう。その後、中曽根が長期政権をやったわけだから、そこら辺でかなり政界へ食い込んでいった。若い政治家なんか、ナベツネっていうと、おおーって一歩引く感じになるわけでしょう。永田町の歴史をよく知ってるわけだからね。

松岡　宮崎学さんは民青出身だけど面白いですよね。

岡留　共産党の中では異色だよね、宮崎学は。私は宮崎に関しては面白がってる方なんだけど。やっぱり面白がれるかどうかってことは『噂眞』にとってのひとつの判断基準になる。面白がるって部分がなくなっちゃうとヤバイからね。宮崎学はまた電脳突破党の総裁という肩書きもあり、それもお笑いの対象だね。よくやるよって。ほんとにたくさん本書いてるけど、ほんとに自分で書いてんのかよって（笑）。

松岡　でも彼のスタンスはしっかりしてますよね。

岡留　そう、彼は決して権力サイドには行かないってところだろうね。彼はヤクザともつき合うし、怪しい連中や公安ともつき合うけど、決して権力の側には身を売らないと思いたい（笑）。「盗聴法」反対、「個人情報保護法」反対とかも先頭に立ってやるわけだから、そういう意味では支持できる。

松岡　もともと彼は左翼っていうより、ヤクザの息子ですからね、そんな親の影響というものもあるのでしょうか。確かに異色の共産党出身の人ですね。でも共産党出身の他の人にはやっぱりなんともいえない暗さというか、そういうのが見えますね。陰湿さみたいな、共産党独特の。

岡留　有田芳生とか高野孟ってのは、そんなに悪い人たちじゃないんだけど、やっぱりどうしても、スタ官体質の臭いがどうしてもある。自己絶対化の思想というより性格かな。それがどうにも抜けない。

松岡　それは藤岡信勝に典型ですね。

岡留　典型でしょう。藤岡は典型的なスタ官だと思うけど、藤岡とは面識がないから活字上でしかわかんないんだけど、まったくの嫌なタイプだね。「教科書をつくる会」なんかの活動のやり方を見ればいまだに体質だけは共産党的だね。

松岡　宮崎学はやっぱりゲバ民の典型。

岡留　昔で言うと美里泰伸って、いまは消えちゃったけど、田丸美寿々のダンナだった人です。なんかパッパラパーという感じ。ゲバ民はなかなか愛すべき存在だよね。なにしろ単純だから（笑）。昔、私はリンチされたけどそれも許せる。

松岡　この前のところでも述べましたが、有田芳生もかつての民青の牙城・立命館のゲバ民だったんです。京都でわれわれと毎日ゲバルトやってたんだ。僕自身も彼らにやられて〝病院送り〟にされたことがあるので、彼は絶対に許せない！　決して愛すべき存在ではありません。

岡留　共産党員のオヤジの思い入れで芳生（ヨシフ）って名前を付けられたことが彼の人生の悲劇だったんじゃないかって思うね。

松岡　名は体を表わすってことですかね。

岡留　スターリンが名前の由来じゃね。最近でもいるよ、作家の馳星周。馳星周は本名は坂東齢人（レーニン）。おやじが北海道の共産党員。名前はやっぱり親の想いで付けちゃいけないってことだね。付けるんならよっぽど〝悪魔君〟のほうがいいかも（笑）。高野もだいぶ生臭い政治とかやってたんだけど、最近はエコロジーとかに入って、今は藤本敏夫なんかと、千葉の鴨川でときどき農作業をやったりしてるわけでしょう。ちょっと生臭さが取れてきたかなって感じがするけどね。

最近、現実政治に絶望したんだろうと思うんだけど、高野もスタ官的だから、自分の想いが一番正しいって思うと、それを捨てないタイプだから、それがうまくいかないと自信を失ってしまう。結局、エコロジーに逃げちゃうみたいな。高野も父親が高野実といって総評をつくった人。弟が津村喬で、新左翼の理論的リーダーだったわけでしょう。父親はむしろ毛沢東派。

松岡　津村さんも毛沢東派ですね。

岡留　それで高野（孟）だけが共産党で、三人で家庭内論争してた時期があるらしいんだ。彼の家庭も複雑だし、つらいものがあったと思うよ。家庭内で内ゲバならぬ、日々論戦してるわけだから。

松岡　高野さんもその後、「新日和見主義問題」で切られちゃった。

岡留　一九七一年頃かな、亡くなった山川暁夫さんと一緒に共産党を切られちゃった。

かつての大御所文化人・吉本隆明

松岡　かつての大御所文化人として、いちおう吉本さんのこともちょっとは。最近の彼を見てると、哀愁が見えますね。

岡留　かつての大思想家も老いぼれた。年はとりたくないもんだと自分でも思うね。その意味では反面教師になるね。

松岡　それはわれわれの学生の頃、高校生のころの吉本隆明を思い出すと、やっぱ感動しますよ。「小さき群への手紙」とか。

岡留　当時の吉本隆明はインテリたちのバイブルだったわけだからね。『共同幻想論』とかね。当時の全共闘運動をやってて、なおかつ自立志向の学生連中には特にバイブルだったわけだ。ただこれが、後に出版業界に入った吉本支持者はタチが悪いんだね。悪いっていっても、吉本を自己正当化の論拠に使い始めて、タチが悪い。私だって元全共闘だけど、全共闘に批判的だっていうのは、そういう連中が組織の中でガンになってる実態があるからなんだね。

松岡　そうなんですよ、能書きだけがうまくてね。

岡留　そういう連中の理論的支柱になってるのは、結構吉本隆明なんです。「プロジェクト猪」という、『全共闘白書』を出したグループなんだけど、あのグループなんか、講演会とかをやると、バカのひとつおぼえみたいに必ず吉本を呼ぶ。

吉本は政治思想的には小沢一郎が一番近い。吉本がおかしくなり始めたのは七二～七三年ぐらい。政治の季節が終わって、連合赤軍事件があって、その頃から『週刊プレイボーイ』あたりで、「フライパンを持って台所に立つ吉本先生」みたいな、そういうわりとミーハー路線をやり始めた。それでコムデ・ギャルソンを着て喜んでるみたいな、いわゆるサブカルに急に傾倒していく。好意的に言えば、政治やインテリとのつき合いが嫌になったんだろうね。

それと娘二人が決定的影響を与えたと思うよ。吉本ばななと漫画家の石野ヒカル。完全に吉本の思想と関係ない、むしろ感覚派の娘二人が、吉本の思想を無力化したと見てるんだけどね。吉本ばななを可愛がり、自分の思想性までも吉本ばななに自分から合わせていった、よき父親として。そういう意味で、頑固おやじじゃなかったところは評価できるんだけど、思想家としてはここまでコロッと変わるとダメなんじゃないかな。

サブカルを語り始めたときから、なし崩し的にダメになっていった。もともとサブカルスタートの評論家だったら大したもんかもしれないけど、あるいはその前の吉本隆明を知らなかったらいいけど、私たちは知りすぎちゃったからね。それじゃあ、あの時代に言ってたことはどうなるんだってなるからね。海水浴もいいけど、自分の年を考えなさい。また溺れるよって（笑）。

松岡　あそこで思想的にも溺れちゃって、今はもう動くこともままならないらしいですからね。

岡留　今でもちょこちょこ朝日新聞あたりにインタビューで登場したりしてる。結構吉本支持者がマスコミには残ってるんだね。そういう人たちが持ち上げるもんだから、本人もまんざらでもないと思って天下国家まで語り始めちゃうんだ。かつての大思想家として、沈黙して語らないところに良さがあるぐらいの悟りを開いて欲しいと思うけどね。

松岡　僕もそう思います。

タレント文化人批判

松岡　次にタレント文化人ていうんですかね、お笑い文化人はほんとにどうしようもない。

岡留　何といっても小林よしのりだね。小林は『噂眞』が最初に批判した。小林は『SPA!』で連載を始めた頃は評判が良かったわけじゃないですか。で「カバヤキの日」という皇室問題を扱ったり、部落問題を扱ったりした。でもその頃、わりかし早い時期に、小林の父権主義を見抜いた。「カバヤキの日」にも「ワシは皇室を尊敬しとる」という言葉が出てくるんです。皇室を採り上げるための作戦かもしれないけど、何だと思った。その頃はまだ市民運動派も、小林はまだ味方になるんじゃないかなんて言ってたけど、父権主義と皇室を尊敬するみたいな発言で、うさん臭く感じたから、『噂の眞相』で批判したわけ。

その結果、小林は、皇国史観まで行ってしまった。みんなにからかわれるんだけど『噂の眞相』のせいだよって言われる。小林は『噂眞』のことをいまだに〝畸形左翼〟とか〝便所雑誌〟とか言うから、きっとショックが大きかったんだろうと思うんだよ。そもそも『噂の眞相』って書かなくなったからね。一時は『噂の貧相』と書いてたけど、それも書かなくなった。逆宣伝になるのも嫌なんだろうね。もともと思想性があるわけじゃない小林が、たまたま『ゴーマニズム宣言』で思想や論壇の領域に入り込んでやらされてしまった。これは『SPA!』が企画したわけだけど、最初はうまくいったんだけど、結局、漫画家としては命取りになった。

松岡　確かに最初は面白かったですね。

岡留　HIVのころまではまあ面白かったんだけど、川田龍平君とけんかして、川田君の顔をひどく書きはじめちゃったあたりから、もともとは感覚・感情派の人だから、それがどんどんエスカレートしていった。だいたい普通の論理的思考性を備えていたら皇国史観まで行かないでしょう。ナベツネだって皇国史観まで行かないと思うけどね。ナベツネは国家主義者ではあるだろうけど、皇国史観には行かない。小林は行っちゃうんだからね、もともと何も思想性がない人が、周りに寄ってくる人たちの影響を受けた結果として、「つくる会」から極右思想にまでいってしまった。

かといって、皇国史観にとどまるとも思ってないんですけどね。ある日またコロっと変わるんじゃないかと思う。最近その兆しがちょっとあるじゃない。『台湾論』で西尾幹二とケンカしてるわけでしょう。もともとは仲間なはずなのに、そこでケンカしてるぐらいだから。でも思想的にどこ行くかっていったら、もう行くところがないけどね。(笑)。

松岡 小林よりのりもお笑い系文化人ですね。小林よしのりの今の仲間っていったら、誰なんですか。

岡留 一番近いのが西部邁でしょう。西部とはうまくやってる。あそこらへんのケンカは、ほんと訳わかんない。藤岡とも大ゲンカしたでしょう。西尾とも大ゲンカした。西部はそういう意味ではしたたかなんだけど、『発言者』って媒体を持ってるから、そこで小林を使えば、ファンが買うし、少しは雑誌が売れるんじゃないか的なことは、雑誌編集・発行者として、考えてるんじゃないかな。

松岡 よしりんはそのくらいにして、同じタレント文化人のテリー伊藤はどうですか?

岡留 テリー伊藤ねえ。元日大全共闘らしいけどね。

松岡 なんか味方の投石が目に当たって怪我したらしいですね。

岡留 笑えるキャラだと思う。それほどの社会的な害を流してるわけじゃないから、テリーの場合は。ただ、いろんなこと、なんでもかんでも笑いにしてしまう。デビュー本みたいな『お笑い北朝鮮』でも、大蔵省でも、なんでも笑いのレベルにしてしまう。あのセンスは、テレビ業界で培ってきたものだから、あの大衆センスは面白いと思う。ただ、それ以上でもないし以下でもない。結局、石原慎太郎にすり寄っていく無節操さにもつながる。その辺は病んでる部分の逆のハイテンションとして出る。

松岡 病んでるんですか?

岡留 今流行りの癒しだね。癒しがないと生きていけない。それは女だったり、犬だったり、車だったりするらしいけどね。いまだにキレる精神構造の人でもあるからね。

松岡 宗教的なものっていうわけではないんだ。

岡留 宗教的じゃない。コギャルとかいろんな人と対談をしたりしてるけど、根本では野次馬精神旺盛なんだろうね。世の中全体が癒されたいことも自分自身でよくわかってるからね。「モーニング娘。」を生んだ「ASAYAN」とか、もともと彼がつくってきたわけだから、テレビをうまく使う手法ってのはよく知ってる。でも、最近はやたら石原慎太郎とも仲良し。節操がないのがテリー流だし、テレビの人的だね(笑)。

松岡 鹿砦社は昔『ビートたけしは死ななきゃ治らない』って本を出して痛烈に批判したんですけど、どうですかね、最近の北野武は。

岡留　ビートたけしも、お笑いはもう終わってるよね。出演者の中に自分が一人入って、コメンテーターの一人としての笑いのレベルになっちゃってる。その分存在感が薄い。昔で言うと、萩本欽一の笑いと一緒。今で言えば、明石家さんまの笑いと一緒。自分一人じゃ笑いを取れないから、他のいろんなキャラの立つやつを呼んできて突っ込みを入れたりして、笑いを取る。典型でしょう、今は。『TVタックル』なんか見てても、もう、たけし一人で笑いを取れなくて、真ん中に座ってチャチャ入れながら笑いを取るパターンになってるから、芸人としては終わっちゃってる。

松岡　だから映画に行くと。

岡留　そう、だからこそ映画へ行ってる。映画で名誉を挽回すると。でも映画もそんなにいいとは思えない。彼の映画はだいたいビデオで観てるけど、パターン化しているし、自分の思いつきや感覚のシーンが多くて、ついていけない感じ。やっぱりあの交通事故は本気で死のうと思ったのかもしれない。あれがきっかけでしょう。それでもテレビを観ている限り、さんまとかタモリとかに比べればパワーとしては傑出してるよね、いまだに。勝てるやつは他にいないんじゃないかな。

松岡　その意味では、たけしも岐路に立ってますね。

岡留　ただ、たけしが『新潮45』あたりであれだけ憂国を語るのはちょっと解せないね。論壇人としての社会的ステータスが欲しいのかもしれないけど、お笑い芸人としては思い上がり。右翼にかなり食い込まれてる裏事情もあるからね、そこに背景があるのかもしれないけど。

松岡　僕もいろいろと噂は聞きますけど、たけしとヤクザのつながりってのはどうなんですかねえ。

岡留　あるよ。うちでも記事にしてるし。

電波芸者・田原総一朗の〝研究〟

松岡　あと、田原総一朗。

岡留　田原総一朗か。私はもう相当古いつき合い。『マスコミ評論』の頃からだから。まだ彼が東京12チャンネルにいた頃、原稿を取りに行ったりしてたんだ、12チャンネルまで。もともとは面白がり、ヤジ馬精神の人で、そういう意味では面白かったんですけどね。『ドキュメンタリー青春』をつくってる頃は、田原さんだからできた番組っていう面白みがあったんだけど。昨年の二十一周年記念の『噂眞』四月増刊号で彼と対談をした時、彼に対して言ったことなんだけど、政・財・官の中枢の連中と勉強会をしたり、そういう人たちのインタビューとか記事を書くようになってからちょっとおかしくなっちゃった。発想そのものが体制志向になっちゃったんだね。

松岡　もともとは体制志向じゃないですね。

岡留　もともとは違います。しかし左翼でもないんですよ。早稲田の学生を七年ぐらいやったり、映画を撮ったりしてた人。最初は桃井かおりが主演した映画『あらかじめ失われた恋人たち』もシナリオ書いて撮ってましたからね。本人も作家になりたかったって言ってたから、サブカル志向だった人が、いつしか政界中枢の取材とかするようになったんです。『朝生』とか『サンデープロジェクト』のテレビ番組を持ってるから、権力者と同じ目線になるんですよ。政治に食い込んでいくと、発想までが体制中枢の思考、官僚的になっちゃう。本人もそのことに気づいてましたけどね。周りのつき合ってる人たちが、十人のうち九人が政治家や官僚みたいな人ばかりだと、例えば改憲しなきゃいけないという話を十人中九人から聞いちゃうと、やっぱ改憲かみたいになるじゃないですか。典型なんですよ、田原さんは。

松岡　すぐに流されちゃう人なんですか?

岡留　もちろん改憲だけは今のところ彼も譲れない部分のようだけど、もともとそういう意味で思想性のある人じゃなかったから、どんどん流されていく。彼を表わすエピソードがあるんだけど、こうやって話してると、そのとき聞いたいい話があるとすぐ自分の話のようにして人に話して歩く。影響を受けやすいんだね。あの人はジャーナリストじゃなくて、プロデューサータイプだと思っている。司会をやってるけど、むしろプロデューサーの役回りです。どうすれば面白い番組になるかってことをいつも考えながら、怒ったりなんかして番組を盛り上げてんだね。

松岡　田原総一朗はなんでジャーナリストじゃないんですか?

岡留　ジャーナリストは常に野次馬精神が必要だけど、最近ちょっとつまんないと思うのは、あまりにも自分の関心だけで強引に司会をしてるから、自分の関心のないとこは全部遮るでしょう。現実主義者だから、キレイ事や理想なんか聞きたくないのだろうけど、ジャーナリストとしては老化現象だと思うけどね。共産党なんかには話もさせない時があるでしょう。あれは何なんだ、討論の意味がないだろうみたいに感じるよね。自分の関心、興味の範囲でしか話を聞かないでしょう。生き急いでいる気がする。

松岡　岡留さんもこの前『朝生』に出てましたよね。

岡留　話に入れなくて、途中から観戦することにしてた。それでも、彼を評価もしなきゃいけないのは、政治記事、政治報道が面白くないのを彼が切り込んで面白くしたのは事実です。政治記者たちは、政治家たちと日常的に身近なつき合いをして情報をいっぱい取れるのにカンジンのことは全然書かないでしょう。

彼が政治家をテレビに引っ張り出して本音を聞いたりすると、政治記者たちはみんな怒るらしいけど、結局『サンデープロジェクト』のスタジオに来て、張りついてるわけじゃない。なんか問題発言をするんじゃないかなって。実際するからね、それは彼が生番組を武器にして政治家の本音を引き出すから。結果的に総理大臣の首も飛ばした。そういうテレビの面白さをうまく使いながら、新聞の政治報道のマンネリを打破したというのは大いに評価できると思うんだけど、ちょっと最近は頑固過ぎるのが気になるね。本来のプロデューサー的な面白さに徹したほうが、彼らしいかもしれない。

勘違い芸者・島田紳助

松岡　どういうわけで『サンプロ』に、島田紳助が何年もいれるのかなって思ったりするんですけど。

岡留　それは番組のつくりですよ。要するに、田原総一朗に司会をさせたら硬い番組のイメージになるじゃないですか。島田紳助が司会だっていうと、急にバラエティっぽいイメージになるから、視聴者の幅が広がると思ったんじゃないですか。これはつくり方の発想としては悪くないと思うけど、ほとんど島田紳助は存在感がないでしょう。最初だって二言、三言言って、最後に、じゃあって。田原さんのお飾り役じゃないですかね。『サンプロ』ってのは日曜朝十時から十一時四〇分ぐらいだから、一時間四〇分ぐらい。毎週毎週、ああいう話を聞いてると少しは変わるんだろうね。永田町とか株の話とか、興味を持ち始めてる。政治家になるという話も出たでしょう。もともとそういう志向性があったのかもしれないけど、これだけ長く司会をやり、週一回でもあれだけシビアな政治の話を聞いてるわけだから、政治家志望になっちゃうんだろうけど、勘違いだと思うけどね（笑）。

松岡　お笑いのセンスはいいですよね、島田紳助は。

岡留　吉本芸人でいればいいのに、立場がわかってないと思うけどね。ただ、お笑い芸人としてはそれなりに人気があるからね。西川きよしだって、関西じゃ抜群の人気があるけど、あの辺はやっぱり関西のノリなんでしょう。辻元清美だって、社民党としての主張より関西のノリで受かったって言い方があるわけじゃない。最近はよく勉強してると思うけど、「おもろいネエちゃんや」みたいな。

松岡　そういうことですね。僕に言わせれば、このネエちゃんも勘違いしてますね。人材難の社民党では、あの年、あの程度で政審会長だというんですから、土井たか子もしっかりお守りしとかないと、それこそ、この勘違いネエちゃんに晩節を汚されかねません。最近では『サイゾー』がこのネエちゃんのことを書こうとしたら、載せたら刑事告訴すると弁護士から内容証明が来たと言ってましたね。

岡留　それは知らないけど、反自民としての役回りはやってるよね。島田紳助は、勘違いしちゃいけない。ただ横山ノック、青島幸男の大失敗以降、政治家だったら田中康夫的な、ああいうふうにキチっとした姿勢と理念がないと今や無理でしょう。横山ノックを見てればわかるものね。青島幸男なんか、結局何もできなかった。石原慎太郎は嫌いなんだけど、慎太郎の手法はある種必要悪の部分もあると思う。あのくらいやんなきゃ官僚政治は変わらない。県議会、都議会をうまく操るくらいしたたかにやらないとね。

文壇タブー批判

松岡　あと『噂の眞相』でよくやられるのが文壇批判。

岡留　文壇ものとしてはほとんどの有名作家をやってる。渡辺淳一、林真理子と挙げたらきりがない。作家は誰ということではなく共通することだけど、作家になるまでが結構大変で、なった途端に編集者たちがチヤホヤする世界でしょう。毎晩毎晩おいしいものを食わせてくれて、酒を飲ませてくれて。村上龍なんかデビューの頃から知ってるけど、売れてから変わった。村上龍批判を書く前だったのかなあ。『マスコミ評論』のときに、ＮＨＫの屋上で、村上龍とキャッチボールをしたことがある。

松岡　えぇー、ほんとですか？

岡留　ほんとだよ（笑）。『限りなく透明に近いブルー』でデビューした直後だよ。たまたまＮＨＫの『若い広場』のディレクターが女性だったんだけど、彼女のインタビューに行ってたんです。そしたらちょうど村上龍が原稿執筆で缶詰状態。私が野球部だってことを知って、「運動不足だから岡留さん、キャッチボールの相手をしてくれないかな」って、その女性ディレクターに頼まれた。その後に村上龍批判を書いてんだから、どうにもなんないけど（笑）。

村上龍は福生の米軍ハウスかどっかに住んでたわけでしょう。ヒッピーみたいな生活をやりながら小説を書いてたやつが、突然芥川賞を取ったもんだから、出版社はこぞって飲ませ、食わせ、もうすごいんだから。もちろん編集者たちもそのおこぼれにあずかれるしね、接待づくしと運動不足でぶくぶく太っちゃったのが村上龍です。それがデビュー直後のことだからね。デビュー直前は、あの村上龍だってチョーやせてたんだよ（笑）。

松岡　僕も人のことも言えないけど（笑）、そう言ったら田中康夫だって太ってますよ（笑）。彼もデビュー当時の写真を見れば、すごくやせていますね。

岡留　文壇の編集者ってのは奴隷みたいなもんだからね。ある女性作家だって担当編集者に、あれやれ、これやれ、ベビーシッターを手配しろみたいな、プライベートなことまでやらせてるらしいからね。

そういう勘違いさせる構図が文壇にはある。売れればいいという文壇の側の発想、作家の側も一回賞を取れば文壇パスポートを手に入れたようなものだから、食っていける。芥川賞はちょっと違うけど、直木賞を取れば一応なんだかんだで一生飯食っていける。

なおかつ一番決定的なのが、出版社が作家の悪口を書かないからね、作家は金の卵みたいな大切な商品だから。新聞社だって作家の連載は欲しいし、新聞社も出版局を抱えてるから、どこでも売れる作家の本は出したいからタブーになる。

松岡　鹿砦社みたいな小出版社だと、ゴマすっても作家センセイたちは寄り付かないから関係ないけどね（笑）。

岡留　それは置いといて（笑）、編集者が作家のところへゴマすりに行くから、ますます勘違いしちゃう。だけど『噂眞』にとって、作家こそ人間研究の醍醐味なんだね。三島由紀夫なんかも今でこそ男色文学だとかまで書かれちゃってるけど、作家は何を考えて、どういう人かっていうのは、読者に絶対知らせるべき情報なんだね。

でもマスコミタブーになっている。山崎豊子なんかもそうだけど――今度の裁判は勝ったけど、昔から盗作の常習犯なわけだね。裁判上は盗作でないと認定されちゃったけど、私は両方の作品読んだし、うちでも記事にしたんだけど、あれは問題ですよ。盗作っていうか、一部はパクってます。法的に盗作かどうかが今回の裁判で微妙だったんだけど、法律上は盗作でないってことになったけど、常識的に考えればパクリといわれても仕方がない。

松岡　それはもう一回じゃなくて、今まで何度やってますよね。

岡留　四回ぐらい問題になってるでしょう。他人が書いたものを参考にしようと読むんだろうけど、参考にしたって最後に書けばいいんだけど、それを書かない。しかもほとんど同じ表現をデータとして使ってるわけでしょう。山崎豊子なんかは新潮社がお抱えだから、あの意地悪な『週刊新潮』も『フォーカス』も絶対に悪口は書かない。『週刊新潮』は共産主義者は嫌いなはずだけど、共産党支持者だった松本清張を一回もからかわなかったからね。

松岡　落合信彦はどうですか。

岡留　落合信彦ね、これは集英社がはっきりいって悪い。要するにスターをつくっちゃったんです、よく言えば。スターとして虚像を一生懸命出版社ぐるみでつくったからね。結局、落合信彦を見てればわかるけど、集英社以外で仕事をするのはグループの小学館ぐらいでしょう。

松岡　それと自分とこの出版社、「マサダ」。

岡留　出版社がつくる典型的な文化人。昔で言うと椎名桜子、これもマガジンハウスがつくった作家の典型的だよね。つくり方はいろいろあるんだけど、ちょっと顔がよくて、スタイルがよくて、ちょっとインテリジェンスな女がもしいたとしたら、作家に仕立てあげちゃうのは簡単だからね。ゴーストライターを付ければいいんだから。そういうつくり方は可能だろうと思うね。

最近で言ったら、梅宮アンナとか――あれはテレビの『ほんパラ！関口堂書店』という番組でつくったんでしょう。ああいうつくり方ができるわけ。アンナが実際に書いてるとは思えない。飯島愛も自分で書いてると言ってたけど、プロが裏に付いてると思う。郷ひろみだって書いてないだろう。つまり幻冬舎的な本の出し方が典型でしょう。そういう手法って、昔松本清張もやってたし、大下英治も少し前までやってたはずだよ。要するに、弟子がたくさんいて、彼らにデータを取らせたりアンカーやらせたりしてグループで本をつくる。最後にちょこっと本人が赤を入れ、本人の名前で出すという方式。

松岡　大下英治はほとんどでしょう。それも今ノンフィクション・ライターとして活躍している人が大下事務所をやめてから経営的に大変になったっていう笑い話がありますよね。

岡留　大下英治は、創刊以来ずっと本を送ってくれるんだけど、すごい量だよ。月五冊ぐらい送ってきたときがある。そんなに書けるはずがないだろうみたいな感じ（笑）。弟子たちが書いたものをそれなりにチェックだけはするんだろうけど、本人の名前で出すわけだ。名前を貸す商売、と言ったら言い過ぎか。やっぱり一回名前をつくっちゃうと強いし、そういう作家って結構いるからね。

松岡　それは文壇とかそういうとこだけじゃなくて、研究者なんかでもあるわけでしょう、学界や何か。

岡留　学者だって名前がある方が通りがいいと出すわけでしょう。『プロ野球を一〇〇倍面白く見る法』の江本孟紀だって、ゴーストがいた。でもあの本で参議院議員にまでなっちゃうんだから、活字のイメージはそれなりに強いんだろうね。

右派論壇文化人批判

岡留　右派文化人では福田和也は笑いが取れる新しいタイプの文化人。『週刊ＳＰＡ！』に連載していた時の鈴木邦男もそうだね。鈴木邦男も笑いが取れますよ。鈴木邦男も福田和也も狂信的な天皇制主義者じゃないし、おちゃらかし系リベラリストだからね。

松岡　鈴木邦男もリベラリストですか。

岡留　鈴木邦男はリベラリストですよ。福田和也もそうだと思う。右翼と仲良くしてるのもポーズと見てる。『噂眞』で福田和也を〝文壇総会屋〟って名付けたんです。文壇・論壇に対する目配りがすごい。柳美里とケンカしてもすぐ手打ちしちゃうし。福田和也は、江藤淳の弟子でしょう。だからやっぱり江藤淳の政治手法は知ってるんだね。文壇政治を福田はよくわかってる。

だから『ＳＰＡ！』の連載なんか見てると、福田の本音みたいなものが分かる。結構面白がってるんだ。自分を落とすことも知ってるし、そういう意味では新しいタイプの思想家。自分を落とすことを知ってる人ってユーモアがあるから人間として融通も利く。狂信的な人の方が怖い。

松岡　確かに「皇室ポルノ事件」で岡留さんを攻撃したり、東郷健を襲撃したりした昔の鈴木邦男はどうか知りませんが、今の彼を誰も怖いと思わないですね。

岡留　民族浪漫派文化人とも違う気がする。鈴木邦男は右翼の看板を完全に下ろしちゃったはずでしょう、「脱右翼宣言」で。言ってることはほとんどリベラルだし、どこが右翼だって突っ込みを入れたくなるような感じでしょう。文体からもすごく物わかりがいい人間に見える。

松岡　鈴木さんとは、かれこれ十五年以上のつき合いになります。本も十冊以上出していますが、いまだにこの人の本質はわかりません。長いつき合いの人で、この人と板坂剛は、本当にわからない人たちです（笑）。でも鈴木さんの物わかりのよさっていうのは、何なんですかね、ポーズでもないようですし……。

岡留　かつての自分の偏狭さや「生長の家」から日学同、そして一水会を立ち上げたころの過激な闘争が心底嫌になったんじゃないかな、ひとつには。

松岡　それは連合赤軍の右翼版のようなリンチ殺人事件が大きなきっかけになったんじゃないかなと僕は思っています。

岡留　首謀者みたいなものだからね、本当は（笑）。

松岡　本当ですか!?　じゃあ、なんで鈴木さんにまで累が及ばなかったのか不思議なんですけど。

岡留　それはヤクザ組織や、左翼右翼の政治運動と一緒の組織の論理でしょう。親分は何も言わないんだ。ただ目で言う（笑）。東郷健のときだってそうじゃない。野村秋介に言われて、木村三浩と鈴木邦男が相談して、どっちかやらざるを得ない形だったんでしょう。それで木村三浩が行ったわけだ。組織命令でしょう。

松岡　たしか木村のおやじさんは共産党なんですよね。

岡留　お姉さんも左翼でしょう。

松岡　お姉さんは、社青同解放派だったらしいですね。今はもうやめてるということですが。

岡留　本人は国士舘出身だ。今は慶応大学卒だけど（笑）。国士舘高校のときに、朝鮮高校生とケンカしてたわけだ。国士舘なんか入ったのも環境左翼への反発みたいなもんでしょう。今は私ともある程度話が合うわけだから、まったくリベラル派。

〝親『噂眞』文化人〟たちにもひとこと

松岡　さて最後に〝親『噂眞』文化人〟を語ってもらいましょうか。一番最後に田中康夫をお願いします。

岡留　最初は佐高信なの。彼は自分の役回りがあるっていうことをわかってる人だと思う。これはダメな文化人だってバッサバッサ斬る〝筆刀両断〟の役回り。昔で言うと竹中労なんだよね、筆致が。竹中労がやってた役回りが、ズーッといなかったんですよ。竹中労の後、一時期ばばこういちが文化人百人を斬るみたいなことやってたけど。

松岡　でも、格と迫力は落ちますね。

岡留　そういう意味で言うと、竹中労の後で、遅れてやってきた〝筆刀両断〟の人が佐高信だと思う。

松岡　ちょっと古風な、古武士の匂いをさせて。でも、佐高さんは竹中労みたいに芸能はやらないでしょう。

岡留　佐高さんは、久野収の弟子だから。弟子というか、久野収を師と仰いでた人だからね。インテリジェンスはもともとあるわけだし、高校の教師だった佐高さんは教師を辞めて上京後、『現代ビジョン』という経済誌の編集長をやってた。その頃は財界の提灯を持ってたんじゃないかっていう批判はあるけど、それは私と同じだねって話をすることがあるんだ。業界誌にいれば、そういう提灯記事みたいなのは必ずあるわけだからね。

松岡　それはもう仕方がない。椎名誠だって業界誌にいた頃は、クレジット・カードの本なんて書いていていましたからね。かなり前ですけど、いちど本屋で見たことがあります。買っておけばよかったと後悔してますよ。

岡留　そう。で、佐高さんは駆け落ちして東京に来たわけだから、結局仕事がなくて、人の紹介で『現代ビジョン』の編集部に入ったんです。そこで一年ぐらいで編集長をやれって言われた。私もそうだった。業界誌には営業企画があるわけだから、提灯記事もあるわけだね。そういうことをやってきた過去を批判する人がいるけど、問題は彼が独立してからの姿勢やあり方だと思う。『東京タイムス』で、「斬人斬書」だったかな、新刊本と人物をメッタ斬りにするようなコラムをやってたんです。それが面白かったんで、佐高さんに頼んだのが最初の「筆刀両断!」の連載の始まりだった。竹中労とは違うけど、スタンス、ポリシーはしっかりしてる。斬るべき人を、まず間違いのない斬り方をする。そういうとこでは信用している。ただ、お茶目な人だよね。嫌う人は嫌うみたいだけど、ああ見えて、実際会うと本当にいい人だもの。だから、石原慎太郎みたいな悪人と対談するんじゃない（笑）。

松岡　『週刊金曜日』で石原と対論して「あんた誰?」みたいな言い方されてましたね。

岡留　ほんとにいい人なんだから。一度、田原総一朗VS佐高対談を企画して、私も一緒についてったんだけど、嫌になっちゃうくらい、いい人だね。田原さんとはもともとの知り合いだし、佐高さんは面と向かうといい人なんだね。だからやっぱりあの人は、活字の上で斬るしかない。

松岡　講演は面白いらしいですね。

岡留　一人でしゃべるんだったらいいんじゃないの。直接人と面と向かってやるとダメなんだ。忘れもしないけど、『噂眞』別冊用の対談だった。全日空ホテルで、『噂眞』が部屋を取って、ちょうど田原さんのお母さんが亡くなった直後だった。私も香典袋を出したんだけど、佐高さんも出した。二人で香典袋を出してから対談を始めるんだから、最初から気が抜けるよね。ヨスギミスギはちゃんとしながら、さあ、対決だっていっても気合いは入らなかった。

だけど、自分のやるべきことはわかってる人だから「盗聴法」とかになると率先して出て行く。今の世の中では貴重な文化人だろうね。いずれは山形県知事になれ、と私は言ってるけど（笑）。うちの雑誌の中でも、読者にアンケートをやると一番人気。『噂眞』読者のセンスに合ってるんだろうね。

松岡　筑紫哲也さんもいちおう〝親『噂眞』文化人〟になるんですかね。

岡留　いちおう知り合いだし、つき合いもある。「朝日」の時代からのつき合いだし、連載してもらったこともある。今のテレビのキャスターの中では、筑紫さん、久米宏、鳥越俊太郎を個人的には評価してる。久米宏はタレントのセンスだからちょっと違うけど、筑紫さんと鳥越俊太郎は、ジャーナリストとしてはそう間違ったことは言わない人だと思う。

久米宏の『ニュースステーション』も、一応安心して観れる。つまり、権力チェックの機能は十分果たしてる。そういう意味では評価できるし、『報道2001』なんかのタカ派の番組よりは数段いい。『報道2001』なんて竹村健一が仕切ってるから、どうにもなんないね。朝っぱらから、恐ろしいよ。それでも仕事柄チェックする。日曜の朝七時半、眠い目をこすりながらチェックすんだけど、バカバカしくて観ているうちに寝てしまうけどね。

松岡　『報道2001』とは、数段どころか比べものになりません。観るに値しないでしょう。そんなくだらない番組を朝から観てるんですか？　それはご苦労様ですね。

岡留　ただ、筑紫さんはそういう意味でいったら、鈴木邦男に通じるもどかしさを感じる時がある。ものわかりがよすぎる。鈴木邦男を『噂眞』が連載として使わないのは、ものわかりがよすぎちゃって面白くないんですよ。かつての彼のように一水会のバリバリの活動家だったら連載したかもしれない。今の鈴木さんは左翼の集会に行ったって、名刺を配りまくってる（笑）。

松岡　そうそう、なんか最近荒岱介派のブントの集会に行って左翼の若者からキャーキャー言われて喜んでるくらいだから。

岡留　右翼のはずなのに左翼まで友達が多い。これじゃ面白くないっていうか、人間関係としては面白いだろうから交遊録ふうのものを書いた方がまだマシかもしれない。今、彼に思想とか現在の政局を語らしても面白くない気がするね。

松岡　確かにとげとげしさはなくなってしまいましたね。

岡留「生長の家」の原点に戻ったのかな（笑）。

松岡　鈴木邦男って、いい人だもんて、彼についてはいつも、そういう評価が出てくる。彼に対する評価は、彼の思想に対するものじゃない気がします。

岡留　最近あったんだけど、電波系の人からの変な電話が。最初、鈴木邦男に相談してたらしいんだ。わけがわかんない話なんだけど、警察に言っても取り合ってくれない、弁護士に言っても取り合ってくれないというタグイの話。その相談をあの人は私に振るんだ、「岡留さんに相談しろと言われました」とかといって電話かかってきた。そんなもん紹介すんなって（笑）。鈴木さんはそういう人ともちゃんと話すんだよね。そういうとこはホントに偉いと思うんだ。

松岡　なにしろ武道家ですから、宗教者ですから（笑）。

岡留　話が逸れましたが、筑紫さんの物足りなさっていうのは、テレビという制約があるがゆえに冒険しないところでしょう。冒険してない分、『週刊金曜日』あたりにコラムを書きたいっていうことだろうね。本音は『週刊金曜日』のコラムで出そうと、本人は使い分けしてるつもりなんだろうけど『週刊金曜日』のコラムがまた面白くない。ということは、つまり筑紫さんのキャラが面白くないことに最近気づいた（笑）。

松岡　確かに、今いみじくも言われたように、冒険しないですね。これは〝朝日文化人の筑紫〟というスタンスから抜け出せないでいるからだと思います。

岡留　『ニュース23』を見てても、必ず後半の特集のコーナーになると、自分の趣味の世界の企画をやるでしょう、音楽家を呼んだり、彫刻家を呼んだり、趣味人的になっちゃってる。早いとこ沖縄県知事か大分県知事になれっていうのが私のアドバイス（笑）。

筑紫さんで、ついでにいえば、この前『噂眞』の「20周年記念別冊」で座談会をやったときに感じたのは、あなたが今言ったように、やっぱり「朝日」の人だなっていうのが抜けてないね。「朝日」の批判もするんだけど、やっぱり週刊誌ジャーナリズムをちょっと低く見てる。ホンカツと一緒。あの二人は仲良しだからね。昔ホンカツ、筑紫さんと私と石坂啓と、辻元清美といったメンバーで飲んだことがある、十六〜十七年前かな。その頃からつるんでて、酔っ払ってホンカツが筑紫さんに論争を挑むわけ。そういう意味で言うと、やはり朝日時代の戦友みたいな仲間なんだろうな。だからホンカツの週刊誌嫌いと似てるとこが、筑紫さんにもある。筑紫さんは『噂の眞相』は週刊誌的になって欲しくないみたいなことを私に言った。私はそれは違うと思うんだ。『噂眞』は週刊誌よりもゲリラジャーナリズムだと思ってつくってるからね。

松岡　「朝日」のそういう傾向は嫌ですね。

岡留　それがあるよね。やっぱりエリートなんだろうね、感覚が。

松岡　もっと言えばエリート自由主義者かな。

岡留　この前『ニュース23』を観てたら筑紫さんの息子が一緒に出ていた。二十分ぐらいのコーナーで、おやじと息子の対話みたいな企画。筑紫さんもヤキが回ったなって感じたね。それはやっぱりやっちゃいけないよね。息子はカメラマン志望なんだけど目が出ない。要するにプータローみたいなもんなんです。おやじと息子が語り合うシーンは観てるほうが恥ずかしかった。番組のプロデューサーとかディレクターが持ち上げてやらせたんだと思うんだ。でも、それはダメだって筑紫さんが断わんなきゃいけないよね。ついのせられてやったんだろうけど、甘い（笑）。

岡留編集長いち押しの田中康夫は？

松岡　では最後に『噂眞』いち押しの田中康夫さんはどうですか？

岡留　田中康夫ね。田中康夫バッシングが、例の「脱ダム宣言」以降一部で始まってるけど、彼が例の土木部長・光家康夫を国土建設省に戻して、杉原良孝秘書を切っちゃったからね。支持率は落ちたみたいだけど、田中康夫が今踏ん張んないと、地方自治はダメになると思ってるんです。多少その手法に問題があるとしても、一番の側近だった杉原秘書がダムの必要性があるみたいなことを言い始めちゃったら足下からなし崩しになりかねない。

県庁・県議会の中にはまだまだダム推進派がいるわけでしょう。ダムがなくなると大変だというゼネコンがバックにいっぱい控えてる。そんな中で、田中はダムはもういらないし、日本の自然の中にコンクリートのつくり物はいらないっていう原則を貫いた。今後ダムが一時的に必要だという主張は出てくるかもしれないけど、原則廃止って言い切ったのは初めてでしょう。そんな県知事は今までいなかったわけで、それは二十一世紀を見据えた自治体のあり方としては、高く評価してる。

神戸空港でもう空港はいらない、関空と伊丹があるのにまたつくるのかみたいな話と共通するテーマでしょう。整備新幹線を全国にって言った政治家の主張と一緒なわけだから、田中はちょっと待てよとストップをかけた。長野だってそうだけど、新幹線が通ったおかげで、経済振興にマイナスの面も出てる。

昔だったら長野へ行ったら一泊したじゃない。今は新幹線で二時間かかんないでしょう。素通りしていくっていうんだね。新幹線の駅の止まらないところにある温泉なんかひなびちゃって。新幹線は必ず経済の活況につながると言ってきた神話が壊れてるわけだから、ダムをつくってれば経済的に長野県が潤うかっていうのは、疑問だということが分かってきた。田中康夫の脱ダム宣言に賛成だし、そのくらいやらなければ変わらない。長野県民も八割が支持していたのは、変えて欲しいわけでしょう、従来のやり方を。長野って借金自治体の一つなんだから。でも、きょうの新聞に出てたけど、田中康夫も借金があるんだってね、数千万円。

松岡　田中康夫の借金は、選挙の費用ではないんですよね。自宅を買ったときのもの。住宅ローンなんてみんなあるわけだし、金額的にいっても、借金のうちに入らないでしょう。

岡留　宅八郎が「田中康夫、借金問題」ってどこかに書いたことがあるんだ。当たってたな（笑）。田中康夫は自分で言ってたけど、長野県も赤字だし、私も赤字だと。赤字のやつが赤字を直していくんだと。それは笑い話だけど、田中康夫の目線、つまり石原慎太郎は上からの政治、ワンマンで相変わらず昔の上意下達の行政のやり方だが、田中康夫は下から見るでしょう。すべて見直すんだっていう、その視点は今までなかった手法だから、田中康夫がもし成功すれば、田中康夫型・長野県型が、全国に波及する可能性があると思う。

小泉純一郎や田中真紀子が人気があるのは、中央政界がどうにもならなくなってる反動だからね。昔の革命論風に言えば、サンジカリズムって、地方から変えて中央政府を取り巻いていく戦略。「農村から都市へ」の毛沢東主義やゲバラじゃないけど。そういう意味で、田中康夫は先駆けになると思ってる。彼はそれができるタイプ。政治家は「はいはい」って言うだけが能じゃない。ノーということをちゃんと言うべき時代に入ったことをわかってる。

松岡　岡留さんもずいぶんと熱くなっていますが（笑）。田中さんはヤワなイメージがあるんだけど、結構硬いとこを持ってますよね。最近マスコミにバッシングされるようになりましたが、僕の性格上、こうなれば応援したくなりますね。

岡留　私が田中康夫に「ペログリ日記」を頼んだのは、若手の書き手の中で最も骨があるし、パワーがあると思ったからです。「ペログリ」のイメージが強すぎるから時に誤解されるけど、かつて『朝日ジャーナル』で冴えたコラムを書いてた頃から、すごいなと思って目をつけてた。彼は目線がしっかりしてるし、洞察力もしっかりしてる。もうひとつは、ジャーナリズムやメディアを見る目が妙にちゃんとしてる。

知事の仕事は作家とは別だけど、彼にはいっぱいブレーンがいるわけだから、彼一人のキャラだけでやってると難しいかもしれないけど、協力を得れば石原慎太郎以上にやれると思う。個人的には、ぬいぐるみを持ってきて、「グルミットちゃん」とか言ってる姿見てると異和感を感じるときがあるけどね（笑）。

松岡　そういう意味でも、県知事のイメージを崩しましたよね（笑）。

岡留　政治と同時に文化も変えようとしてるのがいいなと思う。例えば、セックスは公開したっていいんだという発想は、日本型の地域社会ではタブーだったわけでしょう。セックスなんか隠すべきだって言ってた民度の中で、堂々と「ペログリ日記」に書いてる人を長野県民が選んだんだから、あわよくば政治だけじゃなく、文化的発想も変わりかねない。

建前文化を、本音文化みたいなものに変えていく。私としては今のところ田中康夫は、まだまだ全面支持だけど、決定的に間違ったときは批判するって、私はどこでも言ってるんだ。

松岡　この前テレビでも、自分はマキアベリストになるみたいなことを言っていた。逆説的な意味に聞こえましたが、そうはなれませんよね。

岡留　その点は石原慎太郎の方が上だろうね。政治家としてのキャリアも違うんだけど。ただ、逆に石原慎太郎と違う素人感覚がある。素人感覚でいいと思うんだよね。みんなが疑問に思ってることをそのままぶつけていく手法。石原なんてプロだから逆にできない。脱記者クラブ宣言も実にまっとうな話だし、県庁記者クラブも足を引っ張ることはない。引っ張るヤツこそ守旧派だよ（笑）。

松岡　その通りです。記者クラブの弊害は今に始まったことではありませんが、当然の話ですよ。足を引っ張るのは、既得権にあぐらをかいている人たちでしょう。

岡留　それを棚にあげて、メディアの中にも田中康夫批判はあるよね。一番多いのがワンマンに対する批判。手法としてはそう言われてもしょうがない部分はあるけど、そのくらいグイグイ引っ張んないと変わんないと思う。側近中の側近杉原秘書をやめさせたことも、そのままにしておくと、かえってにっちもさっちもいかなくなるため切らざるを得なかったと思う。ただつまんないことを言えば、多少事前の根回しをやっとくべきだったというのはあるよね。役人をどう動かすかは行政の長としては大切なポイントだと思うよ。

松岡　もともと根回しができる人じゃないでしょうね。

岡留　根回しはできなくても、事前に言うぐらいはね。記者団に先に言ったとか、県議会の前にマスコミに発表したとか、それで批判されてるわけだ。そのくらいの手法がないと、あれだけしぶとい県議会はそう簡単には動かない。石原慎太郎から学ぶとすれば、官僚をどう動かすかということ、それは学んだ方がいいと思う。官僚というのはやりようによっては柔軟に動く。田中康夫がそれをうまく使えばやりやすくなるし、いい県政のモデルケースができるはず。

田中康夫の人気コラム「東京ペログリ日記」

松岡　田中康夫を僕は直接知りませんけど、少なくとも姑息さはないようですね。姑息なところとか、陰険なところがない。それはいいところですね。

岡留　思ったことを全部言うからね。言い切るからね。それが彼のいいところだけど、欠点にもなる。

松岡　それは実に気持ちがいいですね。それから、脱ダム宣言や記者クラブ廃止などに見られるように、まさに〝見る前に跳べ〟で、思ったことをすぐに実行に移すことね。

　あと他に『噂眞』が期待してる若手はいますかね。

岡留　宮台真司なんか新しいタイプの文化人だと思う。彼自身はインテリだけど、かつて自己啓発セミナーに行ってたような人でしょう。だからこそ、逆にテレクラやコギャルとか、キレる十七歳に肉迫できる。それは癒しを求める若い人々に迫りつつ、それを自分に投影し、自分を解放するという手法。彼自身も感情の起伏の激しいタイプの人、ロフトでも若いヤツをどなりつけたりしてる。

　でもそれをさらけ出すことによってキレる十七歳を理解できるんだと思う。普通だったら、何を甘えてるんだバカ、で終わっちゃうけど、自分も一緒にキレるキャラを持ってるから、同じ位相を体感できるのかもしれない。そういう新しい学者の典型だよね。あの西部ともテレビで対談してて、宮台がバーっと発言したら、西部がキレて番組中に帰っちゃったんだもの。

松岡　あの西部がですか⁉

岡留　西部がキレちゃった（笑）。口では西部もすごいけど、宮台のほうがディベート能力はよりすごいってことだね。私は大いに期待している若手文化人の一人だね。

松岡　そうですね。シャープな人物評をありがとうございました。

岡留　だけど、よくうちわの人々まで批判させるよね。あなたも何考えてんだか。

第6章 『噂の眞相』岡留編集長の雑誌ジャーナリズム入門

岡留流取材術——取材は心理学の一種だね

松岡　それでは日本一のスキャンダル雑誌『噂の眞相』編集長の取材術についてお願いします。

岡留　取材術ねえ。それはジャーナリズムとして一般的に支持される範囲内で可能な限り知恵をしぼるしかないよ。やはりヤラせてネタを取るとか、そういうことは一切ないね。それはやっぱりジャーナリズムとしての原則だよね。それはやはり禁じ手だろう。私はフェミニストだから女性使ってどうこうということはしない。ただ、どうしてもってことあればね、「花田憲子のとこ行ってこい。寝物語でネタ取ってこい」みたいなことは言えるかもしれない（笑）。

松岡　取材の仕方っていうのはやっぱりマ

ル秘の部分があるんでしょうけど。

岡留　というか、取材以前の問題として、うちの場合外部からの情報提供が多い。だから則定東京高検検事長のスキャンダルにしたって、森喜朗だってやっぱり協力者がいたからできるわけです。

松岡　もう他のメディアは信用ならない、『噂の眞相』に持っていけっていうのはある意味で強いですよね。

岡留　それが定着したから今は楽になったよね。

松岡　そうですね。

岡留　でもあそこだったらなんとかしてくれるって期待されるのも大変なんだよ。トンデモない、面白くないネタもいっぱい来るからね。ちょっと無理だよ、神様じゃないんだよって言いたくなるようなネタもたくさん来る。でも、中にデカいネタが来ることがある。たとえばこれはちょっと失敗しちゃったけど、森喜朗の愛人から電話かかってきた。しゃべりたいんだけど、しゃべると怖いみたいな感じで、迷ってた。結局ダメになっちゃったんだけどね。

松岡　森喜朗の愛人？

岡留　地方の女性だったんだけど。

松岡　まったく政治家は、なんでそういうふうにお盛んなんですかね。

岡留　政治家、権力者、それはやっぱり〝英雄色を好む〟の典型でしょう。女の側も生理学的、動物的本能としても強い雄《おす》のとこに行くわけじゃない。だから、強い男には女が群がっていく。今は逆のパターンもあって、弱々しい男の方が強い女の方に行く（笑）。最近は女性も強くなってるから、自分をリードしてくれることを男の側が求めるんだよね。

とはいえ昔から金と権力があれば、女は群がるというパターンは、女性の時代になってもあるんじゃないのかな。それこそ昔の春日一幸には妾が七〜八人とかいたよね。旧民社党の春日一幸。頭はテカテカ、横山ノックみたいな。それはやっぱりそれだけ面倒見る稼ぎがないとできない。

松岡　そりゃ〜、一人の女の子に一カ月五十万でも五人で二百五十万だもんな。

岡留　サラリーマンじゃできないね。

松岡　サラリーマンじゃせいぜいその辺で風俗遊びが関の山ってとこでしょう。

岡留　風俗遊びか社内不倫するぐらいしかない。最近は出会い系サイトか（笑）。

で、話を戻すと、取材技術論なんていうのはひと口で言うのは難しいんだけど、取材学というのは一種の心理学だと思っている。相手が何を考えてるか、何を喋りたいのかっていうことを引き出すということね。ベラベラ自分からしゃべるタイプの人は基本的に取材記者に向かない。

答える人より三倍ぐらいしゃべる取材記者もいる。引き出さなきゃいけない立場なのに、一つの答えを聞き出すのに自分の方が十分ぐらい喋るみたいな記者がいるけど、あれはもう邪道だと思うけどね。要するに取材するんだったら聞き役に徹するのがまず原則だろうし、聞き役ができない人はダメだよね。さらにいえば聞き役でもやっぱり根本的に人間に対する興味みたいなものがないと、やっぱり聞き出せないと思うんだよね。面白いって思うかどうか。何聞いても「あーそう」と無反応なタイプじゃダメで、例えば風俗嬢を取材しても根掘り葉掘り聞くような好奇心がないとダメだし、やっぱ最後は相手にどうやって喋らせるか、というのが心理学、心理テクニックの一種だと思うんだけどね。

さっき言った森喜朗の愛人と名乗る女性も、最初私がたまたま電話に出たんです。夜中の十二時ぐらいに電話かかってきて「森喜朗のこと喋れって周りに言われてる。でも、怖い」みたいな感じで。少しづつどこに住んでて、どういう仕事して、いつぐらいのことかまで聞き出した。「あんたうまいわね。調子いいわね」って言われちゃったんだけど（笑）。その後用事があって、出かける時間になったので携帯番号だけはゲットしたけど、結局挫折しちゃった。気の変わらないうちにすぐ出張して聞きに行けばよかったかなあ。まあともかく、取材の原則はどうやって相手から引き出すか、聞き出すかっていうことに尽きるよね。

松岡　それとやはり場数を踏むっていうことなんですか。

岡留　うん。それはもう場数踏まないと難しいだろうね。それはもう取材がうまくいけば、あとはもう原稿は逆にできたも同然だから。ベテランになってくれば取材しながら、ああ、原稿内容はこれでいける、書き出しはこうだなとか、一章はこれ、二章はこう、中見出しはこれだ、と浮かべばもう立派に仕事はこなせる。

取材術はキャバクラで鍛える!?

松岡　それとやっぱり別冊のこういうの（過去に出た別冊『噂の眞相』の五冊）を見てると、よくも毎月毎月あんな、例えば巻頭のグラビア、僕のやつは別としまして（笑）、よくあれだけ集まるかなって思いますよね。

岡留　それなりに苦労してるけどね。

松岡　（別冊『噂の眞相』を見ながら）これは十年目ですかね（小川範子のロリコン・ヌードが出てる。P・75参照）。

岡留　小川範子、これはひんしゅく買ったな。かわいそうだっていう抗議がすごい殺到しましたよ。確かにね、ロリコン・ヌードだしね。

松岡　だけど、この時代では大変なものでしょう。今はこんなのも結構出るんでしょうけど。

岡留　この時は売れた。やっぱりロリコン人口っているんだね。口コミで広がっていったんだね。だから、だいぶ経ってから「ありますか、ありますか」という注文が来てたからね。そうそう、その後小川範子とゴールデン街で鉢合わせしたことある。

松岡　新宿ゴールデン街にも出没するんですか、小川範子。イメージ違いますね。

岡留　私の行きつけの店でたまたま小川範子と女性マネジャーが飲んでたんだよ。入った瞬間、ひえー、どうしよう、帰ろうかと思ったけど、もうじたばたしてもしょうがないと思って入った。あいさつしなかったけど、話しかけられたらどうしようってドキドキ。『噂眞』にはこういうグラビアもののタレ込みは結構あるからね。電話のタレ込みって電波系が三割ぐらいいるけど、そういうのを丹念に聞くと、意外と掘り出しものもある。

松岡　記者の座談会で岡留さんの取材術について語るという記事を読んだことがありますが、やっぱりさっきの心理学、すごいコミュニケーション能力が高いとか、笑顔がいいとか、すぐしゃべらせてしまうような雰囲気があるとかって評判でしたよね。

岡留　仕事になると調子がいいんだ。キャバクラで鍛えてる（笑）。例えば、キャバクラ行って一時間も話してれば、その子のほとんど人生聞いちゃうみたいな、話しやすいって言われるね。聞いてくれるからって。聞き上手っていうのは何においても鉄則だと思うけどね。

松岡　聞き上手ね。

岡留　ついつい余計なことまでしゃべらせるっていうことかな。こっちが引き出せばいいわけだから。まったく逆のパターンでいうと、『創』の篠田編集長。ある種の才能かもしれないけど、彼って全然しゃべんないんだよね。取材受けた人が口を揃えて言うんだから間違いない。篠田さんが取材に来ると暗くなるけど、かわいそうだからしゃべっちゃうって。普通会話に間《ま》があると、嫌になるじゃない。逆に篠田編集長はそれやってる。じーっと三分でも黙ってる、取材中にだよ（笑）。

松岡　なにかむっつりスケベみたいですね。

岡留　会話交わさない。間も平気（笑）。

松岡　それスキルとか作戦じゃなくて、そういう性格なのかな。

岡留　彼のキャラなんだけどね。でも取材された人たちも、気の毒だからついしゃべっちゃうらしい。

松岡　見かけとか、ああいう同情感で信頼を得るんですね。岡留さんの取材の手法はわかりましたけど、『噂の眞相』全体の他の記者の方々の取材っていうのは、岡留さんのそういうやり方を見よう見まねで習得していってるんですか。

岡留　見よう見まねだろうね。べつに社員研修やるわけじゃないしね。

松岡　そんな暇もないでしょうしね。

岡留　ない。うちは朝礼もやったことないし、会議もろくにやらないところ。どんな会社だって言われちゃうけど、現場で学ぶ。原稿の書き方もいちいち教えないからね。もちろんこちらが赤入れたりするから本人にはわかるだろうけど、いちいち教えるんじゃなくて、むしろ見よう見まねでみんな学んできてるって感じだ。自分自身だって業界誌のとき、誰にも教えてもらってない。自分で学んだわけだ。

松岡　一部の大手の出版社以外はもうほとんどそうでしょう。雑誌なんかでも絶対誰も教えないでしょうね。

岡留　たまに立ち会って、スタッフと一緒に取材するときはある。

松岡　張り込みだとか、ゴミ箱あさりとか、そういうのもやるんですか？

岡留　ゴミ箱あさりはやらないな。

松岡　そうですか。女性週刊誌とか、写真週刊誌とかはやるといいますね。見たわけじゃないからなんともいえませんけど。

岡留　昔、山口百恵のゴミ箱の中味を全部写真撮って掲載した伝説の雑誌があった。私はああいうことやってると、自分の気持ちや精神が汚れる気がする。ゴミ箱の中あさるというのは、私のセンスじゃ、やっぱり嫌だな。

革マル派が最強の取材チームだ!?

松岡　隠し撮りとかもするんですか?

岡留　もちろんするよ。だけど、不法侵入して写真撮ったり資料パクったりはないですね。いちおう合法の枠内でやってる。

松岡　確かに他人の家の庭に入っていうのは、写真週刊誌なんかやってますよね。それは犯罪になっちゃうんですね。

岡留　だいたい住居不法侵入だね。

松岡　実際は、写真週刊誌だとか、女性週刊誌はそこまでやってるわけでしょ。

岡留　最近どうかしらないけど、昔はやってたよね。最近でもときどきトラブってる。宅八郎だって他人の敷地内まで入っていくわけでしょ。あれは非合法だからね。でもね、正直言って盗聴はやってみたいと思うね。建設業界の談合とか、料亭政治、それだったら十分に公的目的、公益性があるわけだから、ぎりぎり不法が問われるかどうかの瀬戸際で勝負したい気持ちはある。

松岡　ジャーナリズムじゃないけど、革マル派はよくやりますよね。

岡留　革マル派の活動家がときどき編集部に情報提供で来る。最近来ないけど、「君たち、取材プロダクションつくれば日本一になれるよ」って褒めたことがある（笑）。強力な取材・調査力だと思うよ。中核派の談合スッパ抜きとかね。

松岡　そう、そう。すごいよね。

岡留　あの精神力と忍耐力、そして技術力があれば写真週刊誌なんか負けるよ。だって、公安の尾行を前歩きながらマークするというのを発見したんだよ、彼らは。普通だったら尾行は後ろからついてくるって思うから、後ろしか気にしないんだけど前歩いて尾行するわけだ。眼鏡の中にレンズ仕込んで後方を見るなんてすごい発想。革マルが怖い?　大丈夫、褒めてんだから（笑）。

松岡　革マルのちょっと現役を退いた革命家を五人ほど引き抜けば、強固な取材チームが出来上がりますよね。

岡留　出来ますよ。高級料亭の政治家密談とかの写真が撮れさえすれば記事になる。写真雑誌の記者やカメラマンはギャラで頑張るわけでしょ。彼らは思想で頑張る。

松岡　イデオロギー深化ってやつね。

岡留　でも、いいじゃない。イデオロギーは別にして取材技術を革マル派に学ぶっていうのも。

松岡　だから、「こぶし書房」（革マル派が事実上経営しているといわれている出版社）が雑誌部門をつくって、スキャンダル雑誌の分野に進出するんだって記者会見でもやればいい。『噂の眞相』に念願の強力なライバルが登場しますよ（笑）。

記者は料亭のオカミと懇ろになるくらいの決意を！

松岡　まあ冗談はそれくらいにして。しかし、やっぱり岡留さんも盗聴っていうのをやってみたいんだ？

岡留　昔、朝日新聞の安藤博って記者ですけど、建設談合の取材中、仕掛けておいた盗聴器が見つかって、首になったことあるんだけど、私はあのとき支持したんだ。ついでにいえば、毎日新聞の西山太吉記者が外務省の蓮見喜久子と男女関係になり、情報と資料もらった。あれも報道の社会的意義を考えればＯＫなんだよね。それは、それくらいしないと、きわどい権力中枢の極秘情報なんかは取れないわけだから。それこそ料亭の仲居さんとか、芸者さんとかと仲良くなっていくとかしないと。

松岡　『噂の眞相』のスタッフでそういうふうに仲居さんと懇《ねんご》ろになれるような人はいるんですか。

岡留　いますよ。もちろん詳しいことは言えないけど（笑）。

松岡　確かに権力のそういうものをやろうとしたら本当の気持ちとしても、なんでもやる気持ちじゃないとやっぱりダメでしょうね。

岡留　革マルだったら思想性だろうけど、『噂眞』だったら〝ジャーナリズムとは何ぞや〟ということの前提に立ってゲリラ的な手段をとりながら国民の知る権利に答えるネタを取ってくる。それは必要だよね。

松岡　きれいごとじゃなかなかいい情報っては取れませんからね。

岡留　その際、大切なのは公的目的、公益性、これは絶対最低条件だよね。それクリアできなきゃ、単なるのぞきか、ストーカーだからね。

松岡　そういう公益性なり目的意識性が必要だということ。

岡留　当然だね。その辺をキチンとしとけば取材術というのはいくらでもイメージが広がると思うね。今だって公安レベルの盗聴だったら、近くのビルから、『噂眞』編集室のビルのガラスに音波を反射させて、それで盗聴できる方法もあるらしい。本当はそのくらいしなきゃ極秘情報やスクープは取れない。

松岡　今のところはそういうハイテクじゃなくて、ローテク？

岡留　うちはまだやってないけどね。比較的早かったのは張り込みで赤外線ビデオ使ったことだよね。それは結構成功した。カメラじゃどうしてもフラッシュたくし、望遠だって、夜だと露出が大変でしょ。最新のビデオだったら、どこでも行けるし、かばんにちょこっと入れておいてもいいし、非常に撮りやすい。一見してもカメラとはわかんないからね。それは成功してる。

岡留編集長でも失敗する!?

松岡　今でも岡留さんは張り込みしてるんですか？

岡留　もう最近はしない。したことはもちろんあるけど、もうつらいね。三時間、四時間と張り込んで追跡したら人違いだったことがあってね。散々外で待ってたんだけど、出てきたので追跡したら人違いだった。

松岡　他になにか面白い失敗談みたいなやつないんですか、取材中での。

岡留　失敗談ってことないけど、二宮清純の自称愛人がタレ込みで来たんですよ。話を聞くと、なかなかディテールはちゃんとしてる。二宮清純の事務所に連れ込まれてやられたって話なんだけど、事務所の見取り図まで書くし、しっかりしてるわけよ。最終段階で二宮清純にあてたら、あの女は精神的におかしいんだと、妄想だという話になって、その記事をとりやめたことある。そこの見極めが難しいね。

松岡　難しいところでしょうね。

岡留　秘密の暴露というんだけど、その子しか知り得ない秘密、実際に二宮清純の部屋に行ったことがなければわからない見取り図を書くとか、例えば二宮清純のラブレターでもいいし、電話記録でもいいし、そういうものがあるかどうかが決め手になるわけじゃないですか。ただ口で言ってるだけだと信用できない。単なる妄想ということも多い。二宮の場合、ある程度材料があったんでこれはイケると思ったんだけど、結局本当に妄想だった（笑）。

松岡　二宮清純も、そういうスキャンダルの標的にされるほど、ちょっと出世したんだね。

岡留　アサヒビールの宣伝に出たり、テレビのコメンテーターもやってるよ、最近は。

松岡　昔は板坂剛と「プチモンドの誓い」をやったっていうんですよ。板坂剛に弟子入り志願して、新宿駅のマイ・シティの「プチモンド」っていう喫茶店あるでしょう、そこで契りを交わしたという話です（笑）。

岡留　そう、そう。二宮清純に初めて会った二十年前はそんな感じだった。

松岡　まったく無名だった。

岡留　まだ学生みたいな感じだったけど、出世したわけだ（笑）。だから、取材術の例として言いたいのは、やはり取材しながら、これは本当かどうかということを最終判断する眼力だろうね。

松岡　眼力と年期、経験ですかね。

岡留　そうだろうね。

やっぱり知恵を使わなくちゃ

岡留　そういえば、何度か『週刊新潮』の取材受けたことがあるけど、彼らの取材のやり方は凄いんだよね。今はもう若いスタッフの時代になっちゃったから違うけど、昔の取材って本当に凄まじいんだよ。一時間も話してると、同じことを何回も聞くんだ。しばらく間を置いてね。何回も聞けば、私が矛盾した違うこと言うんじゃないかと思ってるんだね。

松岡　なるほど。

岡留　あのしつこさね。角度を変えていろいろ聞いていく。矛盾したことを言う場合もあるから、そこで、信用できるかどうかっていうの見極めていく。なんの話でも単純に真に受けて書いたら、大変なことになっちゃう。こいつは本当のことを言ってるのかということを、本人にしつこく確認しなきゃいけないし、裏付けも取る。それをしないで書いてはいけない。

それこそゲイバーの話なんていうのは、面白おかしくするために話が三倍ぐらいになりますからね。だから、ベラベラしゃべってくれて、いいネタ元だと思って真に受けてると、トンデモない話を摑まされちゃう。そういうのも見極める目がないと。

松岡 だけど、まだ駆け出しの若い連中なんてなかなかそこまではできませんね。

岡留 そうだよね。だから、それはやっぱり場数を経るしかない。この世界だと、ある種経験主義が必要だね。そりゃ、すごいセンスや勘のいい記者はいきなり行っても、そこそこやるんだけどね。

松岡 成功もあれば失敗もある。

岡留 そうだよね。それで失敗したら名誉毀損で逮捕されることもあるからね。ペンってのは、一種の凶器だからね。

松岡 なんだかんだ言ってもね。

岡留 凶器を使う人間は凶器であることを自覚してないといけない。間違った場合は大変だからね。だから、ルーシー・ブラックマン殺害事件のO被告の記事は、本人の自供なしの起訴だから冤罪の可能性がゼロとはいえないから人権上からも気をつけて書かなければいけない。

松岡 だけど、〝諸刃の剣〟といえると思うんですが、一時は芸能人だとかの民族問題、結構やってたじゃないですか。最近はそういえばやらないですね。

岡留 たまにやってます。あれはうちのモチーフだからね。

松岡 あれやると批判多いでしょう。

岡留 批判もされたけど、民団や朝鮮総連は好意的なんだよね。

松岡 民族の誇りとか。これも間違ったら大変だし、きわどい問題でしょう。

岡留 民族の誇りを持って、創氏改名じゃないけど、日本名になんかするなというのが彼らの主張だろうから、書いてくれた方が民族意識の向上のためにもいいという判断だろうね。人権の問題はあると思うので、やはり表現上の配慮が重要になる。

松岡 書き方にもよるんでしょうけどね。

岡留 これは持論でもあるんだけど、小林よしのりとも一致するところが一点だけあるのは、部落フェスティバル。部落民宣言を一斉に芸能人、スポーツ選手がやるというパフォーマンス。これはいいと思っているし大賛成だ。まだやってないけどね。一斉に名乗りを上げることで、差別意識なんて一発で飛ぶ方向に行くと思っている。

松岡 野中広務だって自分でカミング・アウトしましたしね。

岡留 野中は自分で言ってるけど、言える人と言えない〝弱者〟の人がいるわけでしょ。

松岡 野中はそれを逆に力に転化して、あれはある意味ですごいことですよね。それで権力のトップにまで上り詰めるんだから。

岡留 野中は逆手に取ってやってるけどね。彼の政治力はすごいよ。

松岡 そうなんです。逆手に取ってるよね。手法としてうまいっていえば、うまいんでしょうね。

岡留　野中は、取材中の週刊誌なんかに電話してきて、「そんなこと書いたら同和団体が動くぞ」みたいな感じで凄むらしいよ。

松岡　なるほどね。だけど、岡留さんの取材術、あるいは『噂の眞相』の取材手法ってのは、今はいろんな人も関心あるでしょう。やっぱり検察のナンバー2を落とすぐらいのところまで来たわけですから。

岡留　なにかスクープが出そうだという噂が出ると、雑誌が出る十日まで永田町や霞ヶ関は戦々恐々だからね。

松岡　だけど、もう今は『噂の眞相』ぐらいしかやらないっていうふうにもなってる。また逆に『噂の眞相』だったらなんでもやるっていうところまで来てる。

岡留　前にもしゃべったけど、グリコ・森永事件、怪人21面相のハウス食品、脅迫事件の報道協定スッパ抜き特集記事に対して、警察庁の幹部二人が来た時の話。『噂眞』としては雑誌が出るまでの勝負だと思ったから、のらりくらり、あんまり早くノーというとあらゆる手段で警察権力に潰されると思ったから、雑誌が出るまではジーッと我慢した。

松岡　やっぱりおとぼけの才能があるのね。

岡留　それは最低限必要な革命的警戒心というヤツだよ（笑）。

松岡　われわれなんてもうイケイケで。

岡留　ブランキストだから、松岡さんは。後先顧みずイケーだから。いずれ大失敗すると予言しておく（笑）。

松岡　われわれは行ったら、もうすぐにピッと笛が鳴って、パーっと一気に袋だたきにあう。で、病院送り（笑）。四半世紀経って舞台が変わってもこうですからね。ブランキストの宿命ですかね（笑）。

スキャンダリズムはジャーナリズムの原点

松岡　だけど、考えてみたら、そういういわばミニメディアとか、そういうちっちゃいスキャンダル雑誌がここまでやれて、大きなメディアが何百人、何千人いてやれないっていうのも情けない話ですよね。

岡留　『噂眞』はもともと個人誌で始めてるわけだし、そこが逆に強かったんだろうね。大きい出版社だと、例えば『週刊文春』の編集長って長くやったって三年くらいで交代していくわけでしょ。突然販売行ったりする人もいるわけだから。そこでずっと鍛錬していくということがなかなかできないシステムになっている。新聞記者もそうだけど、警察庁キャップぐらいになればあとはもう編集委員になり、書かない記者になっていく。月一本囲み記事を書けばオーケイみたいな。それでも待遇としたら破格だけどね。

松岡　そうそう。それで、年収は一千万も、二千万ももらえれば。

岡留　実際二千万円近くもらう人もいるからね。待遇としては確かにいいけど、ほかでは書けないからジャーナリストとしては飼い殺し状態だよ。

松岡　それで堕落せざるを得ない。一時のホンカツがそうでしたよね。ジャーナリストとしてはちょっと疑問ではありますね。

続々と話題のスクープを出す『噂の眞相』

岡留　それこそ官僚と互角に闘える、そういうベテランの、キャップ格の取材記者が必要だと思うんだけど、そういう人たちが取材しなくなっちゃうでしょ。以前の森喜朗番の官邸詰め記者なんてみんな若い。「総理、どうですか。あれはどうですか」って聞いても、結局無視、黙殺されて簡単にかわされてる。もうちょっと知恵使えよみたいな感じだね。

松岡　今取材術の話してんですけど、この後の方の話にもつながってくると思うんですが、岡留さんが個人誌みたいな形で始めて、『噂の眞相』というのは岡留さんの一種の人格的な表現になっている。『噂の眞相』＝岡留みたいな括りができて、スキャンダリズムっていう、そういう手法っていうのがひとつの市民権を得たっていうのか、認知されたっていう功績は僕はすごく大きいなっていうふうに思いますね。これはそういうやり方を批判する、例えば大手の新聞の人でも評価するようになった。そういうように『噂の眞相』という雑誌、それと岡留安則っていう編集長、僕はある意味でジャーナリズムの歴史、あるいは出版史に一行は残るかなっていうふうにマジで思いますね。持ち上げ、持ち上げ（笑）。

岡留　それは私にはコメントできない話だな。（笑）。

松岡　僕はそう思いますね。

岡留　ただ、私だって昔の『眞相』や『噂』という雑誌を見て、おもしろい雑誌があるなと思って、『噂の眞相』の創刊のアイデアにしてるわけです。だから、二十年して二〇二〇年ぐらいになったときに、こんな雑誌があったんだみたいに感じる人たちが出てくればうれしいね。

松岡　いわゆる良心的知識人とか、戦後民主主義的な知識人なんかには、いわゆるスキャンダリズムという手法、特に下半身の暴露というと下賤なものっていう、そういう見方が色濃く残ってる。例えば戦後民主主義的知識人の権化のような丸山真男さんなんかに言わせりゃ、そんなのは絶対評価はしませんよね。そういう中で、逆にそこで開き直って、そういうのを貫徹して二十数年やってきたっていうのは大いに評価すべきだと思う。それでそういうスキャンダリズムというのを、逆に武器にして、ひとつのジャーナリズムの、本道じゃないんでしょうけど、そういうジャーナリズムのひとつのあり方を示してきた。

岡留　いや、それこそジャーナリズムの本道、原点だと思ってるけどね。スキャンダリズムというのはジャーナリズムの原点だし、もともとはそうだった。権力チェックも含めて、スキャンダリズムを積極的に評価すべきだし、下半身だって人格の見事までの反映ということもあるからね。

松岡　それに確固とした市民権を与えたっていうのは『噂の眞相』および岡留安則の功績だと思うんですね。

岡留　やっぱり長く愚直にやってきたこともあるんだろうけどね。大手メディアではできないことを地道にやってきた。その結果、例えば東京高検検事長のときには女性問題絡みながら朝日が『噂眞』の記事を一面トップで引用するという状況を生んだ。

松岡　それはまったく愉快な話ね、ある意味で。だけど、大朝日としては本当は逆に恥ずべきことなんですよね。

岡留　こっちの立場で言えば、そういうスキャンダル路線がある種市民権を得て、それで、雑誌ジャーナリズム賞ももらった。去年、今年と連続でスクープ部門の受賞。『噂眞』にとって、なぜ意味あるかと言うと、投票してるのは現場の雑誌編集者たちなんです。『現代』『新潮』『文春』とか、『フォーカス』『フライデー』といったところの記者たちが投票した。今年は森のスクープで票が割れて選ばれたけど、昨年の東京高検検事長の時は全会一致だったらしい。『噂の眞相』は毎号毎号週刊誌の悪口書いてるわけでしょ。悪口書かれてる人たちが選んでくれたわけだから、それは格段に意味があると思う。悪口書かれて嫌いだけど、認めざるを得ないっていうことだからね。

松岡　最近の号の筒井康隆さんのコラムにいろんな新聞がそういうスキャンダル路線に走りはじめたことが岡留さんの雑誌づくりの意欲を弱めていると書いてありましたけど、それはちょっと違うんじゃないのかなと思ってますか？

岡留　それについてはお世話になった筒井さんの意見だし、ノーコメントかな（笑）。

松岡　では最後の持ち上げです。結局、自民党政治権力の中枢が『噂の眞相』というスキャンダル雑誌に恐れおののいていることは、くだんの〝雑誌潰し法案〟（「個人情報保護法」）に象徴的です。そういうところまで追い詰めた『噂の眞相』の二十数年史は出版の歴史に名を残しますよね。

岡留　はいはい、わかった。何かたくらんでんじゃないの。次のテーマにいこう（笑）。

1『噂の眞相』……………………行情報SELECTION 10 プラス番外

1 河村季里と別れた関根恵子サンの最近の恋人はピンクの高橋伴明監督!? 82年3月号

2 田原総一朗の娘の結婚式に自民党幹部が勢揃いでユ着体質に疑惑の声が 84年10月号

3 ビートたけしはマンションに出入りする女子大生と本気で交際と側近が 88年8月号

4 ビートたけし事件で殴られた「フライデー」記者が神経やられ退社との噂 91年3月号

5 リニューアル失敗が囁かれる「朝日ジャーナル」休刊を経営首脳が検討中 91年11月号

6 処女が条件の皇居神殿に仕える巫女の中に元イケイケギャル混入との噂 93年6月号

7 ベストセラー本『清貧の思想』の中野孝次は自宅で錦鯉を飼う成金趣味人 93年8月号

8 ムツゴロウこと畑正憲は実は動物の世話せず都内の愛人の世話中との噂 95年2月号

9 宗像紀夫元特捜部長の親友・佐藤英明に今度は三豊恒産絡みで逮捕説が 97年3月号

10 一見コワモテのターザン山本だが実はケンカ弱く得意技は「号泣」との噂 97年7月号

番外 本誌登場の鹿砦社社長が本誌記事でファンになったＳＭ嬢にモテモテ説 95年8月号

1. 恋多き女の噂、ひきもきらず。ここだけの話だが、有名出版社の社長や作家など、彼女と同世代の男たちは少なからず「彼女はオレと結婚するはずだった」というらしい。
2. 不遇な時代もあったが、石神井公園に豪邸を建てたころから、田原総一朗サンは娘命の私生活だった。彼のポリシーと娘の人生は、ちがう。そのへんは、大目にみてもいいんでは……。
3. これは、のちに明らかになった事実。この女子大生、青春をたけしに捧げたといえる。だが、ビートたけしをめぐっては、もっとディープな人脈スキャンダルがあるのを、人は知らない。
4. こういうのは、やられ損というのであろう。どんなに神経がやられても、いまやお役所なみの高賃金が保証されている大手出版社を辞めるべきではなかった。
5. この情報からしばらくして、同誌は予想どおり休刊。おりしも、ソ連共産党がペレストロイカに揺れ、冷戦が崩壊した。熱い時代は去れり……。
6. 処女はありうべくもない希望だが、神社の関係者の建前ではそういうことになっている。大股開きの元イケイケギャルも、白い狩衣と緋の袴を正装に纏えば、これ処女なり。
7. かつて売れない作家の代名詞だったが、愛犬をテーマにした『ハラスのいた日々』のとおり、もともと趣味人である。それにしても錦鯉は、どうですかねぇ。まるで土地成金かヤクザのごつあるですな。
8. ヒト科のオスは、どうにもならない性本能を持っているという証明。それと同時に言えるのは、ムツゴロウ氏なる人物が相当の演技者であるという証明。
9. これも事実となったが、それにしても『噂眞』の検察情報には驚かされる。
10. 会ったことあるけど、身体が大きいばかりで、たしかにケンカ弱そう。それと、編集者としての技量もなさそう。あるのは、身体全体から滲み出てくる迫力と人の良さ。じつは、とってもいい人なんです（笑）。
番外. 女性との全裸シャワー写真以来、松岡利康に定着したＳＭ愛好癖の噂。一説には、ビール腹をギリギリと縛り上げられたときに、快楽のうめき声を発するといわれている。

（文責・久住純）

ポスト『噂の眞相』はあるか？

第7章

岡留編集長の今後は？

松岡　『噂の眞相』をつくり続けて二十数年、やはりもう疲れてきましたか？

岡留　やっぱり雑誌を出すことで、自分の生き方じたいをコントロールせざるを得ないという不自由さはある。そんなところで足を引っ張られるのは嫌だから、税金はちゃんと払う、品行方正にするとか、心がけてる。淫行なんか絶対できないね。例えば知り合った女性に十八歳と言われても、ホントかよ、身分証明書を持って来いみたいな気持ちになる。怖くて、絶対できない（笑）。人のスキャンダルを書いてるわけだから、こちらもいつスッパ抜かれるかわからないわけだから、身辺もキチンとしとかなきゃいけないと。ましてや、権力スキャンダルをやってんだから。権力側はいざとなればなんでも引っ掛けてくるからね。別件とかで。

松岡　岡留さんのスキャンダルを狙っている人はたくさんいるだろうけど、ほんとに出てきませんね。

岡留　だってないもの。出てもいいようなことしかやってない。菅直人の女房とデキてるとか噂があったけど、新宿ゴールデン街で朝まで飲んだことがあるだけでやっちゃいないから全然平気（笑）。

　私がひとつだけ強いのは、結婚してないから、仮に女性が十人いても、相手が独身ならばそれはスキャンダルにならないからね。ただし、婚約破棄とか相手が人妻で不倫とか、なにかで騙したとか、それは批判されちゃうだろうけどね。

松岡　話はずれちゃうけど、岡留さんは子供が欲しいとかいうのはないんですか？

岡留　今のとこ全然ないけど、女性の側が欲しがることはあるよね。要するに雑誌はあと二年でやめようと思ってるんだけど、雑誌をやる限りは結婚なんてことはありえない。〝雑誌と結婚〟してんだから、雑誌に対する不倫、裏切り行為になる（笑）。

松岡　歳をとると、ホンカツのような頑固な老人の醜悪さが出るわけですよね。ひょっとしたら岡留さんも十年後ああなったりして（笑）。

岡留　何回も出てくるね、このフレーズ、〝ホンカツ〟。

松岡　もう反面教師ですね。

岡留　だから、ああはなりたくないって思いがあるから元気なうちにやめるわけです。そりゃまだ十年ぐらいやろうと思ったらできますよ。でも年齢がかさめばだんだん頑固になってくるから、人間ろくなもんにはならない。それは仕事柄、反面教師で結構学んできたと思うね。

　今はもう潰れたけどミニコミ誌の大先輩『話の特集』の矢崎泰久編集長だって、「革新自由連合」（略称「革自連」）などで政治に走ったでしょ。中山千夏の秘書までやった。政治に入って、編集後記で毎号自民党のことをバカだなんだって書くようになったらダメですよ、編集者としては。いくらバカと思ってもね。政治家にも応援したい人はいるけどやらない。カンパはするけど、演説はしない。田中康夫にもカンパはしたけど、応援には一回も行かなかったからね。

松岡　そうなんですか。

岡留　そういう政治色を出すと雑誌はダメ。うちは読者に思想嫌いな人や右翼も多い。だから、編集後記はなるべく無色にしようとして、事実関係にとどめ、パーティに行ったとかいう話を書いてる。政治物をやりたいときは特集で堂々とスクープをやればいい。

松岡　それと、さっきそういうふうに頑迷固陋になるというと、そうかなと思いますけど、確かに美学としては老醜を帯びる前にみずからの手で廃刊するとかしたら、確かにすごい格好いいってのがあるかな。やっぱりそれで歴史に華を添えると。

岡留　もうくたばるまでやれっていう人いるんだけどね。畳の上でどうせ死ねないからと、ね。でもそれは私はやらない。

松岡　それもひとつの方法。

岡留　方法だろうけどやらない。どちらの生き方を選択するかというと、私はやはり余力を残して格好良く惜しまれてやめるほうがいいという立場なんだね。

松岡　う〜ん、惜しまれながらねぇ。

岡留　惜しむ読者はたくさんいますよ。逆にホッとする政治家や文化人、マスコミ関係者も多いだろうけど（笑）。

松岡　あんまり無理しすぎると、本当に頑迷固陋になるし、逆に晩節を汚すからね。丸山実さんや、かのホンカツ、矢崎泰久さんらを見れば、可能性はありますね。

岡留　そのうちバーニングのアイドル攻勢に転ぶかもしれないし（笑）。

松岡　第二のホンカツになるかもしれない。

岡留　さすがにホンカツにはならない自信はあるけどね。あの人を見てると嫌になるもん、ほんとにね。とにかく私は刑事裁判が決着したら雑誌やめて、バックパッカーとして海外放浪することに決めてるんだよ。

ポスト『噂の眞相』のイメージとは!?

松岡　じゃあ、ポスト『噂の眞相』ということを考えると、やっぱり模範としてひとつ『噂の眞相』というケースがあるわけだから真似しやすいっていうのがあって、やりやすいっていうことはありますね。

岡留　モデルケースをつくったわけですね。あとは志とセンスがあればできる。

松岡　そうですね。志と頑張り、それだけでいい。強い意志っていうのがあればできる。

岡留　二十二年やって来て、いわゆるライバル誌がなかったんですよね。最近ようやく『サイゾー』とか、『ダークサイドＪＡＰＡＮ』あたりかなと思ってるけど、やはりイマイチだよね。いろいろな事情もあるようだしね。やっぱりうちは独立資本、個人資本だから良かったんだろうね。私としてはとにかく好きなことを書けばいいわけだから。『噂眞』で私に命令する人が、誰もいないというのは、言論メディアとしては最高の条件なわけです。

松岡　『サイゾー』も前身の『ワイヤード』からすれば長くやってますが、ガンバッてやってんでしょうけど、いろいろ厳しいらしいですね。僕の大学のくだんの寮の後輩も出資しているし、僕も連載させてもらってるんでガンバッて欲しいけど……。

岡留　あとは情報や取材をまとめる表現技術になるんだけど、やはり普通の人になるべく読みやすくする。多少インテリジェンスもまぶしたとしても、読みやすい、わかりやすい文章をつくる。ホンカツとまだ仲良しの頃に、『週刊金曜日』にも呼ばれて、特訓してくれみたいなこと言われて、編集者の前でしゃべったことがあるけど、やはり『週刊金曜日』が面白くないのは、企画の段階ですでに面白くないこともあるけど、やっぱり文章が面白くない。堅いんだよね。

　だから、よりわかりやすく、なおかつ知識をうまくまぶしながら情報をどう処理するかという、そこがポイントだと思う。だけど、これがなかなかできてない。論文を並べておけばいいやみたいな安易な月刊誌のつくりはダメだと思う。

松岡　そうですね。

岡留　『噂の眞相』を創刊した直後から、もう評論は基本的にやらないって決めた。もう評論の時代は終わったし、事実じたいで物事を見ていくほうがいいのでノンフィクションの方でやるという手法を採ってきた。

松岡　それと一番最初の話に戻りますけど、やはり岡留さんの学生運動経験というのが今でも生きてるっていうふうに僕は思いますね。岡留安則にとって全共闘運動は続いている！　これからも続くということね。じゃあ、その学生運動経験って何なのかっていうのは、〝異議申し立ての精神〟っていうことですね。格好良くいえばね。

岡留　権力や権威にノーという姿勢だよね。

松岡　そう、そう。常に反抗《プロテスト》する精神。〝貧困なる精神〟じゃなくて（笑）。

岡留　それで警察権力が来ようが、ヤクザや右翼が来ようがびくともしない覚悟もやっぱり必要だ。

松岡　そういうことですよね。たった一人になっても、常に異議申し立てをする。

岡留　だって、あの全共闘時代でも殺される可能性だって常にあったわけだから。オヤジっぽい話になっちゃうけど、それはもう強いよね。だから右翼も来たしエセ同和も極真も来た。刺されたことあるけど、あの時代を思えば、どうってことないね。

松岡　だから、僕に言わせれば、昨年日本青年社に襲われたっていうけど、学生運動のとき、特に法政なんかだったらいっぱいあったでしょ、怖い場面が。民青もいれば他の党派の連中に、鉄パイプなんか持って殴り込まれたことや内ゲバだとか、ああいうのに比べりゃ、まだ小さいかなっていうふうな感じするけどね。

　ちょっと話は変わりますけど、ある本で、七〇年に法政で革マルの活動家が殺されて、その報復で革マルが中核を襲った後の写真を見たことがありますけど、手を後ろに縛られてマグロにされて陰惨なものでした。こんな世界でやってたんだから、ちょっと血を流すぐらい屁みたいなものでしょう（笑）。

岡留　う〜ん、ヤな話だな（笑）。

松岡　もうちょっと言うと、だから、そういう体験したっていうのはあながちバカにできないと思うんですよ。じゃあ、他のやつらがそういうのあるかと、なかなかないですよ。そういうのっていうのは単純なアナロジーかもしれませんけど、結構重要かなって僕は思いますよね。

岡留　ただ、それをいうと全共闘体験がない若い編集者は困るという話になるよ。『ダークサイド』だって久田編集長は頑張っているけど、全共闘世代の社長が挫けちゃったというところに問題があるわけでしょ。

松岡　上の方も、所詮エロで儲けろぐらいの意識だし、そんな修羅場をくぐってないから、すぐ挫けるのね。上が挫けちゃ、下もどうしようもない。でもじゃあ、下が飛び出して、かつての岡留さんのようにみんなから公募株主で金集めてやる根性あるかっていったら、今の若い世代にはあるかな。首かしげるわけでしょ。『宝島30』だって、一時は『噂の眞相』をライバル視してましたが、結局は廃刊しちゃって。

岡留　結局売れなかった。三万部いかなかったからね。社長は商売上手の元・革マルなのに（笑）。

松岡　それは革命的マルクス主義を真にイデオロギー深化していなかったからではないですか（笑）。『新雑誌X』も意に反して売れずに、最後は悲惨でした。

岡留　別段、強靱な精神力してるっていうわけでもない。ノー天気っていうのが重要なのかな。細かいことにイジイジこだわる人はダメだと思う。こだわり派の人は少なくとも雑誌ジャーナリズムには向かない。

松岡　深刻に悩む人はダメですか？

岡留　そういう人はやはりやれないと思う、ジャーナリスティックな雑誌は。そういう人は単行本をやればいいと思う。単行本ってやはりどっちかっていうと、長期じっくり型でしょ。雑誌は毎週、毎月サイクルだから。松岡さんはイケイケだから雑誌タイプですよ。なんで雑誌をやんないの？

松岡　う〜ん。僕は沈思熟考の理性派だから、やはり単行本かな（笑）。確かに雑誌は『噂の眞相』だけじゃなくて、他の雑誌でもそうでしょうけど、やっぱり短期的にそれだけネタ集めるって大変だと思いますね。それも区切られてる、時間的に制限されてる中でだからね。

岡留　それも二十二年もやってればもう世間が思うほど大変じゃない。なんとかなるもんだよ。昔は真っ白なページになっちゃった夢見たけど。最近は、逆に今月号こそはページに穴あけて出してみたいなって夢があるんだけどね。田中康夫の原稿が二ページ来ませんでしたといって白いまま出しちゃうわけ。最後の夢なんだけど（笑）。

『噂の眞相』廃刊、岡留引退説の真相

松岡　雑誌をやめようというのは岡留さんが思ってるだけですか。それとも『噂の眞相』全員がやめようと思ってるんですか？

岡留　今のとこ九九％全部やめる。黒幕、陰のオーナーでやりたい気持ちはあるんだけど、現場は大変だね。副編集長なんか嫌がってるもの。

松岡　『噂の眞相』＝岡留安則だと世間も思ってるでしょうし、『噂の眞相』という雑誌じたいが即岡留さんの生き方そのものだろうから、確かに岡留さんがいなくなれば難しいというのはありますね。

岡留　ただ、スタッフは十人以上いるし、ノウハウはあるわけだからね。理想を言えば、自立した仕事ができるスタッフによる共同体での運営。『七人の侍』の『噂眞』版だね。自由で最強のメディアになると思ってるんだけど、難しいかな。

松岡　それは技術的な問題であって、岡留さんがいなくなって『噂の眞相』という名前が続いたとしても、毒がないものになるんじゃないですか。やはり雑誌というのは、ある意味で、人格的な表現媒体というふうにも言えるんじゃないでしょうか。

岡留　多少は変わるかもしれないね。ただ、今のスタッフでやっても、私が海外からFAXでちょこちょこアドバイスすればそんなに変わらないと思うけど、私がやめるっていったら、みんなやめるってことになった。私自身はノー天気だから気づかないけど、告訴されたり、右翼が来たりしてるからね、やっぱり口じゃ言わないけど現場のスタッフはしんどいんじゃないの。

松岡　並みの神経じゃやってられないですよ。しかし、同じしんどくても、つまるところ、今は岡留安則という希有の人格でもって包摂しえている。これがなくなれば、包摂するものがなくなる。内々のことで恐縮ですが、鹿砦社なんて、ある面では『噂眞』並にしんどいこともありましたが、僕に人格がないから、ボロボロこぼれていきましたからね。

岡留　私自身は並みの神経だと思ってるんだけど、世間から見ればそうじゃないらしい。私に言わせれば簡単じゃないかと思うんだけど、そうでもない。現場がそう言うんだからそうなんでしょう（笑）。

松岡　雑誌というのは、その時代の空気を体感しながら生きてきてるわけですから、そんなに長続きする雑誌ってのは現実問題としてなかなかないですね。だから、岡留さんがやめるっていうのも、ある意味じゃわかるような気がするな。こんなこと言ったら非常に僭越ですけど。やっぱり、二十年以上続いてると、どっかで金属疲労みたいなのを起こすのかなとか。やはり硬直化していると思いますか？

岡留　誌面的にはボルテージも落としてるつもりもないし、部数的にも伸びてるからね。いまだに成長期にあるわけでしょう。もちろん経営的には黒字だから、一応儲かってるし、そういう意味じゃ、続けた方がスタッフも再就職先を探すこともないし、読者も支持するから丸く収まるんだけどね。

松岡　そういう経済原理のところだけでいかないのが、人の世の不思議なとこですよ。

岡留　それだけで言えばね。でも三十一歳で始めて人生のほとんどを雑誌づくりに使っちゃったわけだから、少し楽をして、自由に生きたい。これまで単行本や講演会でジャーナリストとしての生きざまを語ったり、そのことでさらに自分の生き方が規定されることがある。自分の生き方そのものが、雑誌を出すことによって読者から決められてしまうんだよね。雑誌は自由につくれても私生活じたいは自由にならないというパラドックスもある。

松岡　それはそれで仕方がないでしょう。岡留さんはどっかで、先が読めないと雑誌はつくれないっておっしゃってましたよね。二〇〇〇年以降、二十一世紀からは見えない。それでやめる時期が来たんじゃないかというふうに書かれてたと記憶していますが……。

岡留　いつ決めたのか正確には忘れたけど、確か九三年ぐらいかな、二〇〇〇年でやめるって決めたんだ。そしたら九五年に東京地検特捜部に名誉毀損で起訴されちゃったから、その裁判闘争が終わらなければやめられなくなった。なにしろ特捜部に起訴さ

『フォーカス』廃刊号へのメッセージ広告

れた雑誌は戦後初めてだからね。しかも特捜部長の私恨で（笑）。弁護士五人でやってるから、弁護団に払う費用も必要でしょう。

松岡　お金かかりますからね。

岡留　最初は六人だったけど一人亡くなった。その後は補充してないんだ。

松岡　考えてみたら、裁判してでも闘えとか、裁判をやれとか簡単に言う人もいるんだけど、最初の裁判闘争のところでも述べましたが、裁判をやっていくというのは金銭的にも精神的にも、エネルギーというのは大変ですからね。これはやった者しかわからない。岡留さんほどの〝訴訟王〟はいませんよ。

岡留　〝訴訟王〟なんて全然うれしくないね（笑）。問題の「和久・西川」刑事裁判も、いよいよ求刑、結審で、早ければ年明けに判決が出るんです。六年以上かかったことになる。それで無罪だったらいいけどね。それだったらほんとにすぐやめられる。

松岡　もし有罪だったら控訴しますよね。控訴審は今は早いでしょうけど。

岡留　控訴審、最高裁、あと二年、長くて三年かかると見てるんだけど。裁判でもし仮に不当な有罪判決が出れば、誌面でキャンペーンを張んなきゃいけないから雑誌は必要なんだ。

松岡　そのとき雑誌がないと困りますよね。

岡留　なかったら悲しいよね。新聞の投書欄に投書出たりして（笑）。有罪で何にも言えなかったら悔しいでしょう。私も弁護団も無罪判決は当然と思っているけどね。

遂に競合誌は登場しなかった

松岡　最後はやっぱり〝ポスト『噂の眞相』〟が出てくるかどうかっていうことですよ。

岡留　ただ、二十二年間出てこなかった。いくつか出てきそうになった時期もあるんだけど、みんなダメになっちゃった。私が言うのもなんだけど、そんなに難しいことではないと思ってるけど、時代が変わり今はなおさら難しいのかなって思う。

例えば、結婚もしないで、雑誌と結婚して、雑誌に人生を捧げるなんて、今どきそんな奇特な人いないだろうしね。私はそれが非常に都合よかったんだけどね。結婚しないで、いろんな女性とつき合えてよかった。結果的に、一石二鳥だった。ここでもポジティブシンキング（笑）。

松岡　まったくもってノー天気だ!!

岡留　でも私が東北出身だったらダメだったなと思うね。九州の鹿児島だから。東北だったら太宰治になってしまう（笑）。

松岡　僕も九州の熊本ですが、やっぱり出身地っていうのは関係ありますかね。

岡留　鹿児島よりもっと沖縄やフィリピンあたりの方がわかりやすいけど、ノー天気だよね。暖かいと飢え死にしないというのもあるのかな。北海道、東北の人だったら、あの厳しい雪の冬をどうやって過ごすかみたいなことで、ある種計画的に地道に人生を生きなきゃダメでしょう。

松岡　しかし、振り返ってみれば競合誌っていうのはなかったですね。『噂の眞相』の存在を脅かす、本当に脅かすものは。

岡留　さっきも出た『宝島30』のときはいいライバル誌になるかなって思ったけど。『宝島30』は評論中心だったから路線は多少違うけど、ライバルになるかなって思ったけどね。革マルVS中核っていう噂もあったし（笑）。

松岡　本当はそういう競合誌があって、お互いに切磋琢磨し、両方ともグレイドをアップしていくのが一番いいんですよね。

岡留　うまくいけば市場が広がるからね。同じような雑誌が三つぐらい並んでて書店にコーナーができるみたいな。今は並べられたくない雑誌が出てきた（苦笑）。

松岡　『噂』ですね。やっぱりうさん臭さっていうのか、なにか変な暗さっていうのが匂いますよね、最初からね。

岡留　『新雑誌X』もそうだったし。なにか志やセンスがまったく違う。真似しても似て非なるものになる。雑誌はやはりつくる人の感性が見事に出るね。

松岡　『創』にしても競合誌になるっていうような部分とはちょっとやっぱり違うかなっていうふうに感じますよね。自ら「メディア批評誌」って自己規定してるわけですから、そこでそういう雑誌でスキャンダル暴露だとか、そういうことにはならないですよね。それも篠田さんの性格にもよるんだろうけど。

岡留　私は『マスコミ評論』でもメディア批評をやってた。メディア批評だけでは部数に限界あるってこと気づいたんで、『噂眞』路線にしたわけだよ。だから『創』は『マスコミ評論』のレベルにとどまってる。もうひとつ企画が面白くない、文章が面白くない、突っ込みが甘い。篠田編集長に会うたびにいろいろアドバイスしてるんだけど、頑固だからね。聞かないんだよね。だったらせめて借金つくるなって感じだけどね。やめたら『創』の編集顧問やろうかな（笑）。篠田編集長が怒るか（笑）。『週刊金曜日』にはとりあえず編集長を頼まれたんだから、昔の約束生きてますかね、ってホンカツに聞いてみようかな（笑）。もちろん、ホンカツに拒否されるだろうけど、もったいないよね、週刊誌だからね。もっと面白くできるはずなのにね。

松岡　そうですね。

岡留　月刊誌ができないことも週刊誌ではできるからね。やはり元『週刊文春』の花田紀凱みたいな雑誌の編集長の左版みたいなセンスの人が出版界にはいないんだ。育ってないってことだよね。

松岡　やっぱりなかなか難しいところなんでしょうね。ほんとに長い時間お話しいただいてありがとうございました。この対談が〝ポスト『噂の眞相』〟を作る良い題材になるといいですねえ。

補章

芸能人とプライバシー

東西過激「言論闘争」対談

（『芸能人とプライバシー』97年8月刊 より再録）

権力に狙われやすいというのは気をつけた方がいい。必ず生贄を作っちゃう。（岡留）

でも、二人とも確信犯だから（笑）、大手も応援しにくいんでしょう。（松岡）

松岡　なにから話しましょうか。私のところは、このところ立て続けに出版差し止め命令を受けましたから（笑）。新しいところでは『タカラヅカおっかけマップ』があります。この件で疑問に思っているのは、「血液型とか嗜好、性格、特技などこれまで明らかにされなかったことを明らかにしたのがプライバシー侵害だ」って言うんですよ。最初の『SMAP大研究』では、「メンバーの一人が中学時代煙草を吸っていた」という箇所が名誉毀損だと言うんです。こういうことだけ、どんどん拡大して「名誉毀損だ」とやられるとすれば、出版差し止めはいくらでもやれちゃいます。笑えますよ。

岡留　ウチでも笑っちゃう話があって、もうかなり前のことですが、「小泉今日子、エイズ説の真偽を追う」という記事で東京地検特捜部に訴えられたことがあるんです。その後、当事者同士の話がついて、告訴が取り下げられたんですね。そうしたら東京地検が、小泉今日子を呼べると思ってたのにと、ガッカリしたとか、怒ってたとか伝わってきた。その時訴えてきたのが所属プログクションなのか、小泉今日子自身なのか、ちょっとわかりませんが。刑事告訴というのは訴えられた側には訴状を見せませんからね。

松岡　そうなんですよ。だからどういうことなのか全然わからない。ウチも日本相撲協会から刑事告訴されているんですが、内容がわからなくて困ってるんですよ。

岡留　ウチは司法記者を通じて調べればだいたいわかります。大手芸能プロとの間で刑事裁判になったのは、一回もないんです。内容証明か民事裁判段階でだいたい終わってますから。その点、鹿砦社は、ジャニーズとか宝塚とか個人名を出しているからトラブルも多い。それは鹿砦社が〝イケイケどんどん暴露出版社〟だからでもある（笑）。

松岡　こういう芸能出版を始めたのはここ三～四年なんですが、まあ向こうも「わけのわからない出版社が来た」と思ってるでしょうし、この際だから潰そうとでも考えているんでしょう。そういう意味でもわれわれにとって正念場だろうと思っています。

岡留　権力に狙われやすいというのは気をつけた方がいい。それは権力の習性として、必ず生贄を作っちゃうからです。権力の側から見て、いま鹿砦社は生贄にしやすいんだと思いますよ。雑誌で言えば狙いやすいのは『噂の眞相』だろうし。

松岡　でも、二人とも確信犯だから（笑）、大手も応援しにくいんでしょう。こういうことになったんで、今まで朝日や読売にも広告を出してたんですが、以前と同じような内容の広告でも今は出せない。朝日は求人広告さえダメだと。「問題になっている会社だから」と言われました。代理店とともに強く抗議をして、ようやく載せるようになりましたが。それも以前に広告掲載拒否で毎日新聞を提訴して係争中というんで、これが結構きいてるんですね。

岡留　ただ、ゲリラ出版社として暴露本を出していけば権力サイドから見ればインパクトもリアクションも強くなるわけだから、それなりの対応をしないと。

松岡　ジャニーズは今、和解勧告が来ているんです。第一回目から。

岡留　ウチもそうですけど、民事はめんどくさいんですよ、裁判官にとっても。データを取ったことはないですけど、九割は和解です。私だって判決を受けたことはほとんどない。厳密に言えば、こちらから公判一回目で「すぐ判決を出してくれ」と言って、金を払ったことがあります。争いというより、「よくこんなつまんないことで訴えを起こしたな」というレベルのものだったから、「十万円ぐらいくれてやれ」という気持ちだったんです。弁護費用を考えれば得じゃないですか。記事じゃなくて、私が個人的に抗議に来た人に喋ったことに対して名誉毀損で訴えてきたんですからね。まあ私も今後は迂闊なことを言わないようにしようという程度のことは思いましたが。

つまり民事はそんな感じですよ。裁判官も最初から「和解になる」と思ってる。弁論を五～六回やれば必ず和解を入れます。三年裁判やると裁判所は三～四回は和解勧告してきます。そこで妥協するかどうかでしょうね。

ウチは和久峻三に告訴されて、東京地検特捜部に起訴されて刑事裁判になっています。和久峻三は「私の本は一億冊も市場に出ている」と言っているんです。それだけ社会的影響力を持っている作家なのに、和久という人物は果たしてどういう人なのか、知る手がかりはまったくない。大手出版社で彼の本を出しているところは決して悪口は書きませんよ。本人が身辺雑記のエッセイを書くぐらいで。ウチは元スタッフの証言で、和久の一億冊の読者の一部に情報提供をした。これはもう言論活動としても必要最低限のことだと思うんです。それが名誉毀損に問われると言うなら、あらゆるメディアの記事が名誉毀損になってしまう。

松岡　先ほども述べましたが、私は、昨年、日本相撲協会から刑事告訴も受けました。東京地検の呼び出しは来ていますが、今後の展開はまだどうなるかわかりません。出版差し止めの方は、ジャニーズは二度（注・これ以後、もう一件差し止められた）、そして宝塚がやってきまして、立て続けに三回もこういうことがあるというのは、滅多なことではないんじゃないかと（笑）。

松岡　この間考えたのは、詰まるところ大衆ジャーナリズムの問題ではないかということです。プライバシーがあるかないかというより、大衆ジャーナリズムと芸能報道の根本的な問題につながるのではないか。というのは、大衆ジャーナリズムや芸能報道というのは、形を変えて江戸時代からずっとあるものです。当時も江戸の町民が歌舞伎役者をおっかけたりしていた。さらに、タレントは目立ちたいとか、よく知られたいという特別な欲求があって、それで人を押しのけてでも上がっていくということもずっと同じです。大衆の側もそのタレントを知りたい、おっかけたいという強い欲求がある。その相関関係は法則としてあると思うんです。それらをもとに、大衆ジャーナリズムなり芸能報道なり、あるいは『噂の眞相』のような雑誌が連綿と熱情や人気

挑発的に「芸能人にはプライバシーはないんだ」とハッキリ言ったんです。（松岡）

芸能人のおこぼれに与る集団が利益を守ろうとして言っているところに問題がある。（岡留）

を持って迎え入れられてきた。そして女性週刊誌や映像がそれに続いていく。こういった要素はもう、法律がどうとかプライバシーがどうとかといったことではないと思うんですよ。だから、仮に僕や岡留さんの雑誌がそういったことで潰されたとしても、またまた形を変えて絶対に出てくることになる。

僕は法律的な問題はハッキリ言ってわかりませんけど（笑）、裁判に勝つ負けるは別として、この際ここのところを徹底的に追及していきたいと思っています。

岡留 タレントがプライバシーを「ウリ」にすることによって、商品として完成させていくということは明らかにあるわけですね。たとえば演歌歌手なんかはそうだけど、「苦労して一生懸命やってきた」というのが、演歌歌手としてのデビューの必要条件だった。だからメディアをたっぷり利用して、そのへんのプライバシーを売り込む。ところが、人気がある線を越えると都合の悪いプライバシーになると待ったをかけてくる。そういった芸能人側、つまりプロダクション、レコード会社、テレビ局などのご都合主義というのがある。

基本的に、芸能人に限らずタレントも含めた有名人というのは、刑法上も公的な目的、公益性があれば、ある程度「プライバシー報道」は許される。『噂の眞相』で言えば、パワーエリート、オピニオンリーダー、有名人、芸能人と分野を決めているんだけど、そういう人たちがなぜプライバシーまで含めて興味を持たれる存在かというと、たとえばタレントが選挙に出て議員になるわけですね、芸能人でもスポーツ選手でも。そういうところでもタレントの人気も「ウリ」にされている。だから当然、読者あるいは視聴者は、その実像を知りたいんです。「ガッツ石松とは何者なんだ」、政治家になり損ねたけど、「本当に創価学会員なのかどうか」というあたりを知りたいんですね。高驰浩は、「どんな高校教師だったのか」「高見恭子とどうやって知り合って結婚したのか」とかに、興味を持つのは当然です。その辺りは、広く言えば国民の知る権利の範疇だということで、刑法上も認められるはずです。

結局、問題は、そのプライバシーにどこまで踏み込むことが許されるかという基準。裁判の判例で言えば、一九七二年の「芸能人相関図裁判」が、なし崩し的な民事和解で終わり、刑事裁判は、実質的敗訴ということでケリがついている。つまり、出版社側に強い決意も志もなかったし、山口百恵を含めて芸能人がいっせいに連名で訴えてきたから、腰くだけになっちゃった。あれは悪い判例を残しているんです。ジャーナリズムの節度さえあれば、タレントのプライバシーを配慮しつつ、それがつまり、ヒューマンインタレストの記事につながっていくんですね。これが、文化人を含めて芸能人などに対するウチの基本的な取り組み方のスタンスです。

松岡 それはありますね。実は、二回テレビ朝日のワイドショー『スーパー・モーニング』が来ていろいろ言ってくるもんだから、ワイドショーに言われる筋合いはないと思って、挑発的に「芸能人にはプライバシーはないんだ」とハッキリ言ったんです。言い過ぎだったかなと思ったけど、今でも僕はそう言っていますよ。芸能人になった、あるいはなろうと決意した時点から、プライバシーも何もかもを「ウリ」にしてでも、人を蹴落としてまでも、上へのし上がっていこうとするわけですから。それなのにちょっと上がってくると、都合の悪いことは知られたくないと言うんじゃ、これはやっぱりご都合主義としか言いようがない。

岡留　ただ、「プライバシーがない」と前提を作っちゃうと、法的な争いの場面では難しい部分も出てきます。だから「芸能人たるものはプライバシーがないに等しい」として、可能な限りギリギリで記事化していくしかないでしょう。

松岡　女性週刊誌やワイドショーなど、いわゆる芸能マスコミに関わっている人たちは、口では言わないけどホンネの部分で、われわれ以上に「芸能人にはプライバシーはない」と思っているはずですよ。この際だから、僕が代弁してあげようかなと思って言ったんですよ（笑）。

岡留　だいたいこういうケースというのは、芸能人そのものというより、周囲ですよね。例えば、プロダクションが「商品にキズがつく」と言う。一例を挙げると、ある有名な歌手がいる。国籍は北朝鮮。本人は、ある民族同胞の集会に出て自ら発言をしたりしたんだけど、芸能プロも大手だったんで、「商品にキズがつく」という論理から、本人にもそのことはしゃべらせないし、マスコミにも書かせないんです。つまり、商売の論理を、プライバシー問題にスリ変えちゃうんですね。しかもそれが本人の意識ではなく、その芸能人によっておこぼれに与る集団が利益を守ろうとして言っているところに、問題があると思うんです。

私はもうそれだけでキレましたね。「その程度のことも知らないのか」と。（岡留）

雑誌もそうですが、われわれだって「ゲリラ」ですからね（笑）。（松岡）

岡留　ウチの事件に引き戻して、もう少し話しましょうか。和久峻三は、ウチが取材を入れた時点で、「芸能人でも作家でもプライバシーを書いたら違法、名誉毀損なんだ」という主張でオドシをかけてきたんです。私は、「それは冗談じゃない」と、思った。「名誉毀損」から除外される三条件というのがあります。公的目的、公益性があって、記事が真実か真実に足りる根拠があればクリアできるわけです。それさえも彼は無視した言い分を言ってきたんですね。取材の翌日には、内容証明で警告書まで送ってきた。私はもうそれだけでキレましたね。だって和久峻三は弁護士であり、法廷小説『赤かぶ検事シリーズ』で売っている作家です。「その程度のことも知らないのか」と売り言葉に買い言葉的な、感情的なレベルのやり取りになった。和久の告訴にしても、こちらの記事掲載にしても、譲れるはずもなかった結果とはいえる。
　ただし、刑事告訴の名誉毀損で起訴されたのは、「月刊ペン事件」以来二十年以上ない。『フォーカス』『週刊新潮』『週刊文春』だろうが、東京地検特捜部直告の告訴は受けてますが、一切地検は起訴していないわけです。それは言論の自由に介入する可能性があるからなんです。ところがウチだけは起訴された。だから、和久によほどの「検察コネクション」があったか、なにか検察側の事情があったとしか思えない。和久峻三は、法務省の法務総合研究所の機関誌に『悪女の泪』という小説を連載してたくらいですから、検察にとっては身内みたいなものじゃないですか。まして弁護士だからそうしたコネクションがあったはずです。和久の弁護士は、ヤメ検の伊藤卓蔵という人です。ヤメ検として現役検事にも力のある人物なんです。そういうのを使ってきたんですから、正義の味方どころか、コネクションの世界の論理が働いている。それにウチでも何度か書きましたが、当時の宗像紀夫特捜部長がウチに悪口を書かれて、カチンときてたこともあったらしい。そういうことが重なって、二十年ぶりの刑事告訴による「名誉毀損事件」とされたんです。
松岡　私の方は、昨年（一九九六年）の夏ごろ日本相撲協会が名誉毀損で刑事告訴したと、新聞記事で読みました。暮れには、地検が相撲協会の事情聴取を行なったとの報道がありました。元大鳴戸親方の『八百長』という本なんですが、『週刊ポスト』の記事をリライトして単行本にまとめたものです。『週刊ポスト』も告訴されましたから、その関連でウチも告訴されたんでしょう。
岡留　通常のウチのケースでいくと、東京地検特捜部が告訴を受理しても、三年間ぐらいはペンディングするんです。そして三年ぎりぎり経つ頃、検事に呼ばれて、「徹底的に闘うつもりか」と訊くから、「いやあ、闘うつもりはありません」、「じゃあ、話し合いをしよう」となる。でも、やっぱり地検特捜部には「名誉毀損事件」より、政治家の贈収賄を一生懸命やってほしい。地検特捜部はウチのケースのようにあれだけの精鋭検事を使ってやる類のものかどうか。これは私の認識ですが。
　こうした前例をウチの場合、破ってしまったけど、常識的な範囲で言えば、鹿砦社に起訴ということはありえないでしょう。
松岡　僕もそう思います。その後、向こうにとってバツの悪いことに「二子山部屋脱税」だの、「親方株の問題」だの出ましたからね。『週刊ポスト』も徹底追及の手を休めるつもりはないらしく、糾弾記事は続いています。
岡留　『ポスト』はイケイケどんどんでやっていく方針。週刊誌はゲリラなんだから、そのぐらいの意気込みがなくちゃ。
松岡　雑誌もそうですが、われわれだって「ゲリラ」ですからね（笑）。
岡留　詰まるところ、相撲協会と癒着している相撲記者がガードしているんですよ。芸能界もそうだけと、これが不思議な話で、本来なら取材対象にしなければならない相手に、逆に癒着して、さらに彼らがガードにまわってしまっているわけです。だから『週刊ポスト』のように、日常的な記者クラブ的癒着関係を必要としないところしか、内幕を記事にできない。これは日本のジャーナリズムのおかしなところです。

ジャニーズだってそうです。少し前になりますが、横浜港に停泊中の豪華客船「クィーンエリザベス」の船上で、ジャニーズ事務所が何周年だかのパーティを開いた。芸能記者などが、いっぱい招かれた。ウチは張り込みをして、片っ瑞から全員の写真を撮った（笑）。中では結構豪華な接待で、賞品、賞金など大変なものが振る舞われたという。政治記者もそうでしょうけど、それでたいそうご満悦の体で帰ってくる。そしていざとなると、事務所側のガードにまわってしまうんだから救い難い。

松岡　ウチのジャニーズ、宝塚の本の出版差し止め問題を経験する過程で、まったく同じことを感じますよ。芸能マスコミが、向こうのガードにまわってしまうんですね。特に関西では、宝塚を抜きにしては、芸能マスコミも成立しないという暗黙の了解があるようで、ほとんど御用マスコミ化している。ところが宝塚というのは、やはり大きな組織ですから、昨年発覚したセクハラ問題とか、中でいろいろあるわけです。表面化しているのは、氷山の一角でしょう。

僕が宝塚に興味を持ったのは、宝塚によく出入りしていた夕刊紙の記者が、「本にまとめたい」と言ってきたのがきっかけでした。それで調べていくうちに、「こりゃぁ、ずいぶんと大変な世界だな」と思いましたよ。かつては海外公演などで同行する記者まで、宝塚の方から「指名」して、費用丸抱えで連れていっていたとも聞いてます。僕は宝塚に比べれば、ジャニーズはまだ甘いと感じられますよ（笑）。

大マスコミがちゃんと書けない相撲協会、宝塚、ジャニーズだから徹底的にやっていきたい。（松岡）
弁護士を精鋭六人で編成している。「悪しき判例を作りたくない」という気持ちがある。（岡留）

松岡　腑に落ちないんですが、『タカラヅカおっかけマップ』の仮処分問題を担当している裁判官は、『ジャニーズ・ゴールド・マップ』を出版差止めした時と同じ人なんですよ。どういうことなのかわかりませんが、理由の如何はともかく、私は今回も差し止めになると思います。（注・『タカラヅカおっかけマップ』は、九七年二月十二日に、神戸地方裁判所尼崎支部より仮処分命令が下り、出版差し止めとなった）

岡留　所轄は神戸地裁?

松岡　神戸地裁の尼崎支部です。担当は保全係という部署なんですが、破産関連部の中にある。この係はその名の通り財産の保全が管轄で、借金の踏み倒しや金銭絡みの事件が中心ということなんです。僕には、そういうトラブルと同じ感覚で、こうした言論や出版の自由にかかわる問題を扱っているように思えて、非常に疑問と不満を持っているんですよ。それも同じ裁判官ですからね。いい機会だから、こうなったら徹底的に宝塚を追求していきたいですね。宝塚歌劇団というのは団体でも、タレントは個人です。裁判になったらこれはもう闘いですから、一人ひとりに「あなたはずいぶんいい所に住んで、いい車に乗ってるけど、はたしてあなたの収入に見合うものですか」「ちゃんと税金の申告はしてるんですか」というところから、どんどん追求しますよ。

岡留　ウチが出版差し止めの仮処分を求められたのは一回だけあるんです。『週刊ポスト』の渡辺乾介の件です。途中で和解しましたが仮処分は却下されて、本訴で争いました。とにかく「差し止め」を事前に申し立てられる場合、事前に相手方に内容が漏れてしまうということが、前提としてあるでしょう。だから事前に、内容が漏れないようにすることも、メディア側としては重要です。

松岡　この前の『ジャニーズ・ゴールド・マップ』については、全然漏れてないんですよ。宣伝だけです。根拠となっているのは、チラシと広告と、向こうの弁護士が一般読者を装って社に電話してきて、私のとこのたまたま電話に出た入社一ヶ月の女性社員に誘導尋問的に訊いて、それを証拠資料として出したんです。結局、内容じたいは全然わからないまま、差し止めになっているわけで、直接の証拠資料もないいんです。これはおかしい。その時は電撃的で時間もなかったから、仮処分は弁護士を立てずにやったんですよ。弁護士さんも東京の先生だったので時間が取れないという状況でもあったし、ある程度の答弁書を書いてもらってそれを出したんですけど、それもダメだったのかなぁと（笑）。

岡留　恐らくバブルが弾けてから、弁護士の仕事は減っているはずなんですよ。だから暇な弁護士をたきつける。敵が腕利きを揃えるなら、こちらも対抗上それ相応の人物を持っていないと、司法とジャーナリズムの考え方は全然違いますから、いい勝負ができない。司法は司法の場での闘い方がありますから、マスコミの論理だけでは、なかなか対応しきれないんです。

この三月で『噂の眞相』は創刊から数えて十八年です。この間、私の体験から考えても、当局の姿勢に、かなり変化がありますす。例えば、アメリカは悪い意味での訴訟社会になってしまっているんですが、日本は一応それがない分、なかなかよかったと私は思っています。しかし、時代と共にアメリカ的な訴訟社会になりつつある。そういう意味で、名誉毀損に限って言えば、戸塚ヨットスクール事件に関し、ある女性弁護士が、戸塚宏のことを「カエル顔」と言ったんですね。これが名誉毀損にあたるとして訴えられ、名誉毀損が成立しちゃった。罰金は十万円ぐらいでしたか。この前の横山昭二弁護士を「ボケ弁」と言った件も、読売新聞は勝ったけど他は負けた。誰がどう見ても「ボケ弁」と思うけど、それでも負けてしまうということは、かなり司法の判断はマスコミにキツくなってきていますよね。

松岡　僕は、実はいきなり芸能スキャンダル分野に進出してしまったんですが、大先輩の岡留さんの苦労が、実感としてわかりますよ（笑）。

岡留　たしかジャニー喜多川のホモ趣味を記事にしたのも、ウチが最初なんです。十五年ぐらい前かなあ。たまたま私の知り合いの芸能評論家——亡くなってしまったんですが——が、元ジャニーズ事務所のタレントがやっているディスコに連れていってくれた。そこに、昔人気のあったあるグループのメンバーがいたんです。彼はジャニーズを干された人物でその後港区の区議会議員に立候補したり、ヤマっ気のある人物でね。彼が全部喋ってくれたんです。「ジャニーさんが夜中に迫ってくる。そのうち嫌気がさして、寝たふりして顔を蹴飛ばしてやったらそれっきり干されちゃった」って言うんだ。本人直々の話なので記事にした。

松岡　相手が日本相撲協会にしろジャニーズ、宝塚にしろ大マスコミがちゃんと書けない相手ですから、結構やりがいはありますね。勝つ負けるは別にしても、徹底的にやっていきたいなと思いますよ。

岡留　まったく同感ですね。刑事裁判でウチは弁護士を六人で編成しているんです。私には、「悪しき判例を作りたくない」という気持ちがある。判例を作っちゃうと、言論にとって萎縮効果をもたらしてしまうんです。通常の民事裁判と違って、ウチの刑事裁判は弁護費用がかかりますけど、無理してでもやっているのは、悪しき判例を残したくないからです。鹿砦社にも闘い抜いてほしい。仮に負ける場合でも、相手にダメージを与えつつ〈自由な言論〉のために、いい判例をぜひ残してほしい。

松岡　後に続く人たちに対して、僕も是非そうしたい。

岡留　それから、芸能ものに関していい原稿を書ける芸能ライター、書き手が少なくなっていますよね。昔だったら竹中労という第一級の人がいた。彼は芸能を社会学的に描くことができた人でした。最近はいませんね。ライターの力不足から、記事の仕上がりが〝暴露のための暴露〟になってしまった時に、市民社会の共感を得にくくなっている状況がある。つまり、社会性と関連させて芸能人を描くという手法が本当は必要だし、そういうライターが育ってほしい。そこらへんがメディアの弱さですよ。

松岡　「訴えられても頑張る。ひるまない」と言える、骨のある書き手が必要だということですね。今の芸能マスコミが、少しひ弱なライターで成り立ってしまっている面もあって、芸能事務所側が強い姿勢に出てくるとすぐにひるんでしまう。

岡留　そうですね。あんまり言いたくない話ですけど、例えばあの芸能記者はBプロとは仲が悪いけど、G事務所とはいいとか見られてしまうし、実際にその傾向が強い。芸能界でも、それぞれの人脈の中での対立があったりするけど、それに安易に乗っかっちゃう。本来ならどんな芸能プロダクションに対しても、キチッと対抗できる批判精神のある芸能記者がいればいいんだけど、そうじゃなくて、たまたまあそこの社長は知り合いだから情報をもらって、ライバルのプロダクションのタレントを叩くとか、そういう構造が結構あるから、こちらとしても気をつけなければならない。

「下半身ネタには品がない」と言ってる人たちには、逆にやましさがあるんじゃないか（笑）（岡留）
「ゆくゆくは左翼系の本も芸能関連の本と同じように差し止めされていくんだぞ」と言いたい。（松岡）

松岡　もうひとつ渦中にあって実感することは、「芸能報道」そのものに対する差別感みたいなものが、同じマスコミ・出版界の中にあるということです。とくに旧「新左翼」系の出版社の中に、大いにあると思う。例えば、かつて緑風出版の天皇制の本の広告が東京新聞の掲載拒否にあった時は、やはり裁判になったんですが、「緑風出版の裁判を支援しないと出版社じゃない」という感じだった。ところがウチの件では、事情説明は一回聞いてくれましたが、「支援する」ということにはならない。

岡留　「芸能報道」に対する差別感があるという点では、まったく同感ですね。

松岡　僕は、吉本隆明の言葉じゃないですけど、天皇制に関する本も芸能の本も〈等価〉だと思うんですよ。それを差別するなんておかしいんじゃないか。

岡留　例えば『週刊金曜日』の本多勝一編集長なんかは、やはりどうしても芸能とか政治家の下半身スキャンダルには目を背けてしまうんですね。品がないという感覚なんでしょうけど、私はそれは違うと思う。これは私の持論なんだけど、人間の下半身というのは、その人物の人間性が見事に現れると思っているんです。だから「下半身ネタには品がない」と言ってる人たちは、逆にやましさがあるんじゃないか（笑）。左翼出版社が連帯して「芸能報道の自由を守れ」とならないのは、同じような差別感覚なのかもしれませんね（笑）。

松岡　先ほどの緑風出版の天皇制の本については、「今は天皇制の本が弾圧されているけれど、これはゆくゆくはいろんな出版にも適用されるんだぞ」という論理だったと思うんです。今、僕がそれを解釈するなら、「ゆくゆくは左翼系の本も鹿砦社の芸能関連の本と同じように差し止めや発禁にされていくんだぞ」と言いたいですね。

岡留　私は実は〝ワイドショー・ウォッチャー〟と言われるくらい、よくワイドショーを見てるんですけど、確かにレポーターのレベルは低いと思う。葬式に行って「どうですか、今の感想は」と訊いたって「悲しい」と答えるのは当然じゃないですか。そういうのはあまりにもつまんなさすぎるんだけど、とにかくわりあい低俗と言われてきたワイドショーが芸能報道のワクを、プライバシーに関わる部分も含めて拡大してきた。そういう功績はあると思います。

“闘論”を終えて和気あいあいとする岡留・松岡

例えば恋愛とか離婚とかに突っこんでいく。これが一般市民に向けられた取材なら、おそらく名誉毀損が成立しますよ。ところが特権的な芸能人のケースにおいて、「自由な言論」の拡大という意味では、それはワイドショーの功罪の「功」でしょうね。

しかし、権力というのは弱いところから攻めてくる習性がある。風俗産業に風営法を強化して取り締まりを強めたように、あまり難しく考えたがらない市民が、なんとなく認めてしまうところから攻めてくる。そういう視点から見ると、今のワイドショーや芸能報道は気をつけた方がいい。「低俗なワイドショーは取り締まれ」という論調やキャンペーンが出てくる時は恐いですね。そういった意味で、ワイドショーにはもうちょっと深みのあるというか、社会全体の世相を映し出す芸能報道をやってほしい。そうしないと権力に狙われる時が来る。

松岡　私はワイドショーに「プライバシーの侵害だ」とかいろいろ批判されましたけど、「ワイドショーごときに言われちゃあ世話ないわ」と、思いますよ。だってワイドショーがやってることじたい、プライバシー侵害を拡大してきてるわけですから。少なくともウチの出版物を「プライバシーの侵害だ」と批判するなんていうのはとんでもないことですよ。

岡留　ワイドショーは、芸能人側に「いいこと」もやってるんですよ。結婚となれば華やかに報道してくれるわけでしょう。最近は少なくなったけど「五億円豪華挙式」とか。あれはもう立派なPR活動ですよ。だから「悪いこと」もやるけど、「いいこと」もやるから、ワイドショーはなんとなく生き残れている。松岡さんとこやウチは「悪いこと」しかやらないから、芸能人にとっては（笑）。本当のことを書いてしまうから恨まれやすい。まあ足元をすくわれないよう注意を払いながら、言論活動は大胆にがんばりましょう。特にワイドショーではタブーの芸能プロやタレントに対してはね。

※再録にあたっては、一部加筆修正しました。

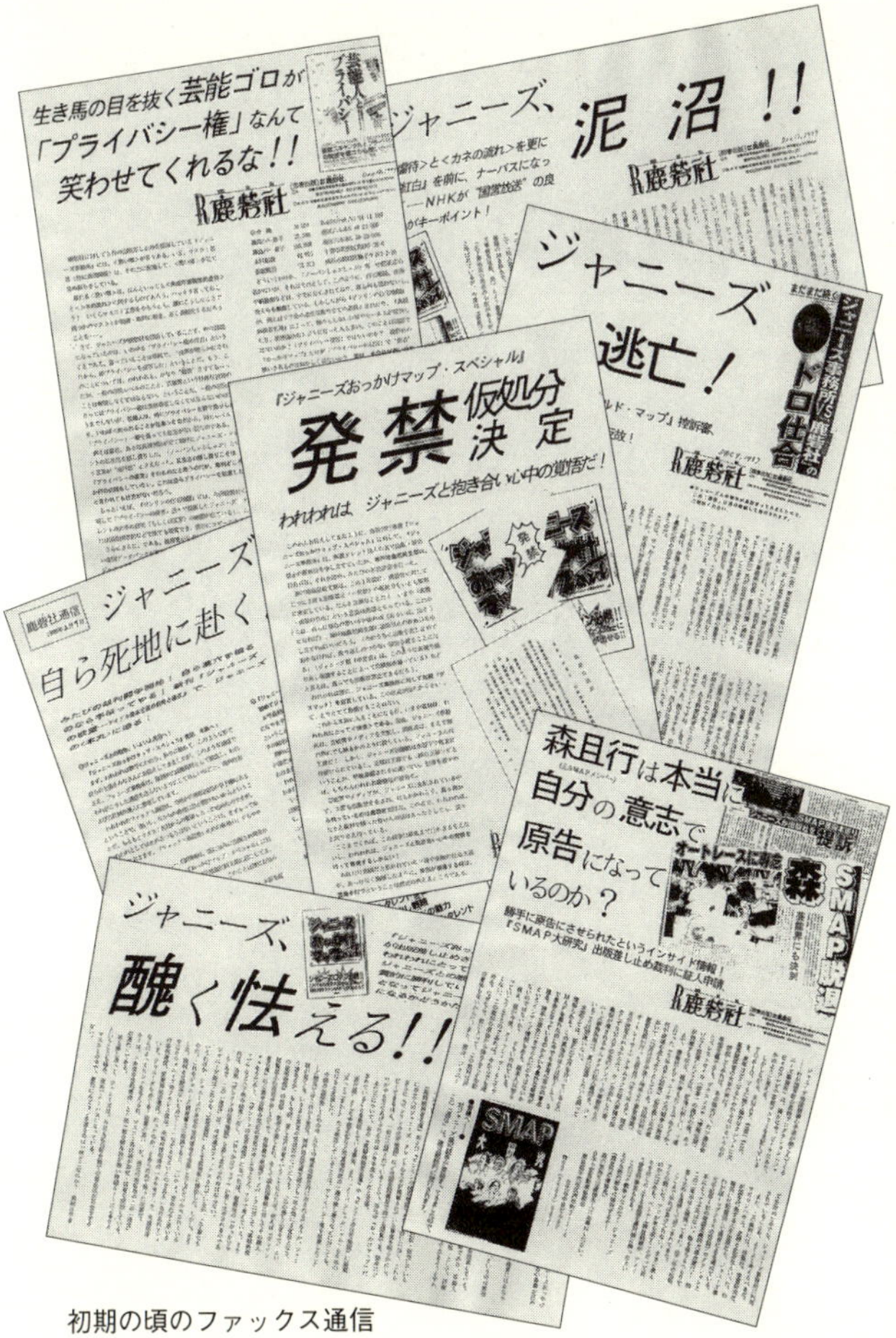

初期の頃のファックス通信

これが噂の〝紙の爆弾〟鹿砦社通信だ！

そいつはある日突然やって来て、芸能界・出版界・マスコミを震撼、当事者たちに恐怖を与えた。

岡留が「はじめに」で述べたように、鹿砦社のファックス通信『鹿砦社通信』は、マスコミ・出版界、芸能界で伝説的に知られた存在である。まさに〝紙の爆弾〟ともいえるほど、当事者には恐怖を与えたことは確実なようである。これを板坂剛は、「相手が非道だからこちらも非道を行くという、まさしく新左翼的感性。松岡利康が〈生き残り全共闘〉世代であることの証明であるとも言える。受難をバネとしてパワーを生じさせるのがこのタイプの特長である」と指摘している（『ニッポンの論争98―99』中の「出版事前差し止め論争」夏目書房）。

　これを象徴するのは、このことがジャニーズ側の出版差し止めの訴状でも記述されていることである。――

これでもか！これでもか！と続いたジャニーズ攻撃

「――このように被告（鹿砦社）らには、違法行為をおかそうとも意に介さない態度がうかがえる。

　さらに、被告らは、出版物や前記配付文書などにおいて、ジャニーズ事務所及び同事務所に所属する芸能人たちを挑発する姿勢をとり続けている。近時は被告らの言動はエスカレートして、前記のとおりマスコミ各社にファックスで連日配付した文書には、『これは〈戦争〉なのだ！　ジャニーズとの永続的戦争に勝利するぞ！』『奢りわめくジャニーズに死闘を宣言！』『ジャニーズ醜く怯える!!』『これからも泥沼から抜け出せないようにしてやるぞ！』『生き馬の目を抜く芸能ゴロが「プライバシー権」なんて笑わせてくれるな!!』『われわれは、ジャニーズと抱き合い心中の覚悟だ！』『われわれは既に、ジャニーズ事務所に対して死闘（デスマッチ）を宣言している』等の文字が踊っている。

　被告らのこうした尋常ではない態度からすると、本件書籍の出版が判決で差止められたとしても、被告らは裁判所が示した法理に従おうとせず……」

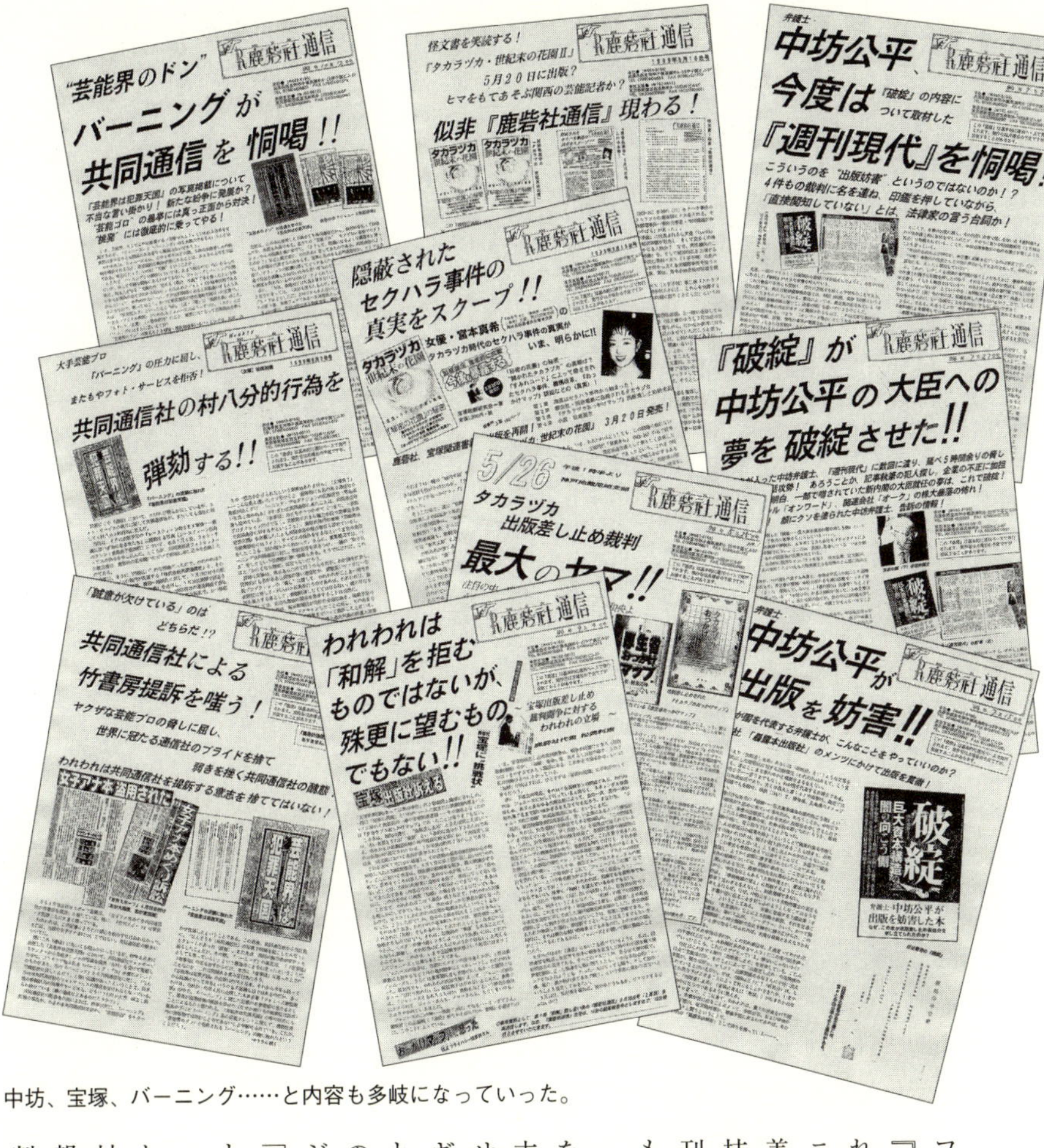

中坊、宝塚、バーニング……と内容も多岐になっていった。

こうして、業界の一部では有名となったファックス通信であるが、これは当初は『鹿砦社通信』という名称ではなかった。これが開始されたのは、九七年初冬の『ジャニーズおっかけマップ・スペシャル』出版差し止め仮処分の頃からであったが、まだ技術的な稚拙さは否めない。当時はほぼ日刊に近い形で出されていたという。ここにも松岡の異常ともいえる執念を感じさせる。

翌年になると、『鹿砦社通信』という名称を掲げ、週刊発行となる。松岡は、毎週週末に、この『鹿砦社通信』を盆・正月なく、せっせせっせと送信し続ける。このエネルギーは一体何だ⁉　これも先の板坂の言うところによれば、「松岡利康はまるで新左翼の闘士の時代に戻ったかのような調子のアジビラをFAXで関係各方面に送りつけ」「鹿砦社はますます戦意を高まらせている」ということだったのだろうか。

そのほとんどが、その頃には三件となったジャニーズとの裁判闘争の現認報告だが、対宝塚歌劇団などその他の裁判闘争の経過報告、わが国を代表する中坊公平弁護士批判（あの中坊が逃げているというから、松岡の

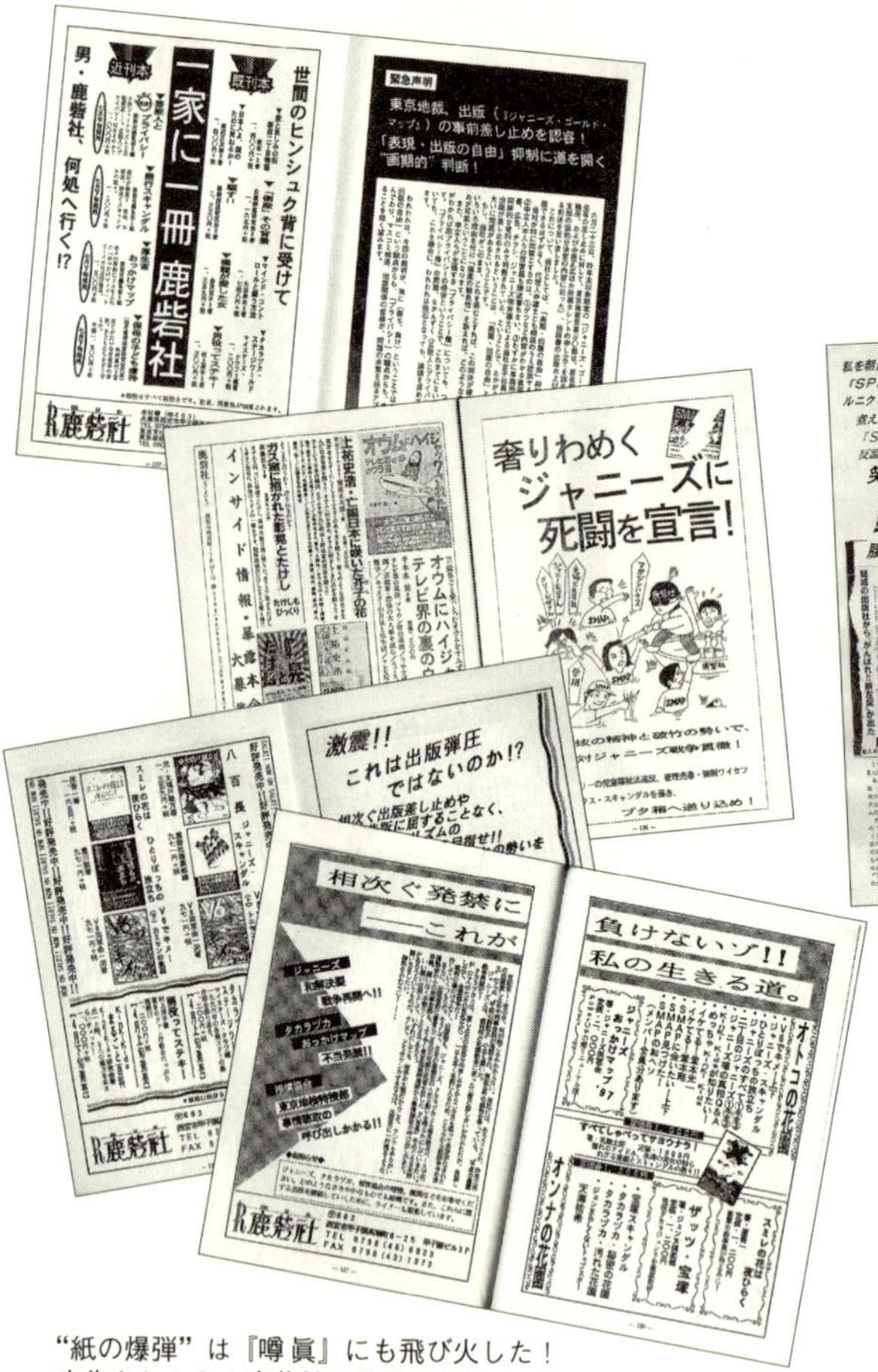

“紙の爆弾”は『噂眞』にも飛び火した！
広告らしからぬ鹿砦社の見開き広告

鈴木邦男や野村克也まで登場

異常さもたいしたものである）、阪神大震災についての感傷的なエッセイ、阪神タイガース・野村克也監督就任時にはいち早く反対の意志を表明したり（まだかのサッチー問題発覚以前のことだ）、新刊発行時には宣伝を兼ねた出版の意義の表明、と内容も多岐に渡るようになる。

　これまで、何冊も本が出来そうな量にのぼっているが、裁判闘争が一つ二つと終結するにしたがって、松岡の緊張感も緩んできたのか、週刊が隔週となり、隔週が不定期となり、月刊となり……今では事実上の休刊状態となっているのは残念である。

　後半になって、ファックス通信と共にインターネット版も登場するようになったが、やはり松岡が週末に切り貼りして作ったアナログの『鹿砦社通信』の迫力には劣る。

　一日も早く松岡が以前の「尋常ではない」元気を取り戻し、「鹿砦社の意気込みが躍る出版広告」と『ダ・カーポ』に紹介された『噂眞』の見開き広告とともに、伝説のファックス通信『鹿砦社通信』の復活を心待ちにしている業界関係者も多いということを記しておきたい。

用語解説

ここでは、主に第2章を中心に出てくる、現在では死語となった感がある学生運動用語を解説した。これらの用語がわからなくては第2章、第3章は読解できない。必ずしも登場した順ではなく、読者の理解しやすいように、ジャンルをいくぶん整理してある。
また、この用語解説を通して読めば、岡留・松岡が過ごした学生時代の雰囲気も理解できるだろうし、岡留・松岡の思想性の根の部分も理解できよう。……………［文責＝高橋順一］

六〇年安保闘争　一九六〇年の日米安全保障条約改定を阻止するために展開された大衆闘争。もっとも中心に闘ったのがブント指導下にあった全学連であったため、共産党や社会党などの既成左翼の日和見主義に反対する闘う左翼、新左翼の登場を印象づけた。国会を三十万人もの群集で埋め尽くし、国会突入を果たした。またその過程での警官隊による樺美智子さんの虐殺はその後の新左翼運動の象徴となった。七〇年安保闘争とともに戦後反体制運動史に画期的意義を持つ。

七〇年安保闘争　六〇年代後半から日米安保条約の期限の七〇年にかけて、安保粉砕の闘いが高揚し、六〇年安保闘争を凌駕する勢いであった。折からのベトナム反戦運動、学園闘争、沖縄闘争、三里塚闘争とも重層的に結合し、戦後最大の反権力闘争として歴史に残る闘いとなった。七〇年安保闘争とは、七〇年その年だけの闘争ではなく、六七年10・8羽田闘争から七二年5・15沖縄返還あたりまでの長い期間にわたる闘いまでを、そのスパンに含めてもいいだろう。

また、わが国の新左翼諸党派がもっとも活躍した闘いでもあったので、セクト色が濃い面も否めない。この敗北の閉塞状況を突破するために、赤軍派の登場、黒ヘルノンセクト・グループによる爆弾闘争、破防法が適用された中核派による暴動闘争など軍事武装化路線への傾向を強めたものでもあった。

いずれにしても、六〇年安保闘争とともに、わが国の反権力闘争にとって、歴史的にも重要な意味を持っていることは間違いない。

ベトナム反戦運動　一九四五年に第二次世界大戦が終わった後、ベトナムではフランスの植民地支配に抵抗する民族独立運動が起こった。ホーチミンを中心とする親社会主義民族独立勢力ベトミンが五〇年代にディエンビエンフーの戦いでフランスに勝利すると、折からの冷戦状況のなかでフランスに代わりアメリカが本格的な介入を開始し、南部にゴージンジェムを首班とする反共傀儡政権を樹立、ベトナムは朝鮮やドイツと並んで東西対立の前線と化してゆく。六〇年代に入ってケネディ、ジョンソンの民主党政権下でアメリカは空爆、直接派兵とベトナムへの介入を強め、北ベトナム社会主義政権およびその影響下にある南ベトナム民族解放戦線（ベトコン）、そしてそれを支援する中国、ソ連とのあいだで激しい戦闘が繰り広げられることになる。

こうした状況のなかで、直接にはアメリカ人兵士の戦死者の増大をきっかけに、さらには正義なき「汚い戦争」への疑問・反発にも促されて、アメリカ国内でかつて例を見ないほど戦争反対の機運が盛り上がり、学生・青年・黒人・女性層を中心に激しい反戦運動が展開される。そしてこの反戦運動は同時に展開されていた黒人差別撤廃を求める公民権運動とも共鳴しながら、アメリカ史上最大の反政府運動へと発展する。

またこの反戦運動のうねりはアメリカ国内にとどまらず、ヨーロッパ・アジア地域、とりわけ日本にも波及し、全世界的な学生・青年叛乱へとつながってゆく。この運動からは、新しい社会主義を求める新左翼運動やマイノリティへの社会的差別や抑圧、あるいは「第三世界」の構造的貧困に抵抗する市民・社会運動の多様な流れが生み出され、その後の世界のあり方に大きな影響を及ぼした。

新左翼運動　ソ連や各国共産党を中心とする既存の社会主義運動・体制にたいして批判的な左翼勢力を新左翼と呼ぶ。とくにソ連を長年にわたって支配したスターリンの独裁体制への批判がその出発点となっている。起源としてはスターリンのライバルだったトロツキーの思想を信奉するトロツキズム運動があるが、その後の新左翼運動は必ずしもトロツキーとだけ結びついているわけではない。わが国では一九六〇年の安保闘争をリードしたブントがその始まりであり、六〇年代後半の学園・街頭闘争の時代に大きな拡がりをみたが、七二年の連合赤軍事件と革マル派・中核派のテロ合戦以降急速に衰退した。

全共闘運動　一九六八年から六九年にかけて全世界的に大学への叛乱が起こった。その頂点が六八年のパリ五月革命だったが、その前後から日本でも東大や日大を中心に学園闘争が盛んになる。既存の学生自治会ではなく全学共闘会議（全共闘）を中心とした下からの自発的運動として展開されたので一般に全共闘運動と呼ばれた。

日大全共闘　六八年に発覚した日大の巨額使途不明金問題は、それまでほとんど学生運動のなかった日大の学生たちを日大当局への批判へと立ち上がらせた。そして学内の右翼＝体育会系暴力団と警察機動隊が結託して行った弾圧に対抗しながら日大全共闘が結成され当時の最強の学園闘争組織へと成長してゆく。そのリーダーが秋田明大であった。しかし大衆団交で当時の古田会頭を中心とする理事会に全面勝利したにもかかわらず、自民党政府権力の介入を受け、その運動は暴力的に鎮圧された。

東大全共闘　日大全共闘とならぶ全共闘運動の象徴的存在。インターン制度をめぐる医学部学生・青医連の闘いを発端に闘争は全学に広がる。東大安田講堂を占拠し、山本義隆を代表とする全学共闘会議を結成、医学部不当処分の撤回、機動隊導入自己批判等の要求を行い、全国の全共闘運動の突破口となる。また東大全共闘は大学の自治・学問の自由の問題を鋭く追及、戦後民主主義の虚構性を痛烈に暴露した。

六九年一月十八〜十九日、政府は機動隊八千五百名を導入し安田講堂を陥落させる。逮捕者は六百名余りにものぼった。

三派　六〇年安保闘争後、ブントの分裂、さらにそれに続く革共同の中核派と革マル派への分裂、また日本共産党の指導下にあった民主青年同盟（民青）の勢力伸長などによって四分五裂状態にあった新左翼運動は一九六四年の日韓闘争を境に再生へと向かう。そして日韓闘争のさなか民青および革マル派に対抗して共闘体制を組んだ革共同中核派・社学同・社青同解放派（社会党の下部組織「社会主義青年同盟」に属していたが新左翼化し別れて独自組織「革命的労働者協会」を結成する）の三派は、一九六六年末、革マル派および民青がそれぞれ単独で自称していた全学連とは別に全学連を再建する。これがいわゆる三派全学連で、翌年の砂川基地闘争、そして十月八日の第一次羽田闘争から始まる六〇年代後半の激闘の時代をリードすることになる。

しかし翌六八年には早くも中核派と社学同・社青同解放派が分裂し、社学同が全学連路線からコンミューン＝ソヴィエト型運動路線へと転じたこともあってその使命を終えたのだった。ただし三派連合の精神は一九六九年四月二十八日の沖縄闘争前に出された三派を核としつつ構造改革派や全共闘の非党派グループ、べ平連なども加わっての共闘声明とその後の全国全共闘連合結成に引き継がれていった。

八派　革共同中核派・共産同（ブント）・ML同盟・社青同解放派・共労党・統社同（フロント）・社労同・第四インターという新左翼諸派を指す。六九年４・28の沖縄闘争を前にこの諸派は統一戦線を組み、それが同年九月五日の全国全共闘連合の結成へとつながってゆく。しかし戦術的な統一にすぎない八派連合はたえず対立を抱え、結局七一年六月に分裂する。

六七年10・8羽田闘争　当時の自民党政権の指導者であった佐藤栄作首相が一九七〇年の日米安保条約改定に向けた交渉のために訪米する機会を捉え、再建まもない三派全学連は訪米阻止闘争を企てる。そしてこの日各派は初めてヘルメットと角材で武装し警察機動隊と実力闘争を展開し、京大生の山崎博昭君が六〇年安保闘争の樺美智子さんに続いて死亡した。約一ヵ月後の11・12第二次羽田闘争と並び、その後の街頭実力闘争の時代の開始を告げる記念碑的な闘争となった。

佐世保のエンタープライズ　六八年一月九州佐世保にアメリカの原子力空母「エンタープライズ」が初めて入港しようとしたのにたいして、激しい抗議運動が起こった。三派全学連は現地に結集してふたたび機動隊と激しく衝突する。そして彼らの闘いは市民の熱い支持を受け新左翼運動の大衆的拡がりの出発点となる。

ブント　「共産主義者同盟」の通称。ドイツ語で「同盟」を表すブントと呼ばれるようになった。一九五六年の日本共産党六全協以降党内に起こった指導部への疑問を背景に「反戦学生同盟」（後に「社会主義学生同盟」に改組）へと結集した学生運動グループを中心に反対派が形成され、東京都港地区委員会やいくつかの労働運動グループ、さらに党外のトロツキズム運動などとも呼応するかたちで一九五八年共産主義者同盟（初代書記長・島成郎）が結成される。そして創設まもないブントは一九六〇年の安保・三池闘争の渦に突入してゆく。六月十五日を頂点とする安保闘争においてブントは全学連（全日本学生自治会総連合）の実質的指導部として全闘争をリードした。

しかし安保後の総括をめぐって戦旗派・革命の通達派・プロレタリア通信派に分裂。またその後多くの部分が安保後急速に勢力を拡大していった革命的共産主義者同盟（革共同）に吸収されてゆく。六〇年代半ばに入って組織的に残っていた関西ブントを中心にブント再建の機運が盛り上がり、東京を中心とするマルクス主義戦線派（マル戦派）との統一を通じて一九六六年第二次ブントが再建される。

ところが、六〇年代から七〇年代にかけての学園・政治闘争の方針をめぐって、まずマル戦派が分裂し、次いで毛沢東派（ＭＬ派）が別れ、さらに決定的な赤軍派との分裂へと至る。その後も戦旗・叛旗・情況派の分裂、戦旗内部における理論戦線（日向）派と神奈川左派・関西派・さらぎ派の分裂などを繰り返しながらブントは四分五裂していった。しかし新左翼運動の精神的柱として「ブント」という言葉は一種の魅力を発揮し続ける。

社学同　「社会主義学生同盟」の略称。一九五八年、「反戦学生同盟」から改称後急速に勢力を伸張する。日共党内闘争からブント結成に至る経緯で大きな役割を果たし、学生運動の牽引役となる。社学同＝ブントといってもよく、全学連の実質上の中枢部隊となり六〇年安保闘争の全過程を闘いつつも、第一次ブントの崩壊とともに事実上の機能停止に陥り、各地に〝独立社学同〟が存在するようになる。その後、第二次ブント再建とともに息を吹き返し、中核派（ブント系の社学同の同意語として遣われたのが「マル学同（マルクス主義学生同盟）」だった）や解放派（同じく「反帝学評」）とともに六〇年代末から七〇年代にかけての学園・政治闘争を担うが、六九年の赤軍派との分裂とともに事実上解体する。

なお、松岡のいた同志社大学全学闘は、いわば〝独立社学同〟的性格が色濃い。

関西ブント　京阪神地区のブント組織の総称。当初は、六〇年安保闘争後ブントが解体した以降も、共産同関西地方委員会が単一組織を結成・維持して、関西地区の運動の主導権を堅持したことから、共産同関西派を関西ブント（俗称「関地区」ともいう）と呼ぶようになった。

赤軍派　正式名は「共産主義者同盟赤軍派」。赤軍の由来は、ロシアの労農赤軍からくる。第二次ブントの分派で最左派。塩見孝也ら関西ブント内の学生部隊を中心として、世界革命戦争の路線のもとに闘うべきとする攻撃型階級闘争論が提起され、第二次ブントから分派し、六九年、塩見を議長として赤軍派結成。前段階武装蜂起貫徹—世界革命戦争勝利のスローガンのもと霞ヶ関首相官邸占拠を狙うが、同年十一月五日、大菩薩峠における軍事訓練が発覚、蜂起は挫折する。その後、よど号ハイジャック闘争を起こし、重信房子らの「日本赤軍」、あさま山荘銃撃戦、集団リンチ殺人事件を起こした「連合赤軍」を生み出す。

連合赤軍　七一年七月、共産同赤軍派中央軍と京浜安保共闘との合体によって結成された非公然軍事組織。「銃こそが党を作る」とし「銃による殲滅戦」を提起、群馬県下の山岳地で軍事訓練を行う。その過程で同志を多数リンチ殺害する。その後七二年二月十九日、「あさま山荘」にたてこもり、機動隊と銃撃戦となった事件はあまりにも有名。

ブント系マル戦派　第二次ブント再建に重要な役割を果たす。岩田弘の『現代資本主義と国家独占資本主義』を機軸に六四年水沢四郎などを中心として結成。日韓闘争後、関西ブントとともに第二次ブント再建の柱となるが、六八年三月ブント第七回大会において岩田理論や佐世保闘争の総括をめぐりブントを除名。その後「前衛派」「怒濤派」に分裂していき、「怒濤派」の一部は蜂起戦争派や重信の「日本赤軍」に合流する。

革マル派　「革命的共産主義者同盟革命的マルクス主義派」の略称。革共同は当初トロツキズム運動の影響が色濃かったが、その後指導者となった黒田寛一の思想にもとづいて反帝国主義・反スターリン主義前衛党建設路線を打ち出してゆく。そして六〇年安保後ブントの分裂を機に急速に勢力を拡大し日本の新左翼運動の中心としての位置を占めるにいたる。しかしその中で他派との共闘や大衆運動の展開の前に純粋な党派性の確立を求める革マル派と、よりダイナミックな運動展開を求める中核派に分裂する。このときから一貫して革マル派は他派の運動を妄想的急進主義として批判し、しばしば他派との間で暴力的な衝突を引き起こした。とくに一九七〇年代に入って革マル派が中核派のメンバーを殺害したり早大で一般学生をリンチによって殺害したことがきっかけになって中核派との対立が激化し完全なテロ合戦による殺戮が繰り広げられ、新左翼運動の衰退を決定づけることになる。

中核派　「革命的共産主義者同盟中核派」の略称。すでに触れたように革共同は六〇年代半ばに革マル派と中核派に分裂するが、中核派は元安保ブントのメンバーが多かったこともあって革マル派のような純粋党派組織建設よりも大衆運動展開を優先させる路線に向かう。そして指導者本多延嘉の指導力もあって新左翼最大の動員力を誇る組織へと成長する。六〇年代の後半からはブントとともに学園・街頭闘争をリードしもっとも果敢に闘った。しかし武装闘争路線のぶれや革マル派との泥沼のテロ合戦（本多も殺される）などにより次第に大衆的な影響力を失っていった。

解放派　「社会主義青年同盟（社青同）解放派」の通称。かつては「反帝学評」ともいった。ブント、中核派、革マル派とともに新左翼の代表的党派。もともとは旧社会党の下部組織「社会主義青年同盟」の一分派として始まった。一時は、旧社会党の青少年局長のポストを占めたこともあるが七一年の党大会で除名。全学連とともに七〇年安保闘争の双璧となった「反戦青年委員会」が旧社会党の提唱によって生まれたことはあまり知られていないが、この原動力となったのが社青同解放派であった。ドイツの女性革命家ローザ・ルクセンブルクの組織論を主張し、「プロレタリアートの社会的感性＝現実の活動の発展へ、革命党建設の基礎」を求める。六五年日韓闘争や早大闘争を主流派として運動を領導、活躍するが、七〇年代に入り、革マル派との内ゲバが激化。指導者中原一が殺害される。その後現在にいたるまで、内部での〝内々ゲバ〟が激化し、ローザ主義は事実上捨てた感がある。

プロレタリア軍団（プロ軍）　法政大学を中心に結成されたアナーキズム系の組織。初期にはかつてのトロッキズム運動指導者だった太田竜の影響が強かった。黒ヘルメット姿や「武装蜂起準備委員会」という名称などがおどろおどろしいイメージを与えるが実際の闘争への関与はたいしたことがなかった。

プロ学同　「プロレタリア学生同盟」の略称。一九六一年の日本共産党第八回大会で除名された構造改革派グループの流れをくむ共産主義労働者党（共労党。いいだもも、武藤一羊、白川真澄などが指導者）の下部組織。

フロント　「統一社会主義同盟（統社同）」の通称。一九六二年結成。無党派等の連絡協議会組織をめざした春日庄次郎ら構改派によってつくられる。その後激化する学園・反戦闘争の中で構造改革論は危機にさらされ、これを補完するためにブント理論（帝国主義の不均等発展論）を採り入れたこともあった。七二年共産主義革命党と改称、その後分裂する。

民学同　「民主主義学生同盟」の略称。プロ学同の前身。ソ連派として共産党を除名された志賀義雄、神山茂夫らが作った「日本のこえ」グループの下部組織。そこに構造改革派グループが合流した。プロ学同はその左派として分派する。

共産党ソ連派　部分核実験停止条約の審議の際に共産党の方針に反してソ連核実験を認めた志賀らが除名された。志賀らは右記のように「日本のこえ」を結成する。

構造改革派（構改派）　もともとイタリア共産党のトリアッティらが提唱した先進国における平和的な権力委譲を通じた革命の達成という路線に共鳴する日本共産党内部のグループを指し、現在日共議長の不破哲三などもその一員だった。しかし第八回大会でこのグループは宮本顕治の指導体制確立とともに除名され独自な政治路線を目指すことになる。その左派の一部は、六〇年代後半の学生運動の高揚期には急進化し新左翼運動の一翼を担うに至った。共産主義労働者党（共労党）の他、統一社会主義同盟（統社同）＝フロントなどがあった。

ベ平連　「ベトナムに平和を！市民文化団体連合」の略称。ベトナム戦争の激化とともにアメリカ本国を含む多くの国々でベトナム反戦運動が高まり、これが六〇年代後半の全世界的な市民・青年の叛乱運動につながっていった。わが国でも日共＝民青や新左翼運動にたいして距離を置く市民グループによるベトナム反戦運動が起こり、一九六五年ベ平連が結成される。中心になったのは鶴見俊輔・小田実・開高健らの非日共系知識人であった。その後ベ平連は毎土曜日の赤坂清水谷公園からの定例デモ、アメリカの新聞への意見広告、脱走アメリカ兵の逃亡支援などのユニークな運動を通じてベトナム反戦の世論を盛り上げるとともに、党派対立を繰り返す新左翼運動の統一のための潤滑油としての働きもした。ただ現在振り返ってみると実質的な運動の指導者だったいいだももや武藤一羊などの顔ぶれからベ平連が構造改革派の大衆運動という側面を強く持っていたことがうかがえる。

医学連　「全日本医学部自治会総連合」の略称。医学部の運動はインターン制度などの独自課題をめぐって固有なかたちで展開され、学生運動全体のなかでも強力な核となっていた。東大闘争は医学部闘争に関わった医学部学生の処分問題から始まっている。なお医学連はブントの影響力が強く、後に赤軍派の拠点となった医学部が東京医科歯科大をはじめ数多くある。

民青　「日本民主青年同盟」の略称。日本共産党の下部組織。新左翼運動と対立し、各大学で新左翼諸派と衝突する。一九六五年に民青系の学生自治会によって「全学連」を結成したとし、反日共系全学連と相対立しながら七〇年代にいたる。現在では有名無実的な組織実態となっている。

日学同　新左翼学生運動に対抗してつくられた右翼学生組織。メンバーには現在評論家として活躍中の鈴木邦男や、三島由紀夫とともに自決した森田必勝らがいた。

京都の学生運動　六〇年安保闘争後、東京の学生運動はブントの分裂のあおりをくらって低迷するが、関西ブントが無傷で残った関西の学生運動は独自な盛り上がりを維持する。とくに同志社、京大を中心とする「京都府学生自治会連合（京都府学連）」は大きな動員力を持っていた。そのなかから後の赤軍派へとつながる指導層や運動の系譜も形成される（京大の塩見孝也など）。

京大熊野寮　京大キャンパスからさほど遠くない熊野神社近くにある学生寮で、吉田寮とならび京大学生運動の拠点であった。

同志社大学此春寮　同大今出川キャンパス裏手にある定員二十人ほどの小規模な学生寮。もともとは神学部の寮だったが、六〇年代半ばに一般寮として開放。大成寮、女子松蔭寮などとともに全寮協議会を結成し、六〇年代から七〇年代にかけての京都の学生運動の拠点となる。反帝全学連委員長・藤本敏夫など多くの活動家や、先進的な牧師をも輩出している。

同志社大学全学闘争委員会（全学闘）、学友会　同志社大学は東京の中央大学とならんでブント系の学生運動の最大拠点であった。中大とならぶ大規模な学生会館と豊富な資金を持つ学生自治会（学友会）をブントは完全に掌握し、最大時には一大学で二千人を超える学生を闘争へと動員することができた。関西ブントから赤軍派が飛び出て実質的にブントが分裂して以降は、親赤軍系の無党派学生運動の組織である全学闘が結成され、京大C（教養部）戦線、立命館大学L（文学部）戦線とともに「全京都学生連合会（京学連）」を形成し、沖縄闘争、三里塚闘争等で強靱な戦闘力を発揮する。

ブランキスト　本書のキーワードである。オーギュスト・ブランキは十九世紀フランスにおいてもっとも有名な、そしてもっとも権力に恐れられた革命家であった。その影響力は、例えばパリ・コミューン時の革命政府の圧倒的多数派がブランキ派で、マルクス派は極めて少なかったことからも明らかである。『革命論集』全二巻（現代思想社）に見ることができるブランキの革命運動観は、少数の陰謀家集団の武装蜂起による権力奪取を目指すところにその特徴が窺えるが――そのためにブランキが創設した組織が「季節社」であった――、そうしたブランキの革命観の持つ性格から「ブランキスト」という言葉が生み出されていった。

すなわち議会選挙や大衆運動を軽視し、もっぱら少数精鋭集団による暴力的な直接行動を志向するような傾向をブランキズムと呼び、そうした運動の担い手をブランキストと呼んだのである。そこに前衛党の組織原則や指導に服そうとしない無政府性の要素も含まれていることはいうまでもない。したがってこの言葉もマルクス＝レーニン主義正統派の用いた一種の蔑称といってよい。

わが国においても、革マル派が新左翼他党派を侮蔑する際に「現代ブランキスト集団」とか「武装蜂起妄想集団」と言うのと同義である。「一揆主義」の意味合いもあり、みずからはけっして闘うことをしない悟性主義者の反義語としてもよく遣われた。今では死語となっているが、革命運動高揚期には必ず登場する言葉である。

トロツキスト　レーニンと並ぶロシア革命の指導者トロツキーはスタリーンとの党内闘争に敗れソ連を追われてメキシコに亡命する。これ以降スターリンはトロツキー及びその支持者を、革命にたいするもっとも悪質な敵対分子と規定し大規模な排除弾圧を行う。トロツキー主義者（トロツキスト）というレッテルを貼られて多数の人間が処刑されたりシベリアの強制収容所に送られたりした。トロツキー自身もスターリンが送った刺客に暗殺される。そして日本共産党も含め最近までずっと「トロツキスト」という名称が革命への敵対分子を表す蔑称として使われてきたのであった。新左翼も日共によって長らくトロツキストと呼ばれてきた。

スターリニスト、スターリニズム　ソ連共産党第二代の指導者スターリンは、レーニンの路線を継承しながら、次第に独裁的な支配体制を確立していった。スターリンの独裁体制の特色は、「個人崇拝の強要と一切の異論・批判の封殺（民主的議論の否定）」「秘密警察による監視・逮捕」「粛清と呼ばれる大量殺戮」「ナチスに先立つ強制収容所（ラーゲリー）の建設」などである。こうした全体主義的支配手法がスターリンのもとで「マルクス＝レーニン主義」の正統なあり方と強弁されるようになり、全世界の社会主義革命運動にその手法が持ち込まれる。これがスターリン主義（スターリニズム）であり、その担い手がスターリニストである。日本共産党もまぎれもなくスターリン主義党であり、その点に関して自らの過去の責任を認め反省と路線の転換を公に表明したことは一度もない。とくに日共が現在も組織原則にしている「民主集中制」（組織決定には必ず従う）はスターリン主義そのものである。新左翼運動はこうしたスターリン主義への批判から生まれた。

スタ官　組織のなかで権威を傘に着て非人間的な支配・管理を行うようなタイプの人間を「スターリン官僚」の略語「スタ官」と呼んだ。

サンジカリズム　十九世紀末から二十世紀にかけてのフランス・イタリアで盛んだったアナーキズム運動の一潮流で、サンディカ（労働組合）による権力の奪取を目指す。一般的には革命における共産党（前衛党）の指導性を否定し大衆運動主義を標榜するような傾向にたいする蔑称として使われた。

小ブル急進主義　前衛党による確固とした組織的指導を基盤とせず、徒らに行動の急進性だけを追求しようとするような傾向にたいして投げかけられる蔑称。とくに革共同革マル派は三派を中心とする新左翼運動の急進主義をしばしばこの言葉で揶揄した。

革命的敗北主義　もともとは塩見孝也が遣い始めた言葉だが、徹底した行動的急進主義に貫かれた闘争は仮に敗北したとしてもそれによって革命情勢を切り開く推進力になりうるという見方を表す。ブント主義の代名詞とされる。

一点突破、全面展開　ある一つの課題をめぐる闘争（例えば沖縄闘争）はそれを闘い抜くことによって全体的な政治情勢を揺るがすような普遍的闘争に転化しうるという見方を表す言葉。

前衛党　アヴァンギャルドの訳語である「前衛」はもともと軍事用語で文字通り敵の全面に立つ兵力のことを指す。そこから転じて、様々な運動におけるもっとも先鋭かつ中心的な担い手のことを「前衛」と呼ぶようになった。社会主義革命の文脈のなかで前衛党という概念を用いたのが『何をなすべきか』におけるレーニンである。レーニンは革命の遂行が大衆的な運動によってではなく、強固な意志と組織をもった少数の革命家集団によって構成される前衛党によって——正確にいえばその指導によって——行われなければならないとした。

したがって前衛党は革命の過程において政治的にも思想的にも全面的かつオールマイティな権威を持つことになる。こうした前衛党観がスターリン以降のソ連に代表される革命後の社会における前衛党＝共産党の独裁体制を生む要因となった。

なお、こうした前衛党観にたいして批判の矢を放ったのがローザ・ルクセンブルクやグラムシであり、それが新左翼運動につながってゆく。

プロレタリア革命　マルクスは資本主義社会が生産手段を有する資本家階級（ブルジョアジー）と労働力商品として賃金と引換えに自らの労働力を売り渡す他ない労働者階級（プロレタリアート）の根本的な対立を含むとした。そして資本主義社会における貧富の差や社会的不平等を本当の意味で克服するためには、まず労働者階級が社会の全生産手段を所有し搾取を廃絶する革命が必要であるとするのである。それが社会主義革命へと至る第一段階としてのプロレタリアート独裁の実現としてのプロレタリア革命である（『ゴータ綱領批判』参照）。

世界同時革命　一九一七年のロシア革命によって世界最初の社会主義国家ソ連が成立した後、さらなる革命の進展をめぐってレーニンとトロツキーの間には基本的な考え方の差異があった。ソ連内部での反革命派との内戦、ソ連に続く第二の社会主義革命として期待されたドイツ革命の敗退などの状況を踏まえレーニンがソ連一国での社会主義建設路線に向かったのにたいし、トロツキーは永続革命論の視点に立つ世界革命路線に固執する。レーニン死後のソ連共産党の権力闘争でスターリンが勝利しトロツキーが追放されて以降、コミンテルン（第三インターナショナル）を通じた国際的な革命組織の協力体制が模索されるとはいえ、基本的には一国革命路線が正統派社会主義の革命モデルとして定着する。したがって日本共産党も当然一国革命路線の立場を採ってきた。

それにたいし新左翼、とくにブント（共産同）はそうした一国革命路線を批判し、世界革命路線を主張した。一九六八年の第七回党大会で、第二次ブントは後に赤軍派の指導者になる塩見孝也の主張にそって「世界同時革命」戦略を正式に採択する。「全世界を獲得するために」という第一次ブントの綱領草案の有名なタイトルにも示されるように「世界同時革命」はブントの革命観の象徴的表現であった。

カンパニア闘争　「〇〇闘争勝利全国総決起集会」などと銘打たれ、実力闘争ではなく大量動員によるデモだけを行うような闘争の呼び方。概ね4・28沖縄デーとか10・21国際反戦デーといった固定的スケジュールに合わせて行われるので「スケジュール闘争」という呼び方もあった。

武装闘争　六〇年安保闘争以後日本ではデモにたいする規制が厳しくなり、新左翼諸派や全学連のデモの際にはデモ隊の両側を機動隊がすっぽりと包囲する「併進規制」が普通になった。このような警察権力による規制・弾圧をはねのけるためには実力で機動隊を粉砕する闘いが必要であるという意識が新左翼のなかで強まり、六七年10・8羽田闘争において初めてヘルメットに角材で武装して機動隊と衝突するという闘争の形態が登場する。これ以降新左翼は革命戦略としての軍事路線の組み込みを志向しつつ、実力闘争をエスカレートさせてゆき、武装闘争という言葉が遣われるようになる。角材から鉄パイプや樫棒、火炎瓶、そしてさらに爆弾も登場するようになっていった。その果てに七二年二月の連合赤軍による浅間山荘銃撃戦が勃発する。

革命戦争　角材とヘルメットという初歩的な武装を伴うとはいえ六〇年代末の新左翼の闘争は基本的に大衆運動の枠を超えることはなかった。それが転換するのは共産同赤軍派の登場によってである。革命の柱に軍事力による国家の打倒を据え、その実践形態としての革命戦争の遂行を目指す赤軍派とともに「革命戦争」という言葉がポピュラーになる。
なお、この言葉はレーニンの「帝国主義戦争を内乱（＝革命戦争）へと転化せよ！」というスローガンに由来している。

蜂起戦争派　もともとは赤軍派が八派と区別するために遣った言葉。赤軍派のスローガン「蜂起貫徹、戦争勝利」からきたもの。これには赤軍派、京浜安保共闘、そして同大全学闘など京都の学生戦線などが含まれる。七〇年代に入ってブントは党内闘争の過程でまず戦旗・叛旗・情況派に分裂するが、同じ年の終わりにはさらに戦旗派が、理論戦線派と関西ブント・さらぎ・神奈川左派の連合に分裂する。後者は赤軍派の軍事路線を意識しつつ蜂起戦争派に合流し、みずからもそう呼んだのだった。

ゲバルト　ドイツ語で「暴力」を表す。ヘルメットと角材による実力闘争がゲバルトと呼ばれた。

内ゲバ　機動隊とではなく左翼の他の派と路線の違いなどを理由に繰り広げられるゲバルトを内ゲバといった。新左翼に対する大衆的支持を失わせる大きな要因になった。

単ゲバ　理論や思想ではなく、単純にゲバルトが好きで運動をやっているというタイプを単ゲバと呼んだ。

ゲバ民、暁行動隊　東大闘争において日本共産党は宮本顕治書記長自ら乗り出して全共闘路線にたいする徹底的な敵対方針を決定する。とくに全共闘の全学封鎖路線を阻止するためにヘルメットと樫棒で武装した民青部隊を大量動員した。これが「暁行動隊」である。これには東大だけでなく早大、中大などの他大学の学生民青や地区民青の労働者が参加した。関西では、立命館のそれが有名である。他では絶対に実力闘争を行わない民青が全共闘にたいしては公然と武装暴力闘争を行ったのでゲバ民とも呼ばれた。とくに六九年一月九日には全共闘と暁行動隊のあいだで大規模な戦闘が行われた。そのメンバーの一人が評論家の宮崎学である。

ボルシェビキ　ロシア革命を指導する共産党内部には一挙的な社会主義革命路線を唱える少数派のボルシェビキと大衆ブルジョア革命路線を唱える多数派のメンシェビキがあった。メンシェビキは二月革命で成立するケレンスキー臨時政府を支持したのにたいし、亡命先から急遽帰国したレーニンは革命の進展を主張し十月革命において臨時政府を打倒して社会主義革命を遂行する。これによってボルシェビキの指導権が確立し、その後この言葉は共産党（前衛党）における正統派、ないし革命運動における主流派の代名詞として用いられるようになった。

自己否定　東大闘争の過程で、全共闘運動のなかから、闘い＝否定が必ずしも外部の敵だけでなく、体制エリート養成機関としての東大に組み込まれている自分自身にも向けられなければならないという考え方が出てくる。これを表す概念が「自己否定」である。東大闘争に象徴される全共闘運動の持つ倫理的側面を示す言葉といってよい。

アウフヘーベン（止揚）　ヘーゲルの用語。互いに対立する要素が弁証法の進行過程のなかで一段高い次元において統一される事態をいう。その際に対立している段階でのそれぞれの性格を「捨てる」という契機が含まれるため「揚棄」とも訳される。

異議申し立ての精神　六八年のパリ五月革命のなかで唱えられた言葉。体制に対する批判は、制度改善やより良い政策の提言などによってではなく、徹底した体制の否定、あるいはそうした体制の否定の精神の永続化によって初めて可能になる、という立場を表す。中国の文化大革命のときにいわれた「造反有理」という言葉と親近性を持つ。

バリケード封鎖　かつてフランスの革命運動はパリの街路をバリケードで封鎖することが戦術の中心となっていた（ブランキ『革命論集』邦訳・現代思潮社参照）。そしてこの伝統はパリ五月革命で反復される。このバリケード戦術は日本の学園闘争にも採り入れられ、学内反対勢力・機動隊への対抗や大学組織を機能マヒさせるためなどの理由から各大学にバリケードが作られた。

凶器準備集合罪　六七年十月に新左翼によるヘルメット・角材を用いた実力闘争が始まったとき警察は闘争前の段階でこれを取り締まる手段に苦慮した。そのとき引っ張り出されたのが、暴力団対策としてつくられ、長らくほとんど適用例のなかった凶器準備集合罪という法律であった。凶器を持って集まったというだけで取り締まることができるこの法律は新左翼の運動弾圧に大きな威力を発揮した。

破防法　「破壊活動防止法」の略称。もともと戦後日本共産党が武装闘争方針を取ったときこれを抑え込むために作られた法律。日本の刑法は原則として容疑者個人に適用されるのにたいし、この法律は破壊活動を企てたり実行した団体そのものに適用できるところに特徴がある。容疑を受けた団体は解散を命じられたり指導者が処罰される。六九年4・28沖縄闘争において中核派の本多延嘉書記長、藤原慶久東京反戦青年委員会世話人、ブントのさらぎ徳二議長、久保井拓三反帝全学連副委員長などに初めて適用された（組織解散命令はなかった）。最近ではオウム真理教に適用するかどうかで議論を呼んだ。

『怒りを歌え』　六〇年代の反体制運動の歴史を映した記録映画。全体で九時間近い長編で、貴重なドキュメントである。

毛沢東の文革、毛沢東派　一九六五年毛沢東は中国共産党内部の「資本主義への道を歩む」実権派にたいする批判を開始し、これがプロレタリア文化大革命（文革）へと発展する。一種の永久革命論者であった毛沢東は自らが作った共産党にたいして紅衛兵と呼ばれる青少年集団の力を利用しながら大規模な攻撃を行った。政府組織や党組織は破壊され、劉少奇などの指導者が失脚する。文革は皇帝にも比すべき絶対的権威を有していた毛沢東が個人崇拝にもとづいて、実権派に移行していた権力を取り戻そうとした権力闘争と見ることもできるが、革命後社会のなかで進行する官僚化や制度の硬直化にたいする再革命運動の試みという側面も持っており、同時期の青年叛乱に大きな影響を与え、各国に毛沢東主義を標榜するグループ（毛沢東派）が形成される。日本でも日本共産党から離脱した山口県委員会を皮切りに、ML同盟や連合赤軍に合流した京浜安保共闘など多くの毛沢東派が六〇年代から七〇年代にかけて結成された。

新日和見主義　東大全共闘との武力衝突を担った「暁行動隊」を中心とする民青内部の武闘派は、その後党中央と対立し当時の民青系全学連委員長川上徹をはじめてとしてほとんどの中心メンバーが除名される。評論家の高野孟もこれに含まれる。このグループにたいして付けられたレッテルが「新日和見主義」であった。晩年の袴田里見や野坂参三の除名にも見られるようなダーティな仕事を押しつけた部分を用済みになった後に切り捨てる日本共産党特有の酷薄な手法がよく現れている。

よど号　七〇年安保闘争を前段階武装蜂起をもって闘うという方針を掲げた赤軍派は直前の大菩薩峠における大量逮捕で挫折する。それに代わる方針として国際根拠地建設が出され、田宮高麿を中心とする九人の赤軍派メンバーが七〇年三月羽田発の日航機「よど号」をハイジャックして北朝鮮へと向かった。メンバーのうち三名はすでに死亡し、二名が帰国逮捕、本年にはメンバーの子三名が帰国した。

M作戦　共産同赤軍派が一九七一年に資金獲得をめざして行った銀行襲撃作戦。城崎勉他が逮捕されるが、このとき得た資金が後に連合赤軍の活動の土台となったといわれる。

アジビラ、アジ文体　学生運動のなかでもっとも有力な宣伝媒体となったのはザラ半紙に謄写版で印刷されたビラである。アジテーション（煽動）のためのビラということでアジビラと呼ばれた。各大学や各派ごとに字体や文体に独特な工夫がこらされ、それ自体がひとつの文化を形成していった。

ノンポリ　「ノン・ポリティカル」の略。政治にたいして関心を持たない一般学生大衆を形容する言葉であった。

自由連合　徳州会病院グループのリーダーで元自民党議員の徳田虎雄が作

った政党。何回か総選挙に候補者を送っているが徳田以外はほとんど議席を得られていない。これには、元新左翼経験者が多くまじっている。
なお、徳田も学生運動体験者である。

プロジェクト猪　旧早大反戦連合のメンバーなどが中心になり全共闘運動参加者のその後の軌跡を追おうということで作られた。全共闘運動参加者へのアンケート調査にもとづいてまとめられたのが『全共闘白書』である。

管理職ユニオン　近年のリストラの動きの中で標的になった四十代、五十代のサラリーマンは何らかのかたちで管理職であるため労働組合への参加資格を持っていないことが多い。このためリストラにあっても組合のサポートを受けられない。こうした管理職を支援するために結成された単独加盟労働組合が東京管理職ユニオンである。この代表を勤める設楽清嗣は新左翼運動経験者であり、ある意味では、反戦派労働運動のひとつの現れともいえる。

山本義隆　東大全共闘代表。当時物理学系大学院の院生であった。日大の秋田明大とともに全共闘運動のシンボルというべき存在だった。現在駿台予備校講師。

小田切秀雄　文芸評論家・法政大学教授。戦後『近代文学』の結成と「新日本文学会」の結成に参与する。戦後を代表するプロレタリア文学直系の文学者の一人であった。

中村哲　六〇年代から七〇年代にかけての時代の法政大学総長。柳田國男の研究で知られる。

藤田省三　元法政大学教授。『思想の科学』グループの『共同研究・転向』(平凡社刊) に参加。そのノンコンフォーミスティックな批判的思考によって戦後思想史の良心というに相応しい存在である。

滝田修　本名・竹本信広。元京大助手。経済学者でローザ・ルクセンブルクの研究者だったが、全共闘運動の後退期に武装パルチザン運動を提唱し一定の支持を得る。しかし赤衛軍事件にまきこまれて指名手配となり支持グループへの権力の弾圧を招いた。水俣病や三里塚のドキュメンタリーで有名な土本典昭の映画『パルチザン前史』の主人公でもある。

塩見孝也　赤軍派の創設者。「日本のレーニン」と呼ばれたこともあった。前段階武装蜂起と国際根拠地建設を唱えブントから分派して赤軍派を結成する。度重なる弾圧を逃れて北朝鮮へと渡航しようとするが直前に逮捕(周知のように他のメンバーは日航機「よど号」をハイジャックして北朝鮮へと渡った)。破防法を適用され約二十年獄中生活を送った。出獄後は北朝鮮のメンバーの支援に携わっている。

グラムシ　アントニオ・グラムシ。イタリア共産党の指導者。ムッソリーニ政権に抵抗して逮捕され約二十年間獄中に置かれるが、その間ソ連型のマルクス＝レーニン主義とは異質なヨーロッパ市民社会に根ざした新たな社会主義モデルの形成のための理論的模索を行う。そして経済・政治過程に偏重した階級史観に代わり、市民社会内部の文化的な主導権(ヘゲモニー)を重視する視点を確立した。グラムシの思想は、戦後ヨーロッパにおいてソ連や中国の影響を受けない独自な政治展開を行ったイタリア共産党の姿勢の源泉となるとともに、新左翼運動やカルチュラル・スタディーズ、ポストコロニアリズム、フェミニズムなどにも大きな影響を与えた。
なお、彼の『獄中ノート』は二十世紀のヒューマニティを証し立てる名著である。

田中吉六の受苦的労働論　戦後の日本マルクス主義の歴史のなかで「主体性論争」はもっとも重要な論争の一つだが、この論争の主人公の一人となったのが田中吉六である。在野の労働者の立場を貫きながら理論活動を行った田中の仕事は『史的唯物論の成立』『主体的唯物論への途』(いずれも季節社) にまとめられている。田中は城塚登と共訳したマルクス『経済学＝哲学手稿』(通称『経哲草稿』ともいう。岩波文庫版) からも分かるように、早くからマルクスの初期の仕事に着目し、『経済学＝哲学手稿』に出てくる「受苦(ライデンシャフト)」という概念を手がかりに、唯物論の立場がたんに客観的な経済法則への服従だけでなく、ドイツ語の「ライデンシャフト」が持っている「受苦」と「情熱」の二重の意味を通して根拠づけられるそ

岡留・松岡の青春時代は騒然とした時代だった。

れぞれの主体の身体性を通じた世界＝社会との実践的関わりをも含み込むことを立論した。

平田清明の市民社会論　平田の『市民社会と社会主義』（岩波書店）は六〇年代後半のマルクス主義観に大きな影響をもたらした。平田はそのなかで、マルクス主義の「失われた範疇」としての「所有」概念に注目し、私有財産の否定が公的な社会所有（ソ連型マルクス主義では「国家所有」）にただちにつながるような従来の「所有」観とは異なり、個人という単位を含む市民社会の本来的な所有形態は「個体的所有」――私的な個人どうしが排他的・敵対的な関係にならないような自由な連合＝共同性を可能にする個人所有のあり方であり、その転変形態としての「私的所有」の否定・批判が社会＝国家所有へではなく、「個体的所有」の再建へと向かわねばならないとしている。こうした平田の議論は当時チェコで試みられたドプチェクらの「プラハの春」における社会主義概念の改革と再生に理論的方向性を提供したカレル・コシークの『具体性の弁証法』（邦訳・せりか書房）の議論などとも共通した性格を持つ。

宇野弘蔵　宇野はマルクスの『資本論』とレーニンの『帝国主義論』を踏まえながら、マルクスの理論をイギリスをモデルとしつつ資本主義経済の普遍的原理を解明しようとする試みとして、レーニンの理論を帝国主義から国家独占資本主義段階へと歴史的に展開しつつある資本主義の解明の試みとして位置づけ、普遍原理の解明と歴史段階の解明――そこには理論とイデオロギーの関係が投影される――がともすれば混同されがちであったマルクス主義経済学の全面的な体系再編を行おうとした。それが宇野における原理論・段階論・現状分析の三段階論の体系である。

宇野の議論は一面においてマルクス主義経済学の純科学化を目指すものであったが、理論とイデオロギーの峻別はかえって経済学理論の外側におけるイデオロギー的・運動的実践の自由な展開を保証するものとして受けとめられ、新左翼運動に影響を与えた（『資本論と社会主義』岩波書店参照）。

廣松渉　戦後日本マルクス主義最大の哲学者。経済学に偏重する科学主義的なマルクス主義とも、初期マルクスに依拠する哲学的・主体的マルクス主義とも異なる独自なマルクス主義哲学体系を構築した（『存在と意味』第一巻・第二巻＝岩波書店参照）。近代思想の出発点となる主観や客観にもとづく世界観が社会的・歴史的な関係性のなかの個別要素の固定化から生じた一種の錯覚にすぎないことを明らかにし、歴史的に共同主観化された世界に定位するマルクス主義的世界像が唯一近代的世界観の地平を克服しうる思想的根拠となるとした。彼の思想は同時期のフランスのアルチュセールの構造主義的マルクス主義と共通性を持っている。また、第二次ブントの理論的支柱でもあった。

藤本敏夫　一九六八年に三派全学連が中核派全学連と反帝全学連に分裂したとき、反帝全学連最大の勢力であった社会主義学生同盟（社学同）から出て初代の委員長になったのが同志社大学出身の藤本だった。六八年十月の防衛庁闘争で逮捕、獄中に入ったが、その間に歌手の加藤登紀子と結婚して話題となる。出獄後は三里塚野菜の産直販売組織「大地の会」を組織し、それを母体に「希望」というミニ政党を結成して前々回の参議院選挙にも出たが、議席は得られなかった。

『現代の眼』　新左翼運動が盛り上がりを見せていた頃、各企業に巣くう総会屋が資金稼ぎのために出していた雑誌が左翼論壇の有力な舞台となっていった。そのなかの代表が『現代の眼』（現代評論社刊）である。他には『流動』『構造』（現在の『創』の前身）などがあったが、総会屋にたいする規制が厳しくなるなかで全部消えていった。いかがわしい面もあったが、なくなってみると少し寂しい気もする。

『現代の理論』　イタリア共産党のトリアッティが唱える構造改革理論の影響が日本にも及んだのが五〇年代末から六〇年代初めであった。その中で長洲一二（後の神奈川県知事）、井汲卓一（東京経済大学学長）を中心に、日本共産党の上田耕一郎、不破哲三なども加わって「現代マルクス主義」と当時呼ばれていた構造改革派マルクス主義の理論的研究と受容が始まる。そのなかで大月書店から発刊されたのが「現代マルクス主義」の理論誌『現代の理論』だった。そして中心になったのが初代の全学連委員長を務め東大法学部を退学となった安東仁兵衛である。

　その後構造改革派は日本共産党の党内闘争で敗れて排除されたが、『現代の理論』は安東の尽力で発刊され続け、とくに六〇年代後半から七〇年代にかけては「マルクス・コンメンタール」と名づけられた一連のマルクスの著作の再解釈の試みによって成果を上げた。

『朝日ジャーナル』　一九五九年創刊。六〇年代から七〇年代にかけて、「右手に少年マガジン、左手に朝日ジャーナル」といわれ、当時の学生に支持を受け、影響力も大きかった。本紙朝日新聞の半歩進んだ雑誌ともいわれた。後年の編集長に筑紫哲也がいる。時代の保守化傾向とともに衰退し、九二年廃刊。

『平凡パンチ』　一九六四年、平凡社（現マガジンハウス）から創刊。石津謙介によるアイビーファッションの紹介やピンナップヌードグラビアによって当時の若者文化に大きな影響を与える。その後影響力を失い、リニューアルを続けるが八八年廃刊。六〇年代、七〇年代を象徴する雑誌。

『話の特集』　一九六六年二月創刊。執筆陣は編集長矢崎泰久の個人的な人脈によるものが多く、矢崎の個性が全てであるような雑誌。創刊当時、街頭に突出した若い世代の反権威的気分を共有、支持を受けた。その後、矢崎は「革新自由連合」を結成するなど政治にも意欲を示すが、その後低迷。九五年廃刊。

[解　題]
〈スキャンダリズム〉とは何か？

鹿砦社代表　松岡　利康

はじめに

みずからを「スキャンダル雑誌」と宣揚する『噂の眞相』が創刊されたのは、一九七〇年代も暮れなずむ頃だった。爾来二十二年、小資本のインディな雑誌が、艱難辛苦をくぐり抜け、ここまで続き、今や〈スキャンダリズム〉を代表するまでになるとは、だれが予想したであろうか。――

われわれ鹿砦社も、〈スキャンダリズム〉のほんの一端を担ったつもりであるが、あれほど多くあった裁判闘争も終わり、いま、祭りの終わった後の一種の空白期の中にある。狂騒の後で、その意味を問い返すということで、本書を企画した。私自身にとって、本書は、わが〈スキャンダリズム〉のいわば〝中間総括〟であり、この大先輩・岡留安則との〝闘論〟によって、そのヒントが得られ、また後に続く若い世代に、なんらかの問題提起ができれば、と願っている。建て前上は〝闘論〟と、対等な共著のようだが、私としては、出版界、なかんずく〈スキャンダリズム〉という領域での大先輩にお話をうかがうというのが実際のところだ。

そして、本書の最大の目的は、〈スキャンダリズム〉という思想を、ここでキチンと摑え返しておくことである。果して、この目的が遂げられているかどうかは、読者一人ひとりの判断に委ねるしかない。

さて、この〈スキャンダリズム〉という言葉だが、いつのまにか、同誌編集長・岡留はじめ、一般的にもよく遣われるようになった。本書のタイトルにも使用している。

ところが、この言葉、実は英和辞典を紐解いても載っていない。いわゆる〝和製英語〟というやつである。われわれは（岡留も含め）、この言葉の由来や本来の意味を押さえないで遣っているような感があるが、いい機会だから、ここで少し探究してみたい。

1　〈スキャンダリズム〉の語源

〈スキャンダリズム〉とはおそらく

〈scandalism〉と表記するのだろう。これは、ひとつには scandal に -ism がくっついた造語とも思われるし、他方では「スキャンダル・ジャーナリズム」(scandal journalism)の略語とも思われる。例えば、「セクシャル・ハラスメント(sexual harassment)」が「セクハラ」という略語になり、和製英語として一般化したように。「scandal」を複数の英和辞典で調べてみると、「恥辱、不面目、名折れ、けしからんこと、破廉恥な人、醜聞、疑惑、不正、事件、(醜聞に対する世間の)騒ぎ、反感、物議、中傷、陰口、悪評」などという訳語が出てくる。

いずれにしても、「scandal」という言葉には、あまりいい意味合いはなく、マイナス・イメージが強い。

また、「-ism」には、「主義、思想、体系、信仰」といった訳語がある。

こうして見てくると大体のイメージがわいてくる。すなわち、〝ひとの醜聞や疑惑を暴露し批判する主義・思想〟といったようなところか。「暴露」といえば、岡留の嫌いな言葉で、氏は『噂の眞相』を、「暴露雑誌」ではないので、(鹿砦社のような)「暴露本出版社」と一緒にしないでくれ、と言うが、一般には、〝スキャンダルを暴露する雑誌〟と見られている。言葉の言い回しで「暴露」が嫌いであれば、もっとソフトな〝スキャンダルを告発する雑誌〟でも〝スキャンダルを明示する雑誌〟でもいいだろうが、岡留が思うほど、世間はソフトな雑誌などとは見なしてはいない。だからこそ、政界、司法、官界、また芸能界などの〝スネに傷を持つ輩〟を震撼させるのだから。

すなわち、『噂の眞相』がスキャンダル暴露という、一般にあまりイメージが良くない方法によって、これをイズム(-ism)にまで高め上げたということは間違いないことであり、ここに〈スキャンダリズム〉という言葉が、実体を持って誕生したのである。

2 『噂の眞相』と〈スキャンダリズム〉

いま、〈スキャンダリズム〉といっても、これを体現しているといえるのは、思いつくのは『噂の眞相』ぐらいだといっても過言ではないだろう(決して岡留を持ち上げるわけではないが)。

ひところの鹿砦社も〈スキャンダリズム〉の一端を担ったと言ってくれる人もいる。しかし、本書でも岡留に批判されたところであるが、数多くの訴訟攻勢に対して〝ブランキスト的、小ブル急進主義的〟に革命的敗北主義を貫いたあおりで壊滅的挫折を喫し、残念ながら今は〈スキャンダリズム〉の戦線から退却を強いられている(悔しいが、かつて学生運動時代、諸党派・諸グループが群雄割拠する中で小党派が生き延びる道を常にさぐりながら活動していた岡留の構改派的やり方が今に活きたということだ)。

それはさておき、例えば、芸能スキャンダルを毎週出している女性週刊誌や、パパラッチ的な芸能・政界スキャンダルを追っかけている写真週刊誌などに〈スキャンダリズム〉という言葉は遣わない。〝なにかが違う〟からなのだろう。ほとんど大手出版社が出している（意外とこのことは気づかれていない）女性週刊誌や写真週刊誌などには、時として出来レースがあったり、プロレス的な仕掛けがあったりして、広い意味での大衆ジャーナリズムではあっても、われわれのいう〈スキャンダリズム〉ではないからである。

検察№2を失脚させたり、森政権を追い詰めたのは、『噂の眞相』による、いわば〝セックス・スキャンダル〟暴露によってであった。こうした手法は、朝日新聞をはじめとするお行儀のいい大手マスコミが嫌がるものである。だから、小資本、社員十人ほどの一本どっこの雑誌のスクープ記事を大手マスコミが後追いする（検察№2を失脚せしめた件では、『噂の眞相』発売直前にこの雑誌記事を朝日新聞が〝スクープ〟して1面トップに載せたことが大きなカギとなったという、笑ってしまうエピソードがある）という逆転現象を招来せしめるのである。

このことは、われわれに多くのことを考えさせるし、いまあらためてきちんと評価する必要があるのではないだろうか。

前述したように、これまでスキャンダルという言葉には惨憺たる意味しか与えられてこなかった。そして、政界、官界、あるいは芸能界問わず、スキャンダルを毎号毎号出していくということは、いわゆる「良識派」の仮面をかぶった文化人や大衆にとって、イメージがいいはずはない。

しかし、いまここでわれわれが考えなければならないのは、これまで、スキャンダル暴露という手法が、レジスタンス（岡留の好きな言葉を遣えば「反権力」）運動の方法論として、目的意識的に追究され昇華されたことはなかった。だから、検察や政界のトップクラスを追い落とすという、このかん立て続けに発したスクープは、ジャーナリズムの歴史で大きな評価をされるだけでなく、世界史的な快挙とさえいっても、決してビッグ・マウスではない。それも、たかが十人ほどでやっている小雑誌によるのだから、このエネルギーというものがいったいどこにあるのか、ということを考えるべきである。

つまり、〈方法論としてのスキャンダリズム〉ということである。「スキャンダル」暴露という手法を「イズム」にまで高め上げた所以といったものがだんだんわかってきたぞ。

3 竹中労の〈スキャンダリズム〉

ところで、わが国において、この〈スキャンダリズム〉という言葉は、いったい誰が、いつ頃から遣い始めたのだろうか。——

結論から言えば、それはおそらく、志半ばにして斃れた無頼派ルポライター・竹中労からであろう。最近、膨大にある彼の著書の一部が再刊されているが、それらを紐解けば、既に七〇年代初頭の文章に〈スキャンダリズム〉という言葉を発見できる。

そして、その生きざまそのものも、この人ほど〈スキャンダリズム〉という言葉がピッタリくる人はいない。この人に比べれば、われわれなどひよっこである。

政治から芸能まで巾広いフィールドで活躍した竹中労の生きざまを見ようと思えば、『決定版　ルポライター事始』（ちくま文庫）巻末の著作一覧を一瞥すればよい。

現在の芸能スキャンダル報道や「衝撃の告白」路線の原型を作ったのは、この竹中労であるというのは、一般にはあまり知られないが、業界では根強い伝説となっている。

竹中は、一九三〇年生まれというから、世代的にはわれわれより二周り上ということになる。岡留や私同様、出自は左翼経験あり！　それも、武装闘争路線時代の日本共産党の活動を経て、六〇年安保闘争を境に、新左翼のゲバルト路線と同じ歩調をとるようになる、筋金入りの武闘派だ。

他方で、今では死語であるが「トップ屋」として芸能界に深く関与するようになる。ここでも、持ち前の武闘派としての血は燃えたぎり、連載打ち切りなど数多くの筆禍事件を起こしている。

その最たるものは、今の実態からは到底想像もできないが、当時芸能界で絶対的な権勢をふるっていた渡辺プロダクション（通称「ナベプロ」。今のバーニングやジャニーズも比較にならぬほど、一党独裁ならぬ一社独占の権力であった）との軋轢であり、このことで著書『タレント帝国——芸能プロの内幕』（六八年）は事実上の出版差し止めとなり、陽の目をみなかった。われわれに引き戻していえば、鹿砦社の本に対してジャニーズ事務所や宝塚歌劇団が出版差し止めを行ったのと同じことを、既に三十年余り前にやられているのである。

これ以後も、一部の雑誌編集者の厚意によって、ゲリラ的に過激なレポートを発表するが、ことごとく問題を起こす結果となり、いわゆる〝芸能マスコミ〟の世界で発表の場を失くすことになる。

ちなみに、彼の著書に、最も信頼していた編集者として、今の『Ｍｙｏｊｏ』の前身『週刊明星』編集長・木村茂という人物の名が出てくる。この「反権力的編集方針」（竹中）によって気脈を通じ、組んでやった仕事が、竹中にとって忸怩たる想いにさせる差別問題に発展し、味方と思っていた部落解放同盟（彼の父は、熊本水平社の創立に尽力し、彼自身、その影響を強く受け差別に対しては強い怒りを持っていた）や左翼諸党派から〝糾弾〟（この言葉も今や死語である）の嵐を呼び、この「『週刊明星』事件以降、筆者（竹中—引用者）は芸能ジャーナリズムのいわば本流での仕事を絶たれた」という皮肉なことになるのである。ともあれ、当時の『週刊明星』が「芸能ジャーナリズム」として骨があったのに比して、今やジャニーズの御用雑誌と化した感のある『Ｍｙｏｊｏ』をみれば隔世の感がある。

竹中が愛した『週刊明星』が『Ｍｙｏｊｏ』と名を変え、ジャニーズの御用雑誌と化したのと同様、他の女性週刊誌も芸能界の御用雑誌として今やある。例えば、現在ある女性週刊誌が、タレントのスキャンダルを掲載するとき、それはほとんど力なき弱小プロダクション所属のタレントのスキャンダルであって、バーニングやジャニーズ所属のタレントのスキャンダルが載ることはまずない。それでは御用雑誌といわれても仕方がないのであって、悔しかったらバーニングやジャニーズ所属タレントのスキャンダルを掲載すればいいだけの話だ。

　そうして、彼は、〈スキャンダリズム〉を次のように規定するのである。――

「――芸能プロダクションのタレント管理の壁は破れるか？

　破れる、それはほんらいの意味での暴露の精神、スキャンダリズムを、芸能ジャーナリズムが取戻すことによってのみ可能だ。……

　私のいうスキャンダリズムとは、いわゆる公序良俗の規制に捉われず、真相を報道することに他ならない。換言するならば、それが字義の正確な意味で、ジャーナリズムの公正中立であり、〝言論の自由〟である」

（『噂の眞相』七九年六月号、『芸能人別帳』ちくま文庫所収）

4 闘う精神《こころ》こそ〈スキャンダリズム〉の核心

　今、竹中労の著作を読むと、いろいろと目を開かされることが多くある。――

　彼こそ〈スキャンダリズム〉という言葉を最も体現した者はいない、と前述したが、それは比類なき闘う精神《こころ》によると私は思う。

彼は言う――。

「私はただ、争闘の場を市井無頼の〝かわら版〟に求めたのにすぎない。よろず喧嘩、売ります買います。スキャンダル・メーカーと呼ばれ、ゴシップ屋と蔑称されることこそ望むところであった。ほんらい、思想・表現・言論の自由は、無名の文章ゲリラの回路をとらねば貫徹できない、というのが私の信念である。〝言論の自由〟を真に闘うことは（署名を原則とするかぎり）、みずから文章表現の場を失っていくことを意味する」（『決定版　ルポライター事始』）

　今、ここまでハッキリ言える骨のあるライターは少ない。とりわけ、芸能ライターにおいておやである。インパクトのあるレポートを発表し「真に闘う」のであれば、「みずから文章表現の場を失っていくことを意味する」という、この逆説を、われわれ出版人はどう聞くのか!?

　みずからを「スキャンダル雑誌」と宣揚する『噂の眞相』が、これら骨のあるライターを糾合し育ててきたかどうか、実のところを私は知らない。しかし、その一端を担い、竹中労によって、ジャーナリズムの小さな流れとして始まった〈スキャンダリズム〉を、ひとつの確固とした流れにした功績は、この雑誌に否定的な者も、ハッキリと認めざるをえないだろう。また、その「よろず喧嘩、売ります買います」という闘う精神《こころ》を、最も継承しているのも、この雑誌ともいえよう。

　これは主観的な私見かもしれないが、竹中労、岡留安則両氏に共通する左翼体験ということが、実は根のところで重要な要素を持っていると思われる。最近の例で言えば、これは闘論の中でも触れられているが、ミリオン出版の『Ｐｏｗｅｒｓ』に対する警察権力の介入によって、『Ｐｏｗｅｒｓ』は事実上の廃刊、親雑誌の『ＧＯＮ！』や姉妹誌の『ダークサイドＪａｐａｎ』誌はその後、まったくの骨抜きになり、『Ｇｏｎ！』は単なるエロ雑誌、『ダークサイドＪａｐａｎ』は単なる時事評論誌になってしまっている。これは反権力意識の希薄さによっているから、左翼体験というのも、あながちバカにできないと感じた次第である。僭越ながら、私に引き戻して考えてみても、あれだけの裁判闘争に耐え抜けることができたのも、学生運動の経験によってしみ込んだ意識性（私の場合、「反権力」などとおこがましくて言えないが）によるものと考えている。

5 〈スキャンダリズム〉を継承する若い世代の登場を！

今ではすっかり〝市民権〟さえ得た感がある〈スキャンダリズム〉であるが、当然のことながらリアクションも強くあるから（もっとも、リアクションのない本なんて出してもつまらないが）、これを貫くことは、口で言うほど生易しいものではない。

岡留も、この〝闘論〟の中で、「私がやめるっていったら、みんなもやめるってことになった。私はノー天気だから気づかないけど、告訴されたり、右翼が来たりしてるからね、やっぱり口じゃ言わないけどスタッフもしんどいんじゃないの」と、いみじくもポツリと漏らしている。

内々のことを披瀝し恐縮だが、われわれ鹿砦社の存在を、ある意味で規定したかの『ジャニーズおっかけマップ』を出そうと言い出した時、私以外に社内で賛同した者はいなかった。翌日欠勤する者までいた。私が力で押し切って出版に至った。これが良かったのかどうかということはわからないが、結果として、このことによって、一点突破・全面展開（これもいまや死語！）の展望が開け、ブランキスト＝鹿砦社の本領発揮という状況になるから、ものごとどう転ぶかわからない。

その後、『タカラヅカおっかけマップ』という類書を出版し、これも出版差し止めになる。これと前後して訴訟の雨アラレとなり、こうしたことで会社が潰滅的打撃をくらうということになると、さすがに若い社員らも嫌になったとみえて、〈スキャンダリズム〉の旗を掲げ続けることのシンドサを感じる。だいいち、本書でさえ、鹿砦社のこれまでの〈スキャンダリズム〉路線の意味を辿るということで有意義だと考えるのだが、社内でそう賛意を得られているとは言いがたい。これまで〈スキャンダリズム〉路線を貫徹し、そのリアクションとしての裁判闘争、そして〈スキャンダリズム〉路線の挫折による苦境……といったことで、〈スキャンダリズム〉路線に対するアパシーがあるようだ。

これほど〈スキャンダリズム〉路線というのは、他人が口で言うほど生易しいものではない。ひとたび挫けたときの打撃と失望感というものには大なるものがある。本書が、かの『ジャニーズおっかけマップ』

のように、いい意味でみなの予想を裏切るような結果になれば、と思う。岡留も二十二年の間には、大なり小なり挫けたときがあったはずだ。そのとき、どのように対処したのか――岡留の社内の意志統一の仕方を知りたいものだ。竹中労のように、一人でわが道を行ければいいのだろうが、小なりと雖、組織としてやっていこうとすれば、意志統一がいかに大変か、身に染みるというものだ。『噂の眞相』が少数精鋭に徹しているのは、そんなこともあるのだろうか。

さて、岡留は数年後の『噂の眞相』の廃刊と自身の引退を公言してはばからない。これはこれで潔い引き方だと思うし、むしろ二十数年間〈スキャンダリズム〉を体現してきたことを、われわれは高く評価しなければならない。

要は、〝ポスト『噂の眞相』〟であり、〝ポスト岡留〟であろう。だいいち、いつも歴史は若い世代によって、前の世代が凌駕されて前進するわけだから、岡留や私も含めて五十男がいつまでも最前線にいるのではなく、われわれを荒々しく踏み越える若い世代の登場が求められるのである。事業や政治の世界では、五十というのは若い部類に入るといわれるが、出版やジャーナリズムの世界は、事業や政治の世界とは違うから、最前線はあくまでも若い世代でなければならない。

果して、若い世代に『噂の眞相』や岡留、また不肖私らを荒々しく踏み越える剛の者が出てくるであろうか?――蔭ながら期待して待ちたい。

6 なぜ、われわれは芸能界に関心を持つのか

ここで、竹中労や『噂の眞相』、そして鹿砦社が、なぜ芸能界にこれほどまでに関心を持つようになったのかについて考えてみたい。『噂の眞相』はもともとから、社会・芸能二本仕立てで出発しているが、この二本仕立てということが重要である。よく比較される本多勝一率いる『週刊金曜日』では芸能などという俗なジャンルははなから相手にしない。竹中労はもともと、日本共産党の非合法の武装闘争に参画していたぐらいだから、芸能界にこれほど深く関与するなどということは当初考えてもみなかったものと想像される。メシの種として入ったところで、いつのまにかその魔力に引っ張り込まれ深入りしてしまったというのが実のところではなかろうか。

われわれ鹿砦社にしてもそうである。鹿砦社は遙か彼方の一九六九年に『マルクス主義軍事論』をもって旗揚げし、その後も『武装蜂起』『反日革命宣言』『赤軍の形成』など、今では博物館に入りそうな本ばかりを出していた。私にしても、『革命の問いとマルクス主義』とか、本書の「用語解説」を書いてくれた高橋順一早稲田大学教授の処女作『現代思想の境位』など、いわゆる「暴露本路線」に転じるまでは硬派一本やりだった。ちょっとしたきっかけで、芸能界にコミットするようになったが、「オレにはお上品な思想書など似合わない！」と、こ

こに私自身にとって似合いのフィールドを見い出したというのが正直のところである。このことで、かつての鹿砦社関係者の一部からは「オレの顔にクソを塗った」などと、ありがたい絶縁状までいただいたという、ちょっといい気分ではないエピソードもあったな。

われわれは、芸能関係ばかりをやっているのではなく、返す刀で社会問題にも力を入れている。『ジャニーズおっかけマップ』や『タカラヅカおっかけマップ』などで、いたいけな年少タレントやか弱い女性スターのプライバシーを暴く悪徳出版社のように一般にはイメージが流布されているが、他方で同じ「おっかけマップ」の流れで、一部には高い評価をいただいている『厚生省おっかけマップ』『大蔵省おっかけマップ』などもやっていることは、あまり知られてはいない。

われわれにとっては、芸能も社会問題も同じ位相にあり、等価である。なぜ芸能をやめられないかといえば、それは〝闘論〟の中で岡留がいみじくも述べているように、ヒューマン・インタレストの面白さということに尽きる。芸能界には、虚実入り乱れて、社会のいろんなことが散りばめられている。竹中労が闘いながらも挫折した強権力も存在する。竹中労の時代のナベプロ、『噂の眞相』や鹿砦社が対峙しているバーニングやジャニーズ事務所に対して〝強権力〟という言葉を遣えば、旧来の左翼的な考え方をするゾンビ人間からすれば異和感を覚えるだろうが、社会的影響力を持つ電波を支配しているということを踏まえれば、強権力という言葉もリアリティを持って迫ってくる。

手前味噌ながら、われわれ鹿砦社は、ジャニーズ、宝塚歌劇団、日本相撲協会、バーニングなどから、まさに十字砲火を浴びた。ほぼ一挙的、同時期であるから、ふつうだったらギブ・アップするところだろう。相手方も力による〝鹿砦社潰し〟という目的もあったから、勝負は闘う前からついていたというのが、マスコミ・出版界や芸能界関係者の大方の見方であった。そのさなかにあっては、ギブ・アップするしないといった感覚はなく、ともかく徒手空拳でも全力で闘うしかなかったが、これらはわれわれにとっては強権力であり、この闘いを避ければ、出版人としての生命は終わり、日和見主義の汚名を着て一生過ごさなければならない、それだけはイヤだという想いだった。

確かに、訴訟上はほとんど敗訴ではあったが、われわれがあれだけの闘いを貫いたことで、鹿砦社の〝スキャンダリズム出版社〟としての名を高からしめたといえるから、この面では、われわれなりにも一定のプラス評価をしている。

今後とも、われわれは『噂の眞相』の足元にも及びはしないが、微力なりとも芸能・社会両面で〈スキャンダリズム〉の一端を担っていくことに変わりはない。

7　芸能人にプライバシーはない！

　ところで、このかんわれわれの裁判闘争にとって問題となったのは、「芸能人にプライバシーはあるのか?」という、いわば〝古くて新しい問題〟だった。実際に「プライバシー侵害」のかどで三件の出版差し止めをくらっている。いやがおうでも、この問題と直面せざるをえなかった。

　思い余って、えいっ、「芸能人にプライバシーはない！」とテレビで言い放ち、世の顰蹙をかった。この映像は残っており、この言葉は私の〝迷言〟（まさにその通り！）とされている。二十四時間、大衆の強い関心事として芸能人の存在はあるのであり、このことだけをとってみても、まさに事実として「芸能人にプライバシーはない！」ということは正鵠を得ているのであるが、実はかつて同じような表現をした男がいたのである。またまた、わが竹中労である。

　竹中労の本を紐解けば、既に一九六六年にTBSテレビで「話題をつく／スターにプライバシーはあるか」という論議があったとされ、「『プライバシー論争』と話題を呼ぶ」（『決定版　ルポライター事始』）との記述がある。

　わが国で「プライバシー」という言葉が公になったのは、六〇年代初頭の三島由紀夫の小説『宴のあと』出版差し止め訴訟によってであるとされるから、少し遅れて、芸能界にも「プライバシー論争」があったことがわかる。

　しかし、ふつうの市民の私生活や個人情報が意図的に外部に明らかにされることは当然「プライバシーの侵害」であるが、芸能人の私生活や個人情報が週刊誌や出版物などで明らかにされたからといって、それが即「プライバシーの侵害」になるかといったら、だれしもそうは思わない。それは、芸能人の存在そのものが四六時じゅう公衆の関心事であり、時に私生活や個人情報を切り売りすることで、人々の関心を喚起しタレント生命を維持することがあるからである。それでいながら、都合の悪い時に限って、「プライバシーの侵害」とわめくのは身勝手であろう。だいいち、私生活や個人情報を切り売りすることが商売になる、つまりそれで大金を得ることができるのは芸能人ぐらいのものであり、こういう人々にはもはや「プライバシーはない」というのは当然の話である。このことについて、竹中労は実に明快に語るのである。――

「――当時竹中さんは、芸能人にはプライバシーがないというふうなことをおっしゃってた。それが竹中労過激派の根拠なんですよね。

竹中　そうですね。それはあります。だけど、芸能人にプライバシーがないというのは当たり前のことなんですよ。

　――最近ではたけしと『フライデー』の一件以来、ちょっとそういうことの風向きが変わったといいますか。

竹中　この世の中に面《つら》はさらしたい、有名にはなりたい、ゼニは稼ぎたい、自分の生活は隠しておきたいなんてムシのいい話はないでしょう。日本ではそういう習慣がないけど、アメリカではレーガンがやられてるし、ナンシー・レーガンなんかめちゃくちゃにプライバシーを叩かれている」（『芸能人別帳』。引用中「――」の部分は、作家の関川夏央）

まさに痛快といおうか、「人権」とやらが強調される余り、もともとプライバシーを売り物としている芸能人の面々も、都合の悪い時にはやおら「プライバシー、プライバシー」とわめき立て、訴訟沙汰にすることも多くなった（……といっても、どちらかが徹底抗戦しない限り、どういうわけかウヤムヤになっている。ここにもなにか、いいかげんさといったものが垣間見れる）。

確かに、「プライバシー」とか言えば、これを蹂躙する「暴露本出版社」や「スキャンダル雑誌」などトンデモない、ということになるが、日本人、特に世間知らずの裁判官や「良識」を表看板にするマスコミなどは「プライバシー」というカッコ良い言葉に弱い。

しかし、芸能界という世界の特殊性を顧みれば、「芸能人にプライバシーがないというのは当たり前のことなんですよ」ということになると思うのだが、竹中労がこうも簡単に断言するには、その生き馬の目を抜く世界で、まさに死闘を繰り広げた体験に裏打ちされているのである。

われわれも、あらためてハッキリ言おう！「芸能人にプライバシーはない！」と。

おわりに――

いま、ちょっとした「竹中労ブーム」だという。雑誌の特集も見かけた。だが、この硬骨の無頼派ルポライターの闘う精神《こころ》を真に理解している者がどれほどいるであろうか？――

私ごときが理解しているなどとうぬぼれるつもりはないが、今や『噂の眞相』頼みとなった感のある〈スキャンダリズム〉の精神を継承させるには、竹中労や岡留安則以上の闘う精神《こころ》が必要である。〈スキャンダリズム〉は、ジャーナリズム総体が体制内化したり、御用マスコミ化したりする中で、いまやジャーナリズムのひとつの方法論となった。本道に出るにはまだまだ小さな道筋ではあるし、本来本道にはなりえないのかもしれないが、いずれにしても、かつて「社会の木鐸」といわれた大手新聞やマスコミが無力化、硬直化していくことに対して、〃一点突破、全面展開〃を可能にするのが、とりもなおさず〈スキャンダリズム〉なのである。

これまでマイナス・イメージの強かったスキャンダル暴露という手法も、ひとつの「イズム」にまで高め上げられ、すなわち〈方法論としてのスキャンダリズム〉として昇華されたならば、社会のいろいろな分野の権力者、タブーに対する強力な〈武器〉になるに違いない。

（文中敬称略）

□後記□　ようやく、ここまでこぎつけたという想いが駆けめぐるほど、本書の完成までには苦労した。岡留氏にも巻頭の「はじめに」で吐露されているようにかなり面倒もかけた。まずは、どの本以上に苦労して作った本書を読者のみなさんのもとにお届けできることが、なによりも嬉しい。

本書は、私にとって、メモリアルな意味合いを持つ小冊誌である。それは、一時期は世間を席巻しつつも、四度の出版差し止めをはじめとする訴訟攻勢と、これに対する徹底抗戦によって潰滅的大打撃を被った、いわば〝鹿砦社型スキャンダリズム〟を検証するということに他ならないからだ。その大打撃の現状とは、岡留氏がこれも「はじめに」で〝暴露〟している通りである。〝暴露本出版社〟が〝暴露〟されちゃぁ、世話ないわ（笑）。とはいえ、一方の〝『噂眞』型スキャンダリズム〟は健在である。一体この差異はなぜなのか？――

岡留氏には、落ち目のブランキストを気にかけていただき、本書は世に出る運びとなった。氏はなかなかの人情家だということも、今回の企画を進める中で、あらためてわかった。ありがとう、岡留大先輩！

対談の当初は、「松岡さんはどうだったの？ 概略でしゃべってよ」（第2章）とか、岡留氏も余裕のスタンスだったが、いつのまにかノッテきて、やがて独演場、「松岡さんはどうだったの？」なんて気遣いはなくなった（笑）。よほど心の奥底に溜まっているものがあったのだろうか。

また、「用語解説」を書いてくれたのが、高橋順一早稲田大学教授である。これもなにかの縁か、本書プロデューサー・小野登志郎君のサークルの顧問でもあった。高橋氏といえば、私がこの業界に本格的に入った頃、氏にとって最初の単行本となる『現代思想の境位』を出させてもらった人だ。一九八四年のことだ。この頃、氏もまだ予備校や幾つかの大学の非常勤講師をかけもちしていた苦闘期だった。実は氏は、ちょうど三十年前の三里塚闘争、つまり成田空港反対闘争で逮捕され、大学を除籍、その後、並々ならぬ苦労を経て今の地位を実力で克ち獲った人でもある。これだけでもひとつの読み物となっている「用語解説」を読めば、氏にも心の奥底に長年溜まっていたものを垣間見ることができる。〝失われた十年〟を飛び越して、再び高橋氏と再会したが、ここにも深い因縁を感じる次第だ。

こうして本書は成った。われわれ鹿砦社が、この苦境から抜け出し、再びスキャンダリズムの戦場に勇躍返り咲くためには、いつに本書の成否にかかっている。まだ本当の勝負は終わってはいない！　（松岡）

二月某日　松岡氏より「『噂眞』岡留編集長と対談を行いたい」との連絡入る。日頃とは打って変わった深刻な表情に、松岡氏の決意を感じ取る。

二月某日　『噂眞』岡留編集長に連絡を入れる。「今忙しいから」冷たくあしらわれる。岡留氏はまったくもって多忙だ。やはりダメか。松岡氏、「アホんだら！　何なめたこと言うとんのや！」ヒャッ、コワイ。この人噂通り過激派の非公然幹部かヤクザの企業舎弟だ⁉

三月某日　意を決する。岡留氏に「今近くまで来ています」と連絡。岡留氏「忙しいんだけどなぁ」ごにょごにょ。数分後編集部のインターフォンを押す。「お願いです。開けてください！」他意味不明の言語を発し、中に突入。「ほんとに来ちゃったの。そこに座ってて」黒いサングラスの奥からうっすらと見える鋭い目がコワイ。私、指示どおりソファーに小さくなって待つこと三十数分、岡留氏おもむろに「仕方ない、やろう！」

三月十六日　対談一日目。松岡氏と共にビール数本片手に『噂眞』編集部へ。なぜか松岡氏、ニタニタ。気味が悪い。午後八時より三時間対談する。

四月四日　対談二日目。激論の最中にも岡留氏の携帯電話はひっきりなしに鳴る。たれこみか？「待っててね。もうすぐ済むから」愛人だった？

四月五日　対談最終日。岡留・松岡御両人の勢い止まず。喋る喋る、喋りまくる。喋りまくった後、岡留氏は夜の新宿ゴールデン街へ。松岡氏と私は、歌舞伎町で乱痴気騒ぎ（ん⁉笑）。

四月某日　裁判所にて岡留氏の雄姿を拝見。小休憩時、トイレに立った私は、中年の少し疲れたオヤジが顔を洗っているのを横目に小用継続。見たことのあるダークスーツ。そして背格好。顔を上げたオヤジと鏡越しに目が合った。見たことのある髪形。そしておもむろにオヤジが黒いサングラスを装着した。「素顔を見たな」ヌォッ！　岡留氏だった。

五月某日　テープ棒起こしが上がって来た。いざ原稿整理開始。オフレコ発言はどうしよう？　松岡氏「そのまま書いておけ」ホントにいいのかな。「こんなものまで書いてどうするんじゃい！」ヒェッ、岡留氏に怒られる。

六月某日　松岡氏、対談内容の一部を他誌に発表（松岡氏によれば、これは対談前に書いたとのこと）。岡留氏激怒。出版取り止めの危機勃発。

七月某日　岡留・松岡両氏の会談を持つ。仲良くしてくださいっ！　ホッ‼

八月某日　脱稿。ようやく解放される。岡留氏にとってデメリットの方が圧倒的に多い仕事を引き受けていただき深謝。この勝負、鹿砦社松岡氏の一人勝ちと判定いたします。松岡サン、ビールおごってください‼　（小野）

【〝闘論〟者プロフィール】

岡留安則（おかどめ・やすのり）

『噂の眞相』編集発行人。一九四七年生まれ。法政大学社会学部・法学部卒業後、広告業界誌を経て、七五年『マスコミ評論』創刊に参加。七九年『噂の眞相』を創刊、編集長に就任し現在に至る。反権威・反権力を標榜するスキャンダル・マガジンとして、あらゆるタブーに挑戦。わが国を代表する闘う編集者である。『噂の眞相編集長日誌』『マスコミ・ゲリラ宣言』など著書も多数。

松岡利康（まつおか・としやす）

株式会社鹿砦社代表取締役。一九五一年生まれ。同志社大学文学部卒業後、しばらくサラリーマンを経たのち出版界に入る。八八年より現職。『サイゾー』『BUBKA』での連載が好評。

なお、鹿砦社は新興出版社のようなイメージがあるが、一九六九年創業の老舗出版社である。

［用語解説執筆］

高橋順一（たかはし・じゅんいち）

早稲田大学教授。思想史専攻。一九五〇年生まれ。著書に、松岡が手掛けた『現代思想の境位』『始原のトポス～経験の現象学と象徴作用の解釈学』（いずれも鹿砦社）はじめ多数。

［「フォト・スキャンダルSELECTION 10」など執筆］

久住　純（ひさずみ・じゅん）

作家。一九五七年生まれ。『池波正太郎が愛した宿』など著書多数。

鹿砦社ブックレット3

［闘論］スキャンダリズムの眞相

2001年9月25日初版第1刷発行

著　者：岡留安則・松岡利康
発行者：松岡利康
発行所：株式会社鹿砦社（ろくさいしゃ）
＜本社＞西宮市甲子園高潮町6-25　甲子園ビル3F
TEL 0798-46-6823　FAX 0798-43-1373
＜支社＞TEL 03-5282-3061　FAX 03-5282-3062
URL　http://www.rokusaisha.com/
E-mail　営業部◎sales@rokusaisha.com
編集部◎editorial@rokusaisha.com

装丁・DTP：ブートレッグ・ラボラトリー
印刷所：株式会社ディグ
製本所：株式会社難波製本

落丁・乱丁はお取り替えいたします。ISBN4-8463-0428-0 C0030